Hobbyweinbau

Anbau • Pflege • Weinbereitung

Harald Bocker

Das Praxishandbuch vom Fachmann

© 2017 EchinoMedia, 5.Auflage
Verlag Dr. Kerstin Ramm, Dorfstr. 15, 07646 Albersdorf
Tel.: 036692/3 55 78; Fax: 036692/ 3 55 77
info@echinomedia.de; **www.echinomedia.de**

Alle Rechte vorbehalten. Jegliche Verwendung des Werkes oder einzelner Teile davon ist nur mit schriftlicher Genehmigung des Verlages gestattet.

ISBN 978-3-9807629-6-0

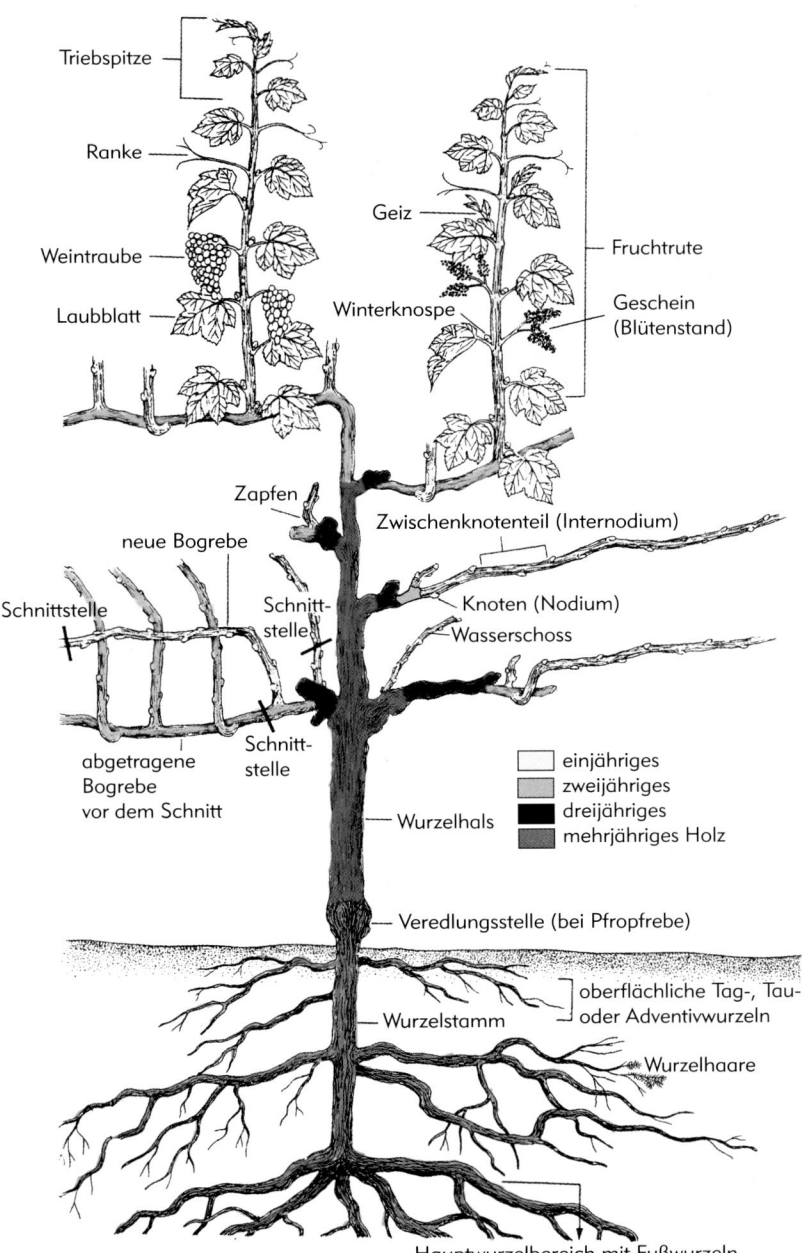

Bau des Rebstockes und Bezeichnungen.

Inhalt

	Vorwort	5
	Über den Autor	6
1	Geschichte	7
1.1	Entwicklung des Weinbaus	7
1.2	Weinbau in Religion und Kultur	13
2	Weinrebe	17
2.1	Herkunft und Bau	17
2.2	Wachstum und Stoffwechsel	28
2.3	Traubenentwicklung und -reife	31
3	Weinbau	34
3.1	Klima	34
3.2	Lage	35
3.3	Boden	37
4	Rebanbau	38
4.1	Rebsorten	38
4.2	Pflanzgut	43
4.3	Pflanzung	46
5	Kultivierungsarten	49
5.1	Unterstützungsvorrichtungen	49
5.2	Rebschnitt	57
5.3	Erziehungsformen	62
5.3.1	Jungrebstöcke	62
5.3.2	Tragrebstöcke	65
6	Pflegearbeiten	71
6.1	Laubarbeiten	71
6.1.1	Ausbrechen	71
6.1.2	Heften	72
6.1.3	Entspitzen	73
6.1.4	Entgeizen	74
6.1.5	Entblättern	74
6.2	Bodenbearbeitung	75
6.3	Düngung	78

7	Pflanzenschutz	84
7.1	Nichtparasitäre Krankheiten	84
7.2	Parasitäre Krankheiten	87
7.2.1	Tierische Schädlinge	88
7.2.2	Mikrobielle Schädlinge	92
8	Traubenernte	99
8.1	Reifeprozess	99
8.2	Lese	100
9	Verwertung der Weintrauben	102
9.1	Verzehr	102
9.2	Bereitung von Traubensaft	103
9.3	Inhaltsstoffe des Traubensaftes	108
9.4	Mostuntersuchung	114
9.4.1	Bestimmung des Mostgewichts	114
9.4.2	Bestimmung der freien Säure	117
9.4.3	Güte des Mostes	119
10	Weinbereitung	120
10.1	Gäransatz für Weiß- und Roseeweine	120
10.2	Gäransatz für Rotweine	123
10.3	Gärführung	124
10.4	Weinausbau	126
10.4.1	Säureabbau	127
10.4.2	Bukettausbildung	129
10.4.3	Schwefelung	130
10.4.4	Weinklärung und -schönung	132
10.4.5	Weinentsäuerung	135
10.5	Weinfehler und -krankheiten	136
10.6	Weinabfüllung	138
11	Verkostung von Traubensäften und Weinen	140
11.1	Durchführung der Verkostung	140
11.2	Beurteilung	142
11.3	Bewertung	144
11.4	Fachausdrücke für Traubensäfte und Weine	148
12	Literatur	154
13	Register	158
14	Anhang	166
14.1	Firmenangebote	166
14.2	Farbtafeln	170

Vorwort zur vierten Auflage

Die nach dem Erscheinen der dritten, überarbeiteten Auflage weiterhin unverändert starke Nachfrage nach diesem Titel lässt dem Verlag und mir als Autor erkennen, dass an der behandelten Thematik auch weiterhin ein unerwartet hohes Interesse besteht. Dies bewog uns, nach einer verhältnismäßig kurzen Zeit bereits wieder eine neue Auflage zu erarbeiten.

Die bisherige bewährte Konzeption der Darbietung des Stoffes wurde bewusst beibehalten. In den einzelnen thematisch getrennten Abschnitten wurden in der Zwischenzeit neu erhaltene relevante Erkenntnisse der Rebenzüchtung und einer möglichen Klimaveränderung mit verarbeitet, wobei weitmöglich die Namen der Autoren mit genannt werden. Die näheren bibliographischen Angaben finden sich im sorgfältig zusammengestellten Literaturverzeichnis. Zum besseren Verständnis der Sachbegriffe werden diese unmittelbar im Text erläutert. Diesen Zweck unterstützen auch die zahlreichen Seitenverweise im Text. Zum Auffinden gefragter Sachverhalte dient das umfangreiche Register.

Neben der Darlegung der Arbeiten und Bemühungen bei der Kultur der Reben und der Bereitung des Weines soll dem Leser auch vermittelt werden, welchen unverkennbaren Einfluss der Wein schon seit Jahrtausenden auf die mannigfaltigen Bereiche der Kultur und der Religion im Leben der Menschheit hat.

Für die konstruktive Unterstützung bei der Erarbeitung der Neuauflage danke ich Frau Dr. Kerstin Ramm, der Leiterin des Verlages. Dank gebührt auch den interessierten Lesern, die sich mit einschlägigen Fragen und verwertbaren Vorschlägen an mich gewandt haben.

Ich wünsche für die neue Auflage, dass dieses Buch beim Leser auch weiterhin Begeisterung für den Hobbyweinbau erweckt und Freude am Erleben und Erhalten der Natur findet.

Jena, im November 2013   *Dr. Harald Bocker*

Über den Autor

Dr. rer. nat. Harald Bocker, Diplombiologe und Fachbiologe der Medizin, Träger hochrangiger Auszeichnungen, wurde 1929 in Jena geboren. Nach dem Studium der Pädagogik und Biologie an der Friedrich-Schiller-Universität Jena wurde er mit der Dissertation „Beiträge zum biologischen Säureabbau im Wein" promoviert.
Er war als wissenschaftlicher Mitarbeiter am Institut für Phytopathologie der Biologischen Zentralanstalt tätig, dort untersuchte er mikrobiologische und biochemische Prozesse beim Weinausbau sowie der Frosteinwirkung auf Weinreben.
Über vier Jahrzehnte gehörte er als wissenschaftlicher Mitarbeiter dem Zentralinstitut für Mikrobiologie und experimentelle Therapie Jena der Deutschen Akademie der Wissenschaften, dem heutigen Leibniz-Institut für Naturstoff-Forschung und Infektionsbiologie - Hans-Knöll-Institut - an. Dort arbeitete er insbesondere in der mikrobiologischen Antibiotika-Forschung. In den Jahren 1980 bis 1994 war er bis zu seiner Pensionierung als wissenschaftlicher Abteilungsleiter des Naturstoff-Technikums mit verantwortlich für die Entwicklung und Optimierung biotechnologischer Herstellungsverfahren von Antibiotika und anderer Wirkstoffe bis zum industriellen Maßstab.
Als Leitungsmitglied zentraler Gremien zur Wissenschaftsorganisation, des Patentwesens und der Weinwirtschaft sowie der Aus- und Weiterbildung von ingenieurtechnischem Personal genoss er hohes Ansehen.
Den Weinkellereien des Saale-Unstrut-Weinbaugebietes war er ein langjähriger kellerwirtschaftlicher Fachberater bei der Rationalisierung und Optimierung der Arbeiten.

Als Autor bzw. Koautor veröffentlichte er Fachbücher über Weinbau und Weinbereitung, Antibiotika sowie Tierernährung. Er ist Inhaber mehrerer Patente von Verfahren zur Weinbehandlung und der Herstellung biotechnologischer Produkte.

1 Geschichte
1.1 Entwicklung des Weinbaus

Die Herkunft der Wein-Reben und die fühesten Anfänge des Weinanbaus liegen noch im Dunkeln. Dennoch lässt sich anhand von bis zu 70 Millionen Jahre alten fossilen Abdrücken von Rebblättern und Rebkernen, die aus dem Übergang der Kreidezeit zum Tertiär stammen, nachweisen, dass bereits zu so erdgeschichtlich frühen Zeiten Weinrebengewächse existierten. Sie standen demnach nicht nur in Gebieten des heutigen Europa und Westasiens, sondern auch in Alaska, Grönland und Island. Durch die nachfolgenden Eiszeiten wurden solche wildwachsenden Weinreben vollständig aus ihren tertiären Standorten verdrängt. Es verblieben nur Restflächen, die den heutigen Landgebieten Frankreichs, Italiens und Süddeutschlands zuzuordnen sind. Die gefundenen fossilen Reste stammen von der Wildrebe (*Vitis vinifera* ssp. *sylvestris*), die noch heute vereinzelt an geschützten Standorten in Auwäldern der oberrheinischen Tiefebene, in deutlich dichteren Beständen jedoch im Mittelmeer- und Schwarzmeergebiet anzutreffen ist. Die Wildrebe ist hauptsächlich an feuchten Standorten zu finden. Sie rankt dort an Bäumen empor und hat verhältnismäßig kleine, blaufarbige Beeren, die einen widerlichen, betont säuerlich-herben Geschmack besitzen. Diese Wildrebe ist nicht identisch mit dem bekannten, an Hauswänden emporrankenden sogenannten Wilden Wein der Gattungen *Parthenocissus* (Jungfernrebe, s. Abb. 1.1) und *Ampelopsis* (Doldenrebe).

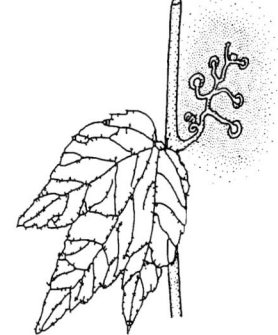

Abb. 1.1: Parthenocissus-Rebe mit Haftlappen, die der Pflanze auch an glatten Wänden das Emporranken ohne Unterstützung ermöglicht.

Zu dieser frühen Zeitepoche stieß aus dem armenisch-südkaspischen Raum, ebenfalls ein eiszeitliches Rückzugsgebiet, die als *Vitis vinifera* ssp. *caucasica* bezeichnete weitere Wildrebenart in die umliegenden Gebiete vor. Diese als Kaukasus-Rebe bekannte Wildform bevorzugt im Gegensatz zu der bereits genannten Waldrebe trockene Standorte.

Gegenwärtig herrscht die Meinung vor, dass von diesen beiden Wildrebenarten und weiteren, überwiegend asiatischen Wildreben unsere heutigen, der Art *Vitis vinifera* ssp. *sativa* zugeordneten Edelrebensorten abstammen. Sie wurden im Verlaufe der Jahrhunderte durch Selektion, d.h. Auslese von Weinbeeren und Aussäen von deren Rebkernen, Bewurzeln von selektierten Reben oder durch Kreuzungen erhalten.

Aus vorgeschichtlichen Zeiten sind keine Angaben über einen gezielten Anbau von Weinreben bekannt geworden. Es ist daher anzunehmen, dass die damaligen als Jäger und Nomaden lebenden Menschen die Beeren der lianenartig wachsenden Wildreben gesammelt und verwertet haben. Ein geregelter Anbau von Weinreben wurde erst möglich, nachdem sich sesshafte Ackerbauvölker herausgebildet hatten.

Die frühzeitlichen Menschen bereiteten bereits berauschende Getränke durch spontanes Vergären von zuckerhaltigen Pflanzen- und Tierprodukten, wie süßen Früchten, Pflanzensprossen, Honig und Milch. Hierbei ist die Verwendung von Beeren der Wildreben nicht auszuschließen.

Der aus dem Gebiet um Damaskus stammende Fund einer Weinkelter aus dem 6. Jahrtausend v. Chr. gilt als das älteste Zeichen einer Aufbereitung von gelesenen Weintrauben sowie deren Abpressen und somit auch der Weinbereitung. Noch umfassender sind jedoch die Funde über die Rebkultur südlich des Kaukasus, wo bereits 3000 Jahre v. Chr. ausgedehnte Anlagen von ertragsfähigen Weinreben beschrieben werden. Zu gleicher Zeit sollen auch innerhalb des „Fruchtbaren Halbmondes", hierunter sind die Gebiete von Mesopotamien, Syrien, Israel, Palästina und Ägypten zu verstehen, größere Ländereien mit Wildreben bewachsen gewesen sein. Von diesen Gebieten aus hat sich die Rebkultur über Persien und Griechenland sowie Italien, die Iberische Halbinsel und Frankreich schließlich bis nach Deutschland ausgedehnt. Dieses Vorrücken des Rebanbaus wird auch durch die sprachliche Wandlung des Weinbegriffes von der armenischen Bezeichnung „voino" in andere Zweige der indogermanischen Sprachfamilie, wie „oenos – vinum – vin – Wein" verdeutlicht. Ein zweiter Wanderzug der Weinreben-Kultur ging ebenfalls von Griechenland aus. Die Griechen pflanzten Weinreben im Gebiet um das Schwarze Meer. Von dort gelangte der Weinanbau über die Balkanländer durch Ungarn und Österreich ebenfalls bis nach Deutschland.

Diese frühzeitliche Entwicklung der Rebkultur hat mehrere, noch bis heute erhaltene Spuren hinterlassen. Alte Weinkeller und in Fels gehauene Kelterwannen zeugen im heutigen Israel von der dortigen, inzwischen dreitausendjährigen Weinkultur. Die im Zeitraum von 2350 bis 1350 v. Chr. Im Zweistromland Mesopotanien lebenden Summerer und Akkader betrieben in den heute größtenteils zu den Staaten Syrien und Irak gehörenden Gebieten einen ausgedehnten Rebenanbau (Selz, 2005). Dieser wird in einer aus der Zeit um 2000 v. Chr. stammenden Keilschrift angegeben.

Das Seefahrervolk der Phönizier unterhielt schon vor 2000 v. Chr. einen schwunghaften Weinhandel und brachte gleichzeitig Weinpflanzen aus den vorderasiatischen Gebieten in das Land der Griechen und später in die an das Mittelmeer angrenzenden Länder, insbesondere Marokko und Spanien. In Griechenland entwickelte sich die Weinkultur zu hoher Blüte, wie beispielsweise aus den berühmten Dichtungen „Ilias" und „Odyssee" von HOMER (8. Jh. v. Chr.) und den bewundernswerten hellenischen Kunstwerken zu erkennen ist.

Abb. 1.2: Malerei aus dem Grab der Nacht, 15. Jh. v. Chr. Tal der Könige, Theben. Weinlese und Treten der Trauben in einem aufgemauerten Trog zur Mostgewinnung.

In mehreren Gebieten des Römischen Imperiums entwickelten sich der Weinbau und der Umgang mit dem Wein zu hoher Blüte, was sich in vielfältiger Weise im Kulturleben widerspiegelte. In ihren Werken verherrlichten bekannte römische Dichter wie VERGIL, OVID und HORAZ die Reben und den Wein. In den Jahrhunderten um die Zeitenwende erschienene landwirtschaftliche Fachbücher verschiedener römischer Autoren gestatten erstaunlich detaillierte Einblicke in den damaligen Wissensstand über die Technik des Anbaus von Weinreben, die Weinbereitung sowie den Umgang und Handel mit Wein. Diese belehrenden Schriften bestimmten bis in das 18. Jahrhundert das fachliche Wissen in den Weinbau treibenden Ländern. Teile solcher Lehrbücher von COLUMELLA (1. Jh. v. Chr.) und PALLADIUS (3. Jh. v. Chr.) sind als interessante Anregungen für die heutige Weinbaupraxis in deutscher Übersetzung erschienen.

Diese weinbaulichen und kellertechnischen Kenntnisse nutzten auch die vom römischen Kaiser PROBUS im Jahre 261 n. Chr. im Tale der Mosel als Weinbauern angesiedelten Kriegsveteranen. Von diesem ersten Weinbaugebiet auf deutschem Boden sowie von den unter römischer Besatzung stehenden süddeutschen Gebieten breitete sich mit der Christianisierung der Weinbau in Richtung Osten auf weitere deutsche Gebiete aus. Eine wesentliche Rolle spielten hierbei die sich gründenden Klöster. Die Klöster benötigten für rituelle Zwecke naturreinen Wein, *vinum de vite*. Dessen Bereitung muss auch heute noch nach kontrollierbaren Regeln erfolgen. Die damaligen ungünstigen Transportverhältnisse verhinderten es häufig, einen solchen Wein aus den westlicheren Weinbau-Ländern zu beziehen. Daher waren die Klöster gezwungen, in unmittelbarer Nähe selbst Reben anzupflanzen und die geernteten Trauben zu Wein zu verarbeiten. Solche alten Klosterweinberge sind heute noch vielerorts anzutreffen.

Abb. 1.3: Lese am Spalier. Aus: Petrus de Crescentiis, *Opus ruralium commodorum libri XII*, Speyer 1493.

Unter den Mönchsorden haben sich hierbei die aus Frankreich nach Deutschland gekommenen Zisterzienser besondere Verdienste erworben.

In der Zeit der Karolinger und in den folgenden Jahrhunderten verbreitete sich der Weinbau in Deutschland unter führender Beteiligung des Adels und später zunehmend auch der Bürger. Hierzu wurden auch für den Rebanbau klimatisch ungünstige Gebiete, wie Schleswig-Holstein, Mecklenburg, Pommern und Schlesien genutzt. Der Deutsche Ritterorden führte sogar die Reben in West- und Ostpreußen ein. Der Wein war damals das vorherrschende Getränk. Der aus solchen nördlichen Gebieten stammende Wein wurde zur besseren geschmacklichen Beschaffenheit mit bestimmten Würzkräutern und Honig versetzt. Gegen Ende des 16. Jahrhunderts hatte der Weinbau in den deutschen Gebieten eine Ausdehnung von etwa 350.000 ha. Der damalige jährliche Weinverbrauch je Einwohner wurde auf etwa 150 l geschätzt.

Abb. 1.4: Vier Arten des Rebanbaus - am Baum rankend, am Pfahl, am Laubengang und als vinea camerata. Aus: Vergil, Georgica II, Straßburg 1502.

Durch die Säkularisation von Klöstern als eine Folge der Reformation, die Wirren des Dreißigjährigen Krieges und späterer Kriege, die Umstellung in der Landwirtschaft zum verstärkten Anbau von Getreide und Hackfrüchten, schließlich noch das Aufkommen von Konkurrenzgetränken, wie Bier, Kaffee, Tee und Kakao, kam es zu einem ständigen Rückgang des Weinbaus. Die mit Weinreben bestandenen Flächen gingen damit rapide zurück. Diesen steilen Abwärtstrend konnten auch die im Anfang des 19. Jahrhunderts vielerorts aufkommenden Bestrebungen zur Wiederbelebung des Weinbaus nur zeitweise aufhalten. In den 70er Jahren des 19. Jahrhunderts brachten dann die ursprünglich in Amerika entdeckten, nach Europa verschleppten und über Frankreich eindringenden Rebschädlinge, die Reblaus sowie der Echte und der Falsche Mehltau, dem Weinbau in Deutschland großen Schaden, was häufig zur Auflassung der Weinberge zwang.

Erst um die Wende zum 20. Jahrhundert waren diese Krisenjahre des deutschen Weinbaus allmählich überwunden. Die Aufrebung begann wieder. Erstmals verwendete man Pfropfreben (Abschnitt 4.2) überwiegend mit Edelreisern anerkannter Qualitätsrebensorten.

Neben der klassischen Stockerziehung wurden zum Anheften der Weinreben in den rekultivierten Weinbergen zunehmend Drahtrahmen (Abschnitt 5.1) errichtet. Diese Aufbauarbeiten wurden wesentlich durch die sich gründenden Winzergenossenschaften unterstützt, die hauptsächlich als Bezugs- und Verwertungsgesellschaften wirkten. Moderne, auf neuen weinwissenschaftlichen Erkenntnissen beruhende Kelterung und Weinbehandlung wurden zunehmend von den Kellereien genutzt. In Fortschreibung des bestehenden Weinrechts wurde durch das im Jahre 1909 wirksam gewordene Weingesetz, das u.a. die Herstellung von Kunstwein nicht mehr gestattete, der Rechtsschutz für das Erzeugnis Wein wesentlich erhöht. Gleiches bewirkten auch das 1932er Weingesetz und die verschiedenen derartigen gesetzlichen Regelungen aus der Nachkriegszeit. Um Überproduktionen an Wein zu begegnen und zur Wahrung des Qualitätsniveaus bestehen inzwischen bezüglich des gewerbsmäßigen Anbaus von Weinreben gesetzliche Beschränkungen.

Heute ist die weinbergsmäßige Kultur des Weinstocks über die gemäßigten Zonen (20° bis 51° nördlicher bzw. südlicher Breite) der gesamten Erde verbreitet. Im tropischen Bereich ist kein rentabler Weinbau möglich. In Deutschland werden bis zu 51° 45´ nördlicher Breite liegende Flächen weinbaulich genutzt. An dieser nördlichen Klimagrenze liegende Weinbau-Gebiete weisen zur besseren Nutzung der Sonneneinstrahlung oft in Flusstälern gelegene, steile Hanglagen auf. Sie sind für die Weinbaugebiete an der Mosel, an Saale und Unstrut, der Elbe und teilweise auch am Rhein typisch.

In diesem Zusammenhang ist auch der jetzt viel diskutierte Klimawechsel mit zu berücksichtigen (Peseke-Oekelmann, 2009).
Diese Autorin weist darauf hin, dass das Jahrzehnt 1990-99 das Wärmste des gesamten 20. Jahrhunderts war und die Klimaerwärmung in einem bundesweiten Trend von +0,9 °C während der letzten hundert Jahre sich jetzt noch beschleunigt. Somit könnte sich die heutige nördlichliche Begrenzung des Weinbaus weiter nach Norden verschieben.

Unabhängig von den Entwicklungen im gewerbsmäßigen Rebanbau betrieben Liebhaber zu allen Zeiten das Pflanzen, die Pflege sowie die Nutzung von Weinstöcken, einer der ältesten und der höchsten Kultur, am Hausspalier oder im Garten. Unter diesen Bedingungen ist eine nördliche Breite dank günstiger mikroklimatischer Gegebenheiten an südlich exponierten Lagen nicht so begrenzend wirksam.

1.2 Weinbau in Religion und Kultur

Der Wein ist neben dem Wasser und der Muttermilch das älteste Getränk der Menschen und hat daher schon immer eine wichtige Bedeutung für deren Leben gehabt. Wein wurde sicherlich schon früher genossen als die Milch von Haustieren. Die beiden anderen alkoholischen Getränke, das Bier und der Branntwein, sind wesentlich jüngeren Ursprungs. Der Wein ist zugleich Labsal und Stärkung, sein Genuss verbreitet Freude und Frohsinn. Er ist daher bei der Kommunikation der Menschen untereinander und in weiteren Sphären des gesellschaftlichen Zusammenlebens seit jeher unentbehrlich.

In der Frühzeit galten alle Dinge für beseelt, so auch die für die Lebenserhaltung notwendigen Getränke und Speisen, wie Wasser und Brot. Diese Dinge zu missachten und zu verschwenden galt als Frevel gegen die Gottheit. Beim Wein kam noch eine von der genossenen Menge abhängige Gesamtwirkung hinzu, die sich in den Stadien Erwärmung, Frohsinn und Lebhaftigkeit, aber auch Trunkenheit und sogar Übelkeit äußerte. Diese janusköpfige Doppelwirkung des Weingenusses äußerte sich auch in den Gegensätzlichkeiten: Gottheit und ihre Boten sowie in der späteren altjüdischen Zeit differenziert in Engel und Dämonen, Gutes und Böses, Entzücken und Schrecken. Diese Doppelwirkung des Weingenusses hatte die damaligen Menschen nicht verwundert. Ihnen war alles Heilige, so auch der Wein, als Geschenk der Götter ebenfalls doppeldeutig [BÖCHER, 1996].

Abb. 1.5: Amphora des Amasis. Satyrn bei der Traubenernte (530-520 v. Chr.). Aus: HAMANN (1957).

Im Altertum wurden fast ausschließlich nur blaue oder rote Trauben tragende Weinreben angebaut. Die aus deren Trauben bereiteten Weine hatten die dem Blut vergleichbare rote Färbung. Nach Berichten des griechischen Dichters HOMER (800 v. Chr.) soll solcher Rotwein für Opferhandlungen anstelle des Menschen- oder Tieropfer erfordernden Blutes verwendet worden sein.

Im Altertum war bei den Persern, Griechen und Römern der Wein zu einem Volksgetränk geworden und spielte auch im gesellschaftlichen Leben dieser Völker eine besondere Rolle. So berichtet der weitgereiste griechische Geschichtsschreiber HERODOT um 450 v. Chr. von Persern, die dem Weingenuss sehr zugetan gewesen waren und die schwierige Fragen im trunkenen Zustand beraten haben sollen. Wenn sie dann wieder nüchtern waren und der betreffende Beschluss noch immer die Zustimmung fand, wurde er besiegelt. Umgekehrt soll auch über nüchtern gefasste Beschlüsse im trunkenen Zustand befunden worden sein.

Die Griechen tranken zu normalen Mahlzeiten zwar keinen Wein, jedoch nach beendeten Beratungen, den Symposien (EMMERICH, 2009). Ursprünglich waren hierzu keine Frauen zugelassen, späterhin wurden jedoch Hetären eingeladen, die zum Trinken ermuntern sollten. Aus diesen Zeiten stammt die noch heute übliche Sitte des gegenseitigen Zutrinkens bei feierlichen Anlässen. Bei solchen Zusammenkünften war es auch üblich, zu Ehren des Weingottes Dionysos gemeinsam aus einem mit Amethyststeinen besetzten großen Kelch zu trinken, der unter den Beteiligen weitergereicht wurde. Das bläuliche bis purpurrote Quarzmineral Amethyst soll angeblich eine gegen Trunkenheit und nachfolgende Übelkeit gerichtete Wirkung ausstrahlen.

Abb. 1.6: Darstellung eines Trinkgelages im alten Griechenland (nach antiken Vorlagen).

Ähnliche Trinkgewohnheiten und -sitten übernahmen die Römer, die auch zu Ehren ihres Weingottes Bacchus den in veränderter Form noch heute bekannten Frühschoppen einführten. Diesen leitete ein *Magister bibendi*, der beim Verschütten von Wein oder beim Nicht-Leeren von Trinkgefäßen über den Betroffenen einen Straftrunk verhängen konnte. An solchen Bacchanalien nahmen auch Frauen teil. Über hierbei vorkommende exzessive Ausschweifungen gibt es ausführliche Darstellungen in der beschreibenden und der bildenden Kunst.

Das weinfreudige Volk der Juden in Israel kannte nur die Rotweine. Der Wein-Blut-Mystik der dionysischen Mythologie der Griechen entspricht die sakrale Mystik der Bibel, in der 650 Erwähnungen des Rebstockes und des Weines vorkommen. Die Überlieferung der Kombination Wein und Brot wird in der christlichen Eucharistie zu höchster Transzendenz erhoben.

Im 1. Buch Mose (um 2.500 v. Chr.) wird in den Versen 20 bis 29 des 1. Kapitels berichtet, dass NOAH vor Beginn der Sintflut auch einen Weinstock mit in die Arche genommen hat. Nach der Landung vermehrte er die Reben durch Stecklinge und legte er am Fuße des Berges Ararat (Türkei) einen Weinberg an. Später trank er den Wein aus dessen Trauben und wurde davon trunken. In diesem alttestamentarischen Zeugnis über den Weinbau wird aber gleichzeitig auf die dämonische Seite des Weins hingewiesen.

Abb. 1.7: *Noah arbeitet mit seinen Söhnen im Weinberg. Zeichnung zu Kapitel 9 der Genesis in der „Velislav-Bibel", um 1400. Universitätsbibliothek Prag.*

Zahlreiche weitere Bibelstellen preisen dagegen den Wein und seine Beliebtheit als Getränk. So heißt es im „ältesten Weinlied", dem Psalm 104, Vers 15, der Wein erfreue des Menschen Herz. Der altjüdische Weise JESUS SIRACH (um 190 v. Chr.) stellt im 31. Kapitel (Vers 30-40) seines apokryphischen Buches anschaulich die Vorzüge aber auch Gefahren beim Umgang mit dem Wein gegenüber und gibt belehrende Verhaltensregeln.

Im Neuen Testament der Bibel gehört der Wein zu den selbstverständlichen Gütern im Leben der Menschen. In den Gleichnissen Jesus Christus wird der Weinbau als allgemein bekannt vorausgesetzt. Viele dieser lebensvollen Gleichnisse vom Weinbau und Wein haben sich unserer Anschauung und Sprache unauslöschbar einverleibt.

Auf weltlichem Gebiet gibt es zahlreiche Beziehungen von Weinbau und Wein zur Landschaft und Kultur des Menschen. Beide haben sich einander schöpferisch beeinflusst. So haben die Dichtung, bildende Kunst und Brauchtum den Rebstock und den Wein zu allen Zeiten als ein Bestandteil abendländischer Kulturgeschichte geachtet.

Abb. 1.8: Weinblattmotive an einem Kapitell im Naumburger Dom.

2 Weinrebe
2.1 Herkunft und Bau

Der Weinstock zählt zu den nur etwa 1% der Pflanzen von den mehreren hunderttausend Arten des Pflanzenreiches, die der Mensch schon seit uralten Zeiten in Obhut und Pflege genommen hat.

Dieser sommergrüne Kletterstrauch, auch als Schlingpflanze oder Liane bezeichnet, gehört gemäß seiner pflanzensystematischen Einteilung zur Ordnung der Kreuzdorn-Gewächse (*Rhamnales*), der die Familie der Rebengewächse (*Vitaceae*) mit der Gattung Reben (*Vitis*) zugeordnet ist. Hiervon leitet sich die Art Weinrebe (*Vitis vinifera*) ab, die von den beiden Unterarten Wildrebe (*Vitis vinifera* ssp. *sylvestris*) und Kulturrebe (*Vitis vinifera* ssp. *sativa*) gebildet wird. Letztere ist die Ausgangsform für die im Weinbau genutzten Rebsorten wie Riesling, Silvaner, Gutedel, Portugieser u.a. Äußerlich unterscheiden sich diese Kulturrebensorten hauptsächlich durch die Form ihrer Blätter und Weinbeeren sowie der Färbung und Gestalt der Trauben.

Die Weinrebe, die von Natur aus als Schlingpflanze an Bäumen wuchert, wird als Folge der Kulturmaßnahmen durch den Menschen gezwungen, am Boden zu bleiben und vergleichbar mit einem Obstbaum zu wachsen. Die Abbildung 2.1 zeigt einen Rebstock im Frühjahr, der als Einzelstock gezogen und vom Winzer bereits fachgerecht geschnitten wurde.

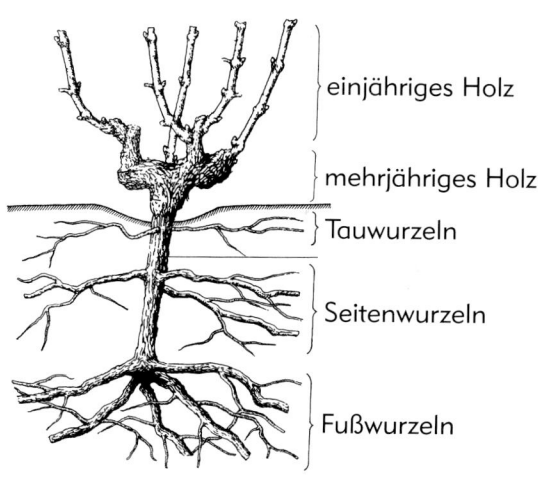

Abb. 2.1: Rebstock.

Wie es für grüne Samenpflanzen typisch ist, baut sich der Weinstock aus den drei vegetativen Hauptorganen Wurzel, Spross (Trieb) und Blatt auf. Diese drei Grundorgane unterscheiden sich entsprechend ihrer physiologischen Leistungen nicht nur in ihrem anatomischen Aufbau, sondern auch im Aussehen.

Die mitunter bis über zwölf Meter tief in den Erdboden eindringenden **Wurzeln** verankern einerseits den Weinstock im Boden, sie versorgen diesen aber auch mit dem notwendigen Wasser und den darin gelösten Nährstoffen. So können die Weinreben selbst bei extrem heißer und trockener Witterung weitgehend vor Trockenschäden bewahrt bleiben. Gleichzeitig dienen die Wurzeln, ebenso wie die oberirdischen Sprosse und Blätter, als Speicher für Reservestoffe. Bei hinreichender Feuchtigkeit und Temperaturen um 10 bis 30 °C können sich an den Rebensprossen leicht Wurzeln bilden. Diese günstige Eigenschaft wird bei der heute unzulässigen vegetativen Vermehrung von Reben durch Stecklinge (Abschnitt 4.2) genutzt.

Bei einem bereits tragenden Weinstock besteht der Wurzelbereich überwiegend aus dem verhältnismäßig kräftig entwickelten Wurzelstamm, welcher die Verbindung zu den Wasser- und Nährstoffe aufnehmenden (absorbierenden) Seitenwurzeln und den tiefer gelegenen, oft meterlangen Fußwurzeln herstellt. Im oberen Teil des Wurzelstammes bilden sich die hauptsächlich nur der Wasseraufnahme dienenden Tauwurzeln. An der wachsenden Wurzel sind im Bau und der physiologischen Leistung unterschiedliche Abschnitte zu unterscheiden. In der nur etwa 2 mm langen Wurzelspitze befindet sich das von der Wurzelhaube schützend bedeckte, ständig neue Zellen bildende Meristem, die Ausgangsstelle des Längenwachstums. In Richtung des Wurzelstocks folgt dann ein Abschnitt von 3 bis 5 mm Länge, in dem durch Zellvermehrung, -streckung und -wachstum die Verlängerung der Wurzel erfolgt. Der nächste, etwa 10 mm lange Teilabschnitt ist dicht mit etwa 0,025 bis 0,1 mm dünnen, zarten, farblosen Wurzelhaaren besetzt. Hier erfolgt die Aufnahme des Wassers und der Nährstoffe, die dann in den anschließenden letzten, äußerlich verkorkten, meist dunkelbraunen, dickeren Wurzelabschnitt zu den oberen Teilen des Weinstocks weitergeleitet werden. Mit Beginn jeder Vegetationsperiode werden die Wurzelspitzen und die Wurzelhauben durch Verzweigung oder Verlängerung älterer Wurzelteile stets neu gebildet.

Den oberirdischen Teil des Weinstockes bilden der Stamm, die Äste oder Schenkel und einjährige Sprosse (Triebe), das Tragholz (Abb. 2.1). Aus den Knospen des Tragholzes treiben im Frühjahr die Laubtriebe, die sogenannten Lotten aus, an denen sich die Rebblätter, Blütenstände und Ranken entwickeln.

Der Aufbau des **Laubtriebes** ist sehr charakteristisch, weil sich die Blätter und Ranken auf den oft über 2 Meter langen Trieben ungleichmäßig verteilen. Jeder Trieb ist in Knoten (Nodien) und Zwischenstücke (Internodien) gegliedert (Abb. 2.2). An diesen Knoten sitzen in spiraliger Anordnung die Blätter.

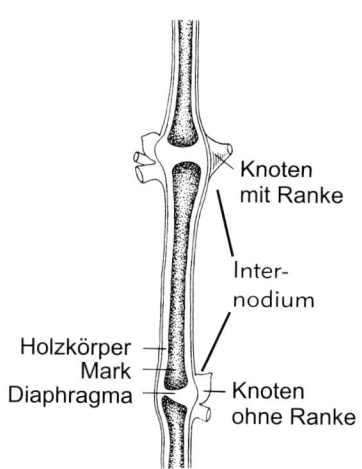

Abb. 2.2: Längsschnitt durch einen Rebtrieb.

Während die untersten drei bis fünf häufig ziemlich gestauchten Triebglieder ohne Ranken (Abb. 2.9) sind, steht an je zwei aufeinander folgenden Knoten dem Blatt gegenüber eine Ranke, dann folgt ein Knoten ohne Ranke (Abb. 2.3). Diese Folge wiederholt sich mehrere Male. Eine Ausnahme von dieser Regel findet sich bei der aus Nordamerika stammenden Labruska-Rebe (*Vitis labrusca*) und ihren Kreuzungsabkömmlingen, den sogenannten Hybriden (Abb. 2.4). Bei ihnen ist die Rankenfolge fortlaufend, so dass jeder Knoten eine Ranke trägt. Die aus solchen Kreuzungen der *Vitis vinifera* ssp. *sativa* mit anderen Vitis-Arten entstandenen sogenannten Hybridenreben werden als interspezifische Neuzuchten bezeichnet. Diese sind wegen ihres Erbgutanteils an Wildreben häufig ausreichend tolerant gegen pilzliche Infektionen und Frostschäden. Wegen eines möglichen Befalls der Rebenblätter

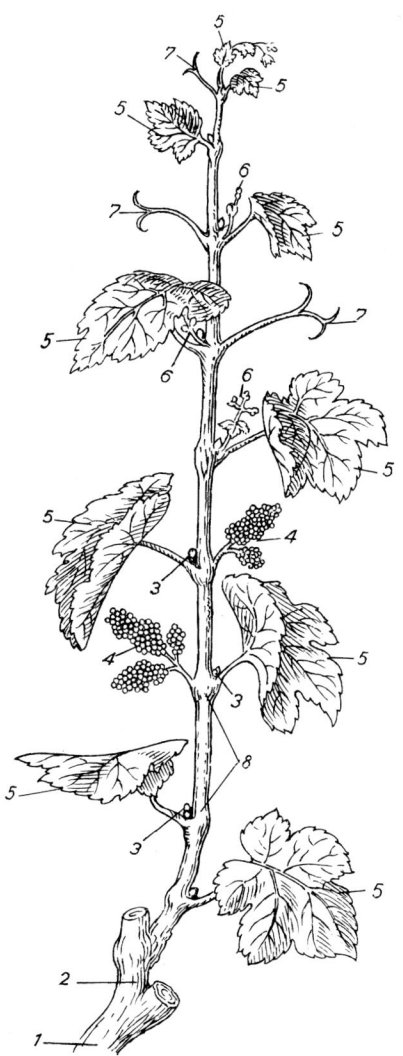

Abb. 2.3: Fruchttrieb der Rebe:
1 - zweijähriges Holz
2 - einjähriges Holz
3 - Winterknospe
4 - Geschein (Blütenstand)
5 - Laubblatt
6 - Geiz
7 - Ranke
8 - Nodium (Knoten).

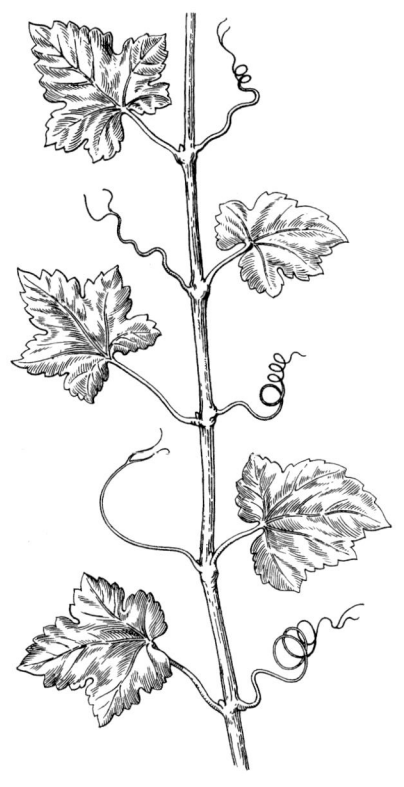

Abb. 2.4: Links Triebspitze der Edelrebe mit unterbrochener (diskontinuierlicher) Rankenfolge, typisch für unsere Kulturrebensorten. Rechts Triebstück der Labruska-Rebe mit fortlaufender (kontinuierlicher) Rankenfolge, jedem Blatt steht eine Ranke gegenüber.

durch Rebläuse (Abschnitt 7.2.1) und des ursprünglich häufig nur minderen Geschmacks ihrer Weine wurde ihr Anbau in Deutschland verboten; neuerdings sind jedoch einige qualitativ hochwertige Neuzüchtungen für den Anbau zugelassen worden (Abschnitt 4.1).

Die **Laubblätter** sind die wichtigsten Ernährungsorgane der Weinreben (Abb. 2.5). In den Blattzellen vollzieht sich unter Beteiligung grünen Blattfarbstoffes Chlorophyll die Assimilation (Aufnahme) des Kohlendioxids aus der Luft und die Bildung der Glucose. Diese ist das erforderliche Ausgangsassimilat für die nachfolgende Biosynthese von Inhaltsstoffen. Weiterhin wird über die Blätter die Transpiration (Verdunstung) und damit verbunden die lebensnotwendige Wasserzirkulation aufrecht erhalten. Ebenso wie die Laubblätter anderer höherer Pflanzen sind die Rebblätter in Blattgrund, Blattstiel und Blattspreite gegliedert. Der Blattstiel endet in der Stielbucht der Blattspreite so, dass das Blatt dem Regen und Wind ausweichen und seine Lage günstig zur Sonneneinstrahlung ausrichten kann. In der Stielbucht am

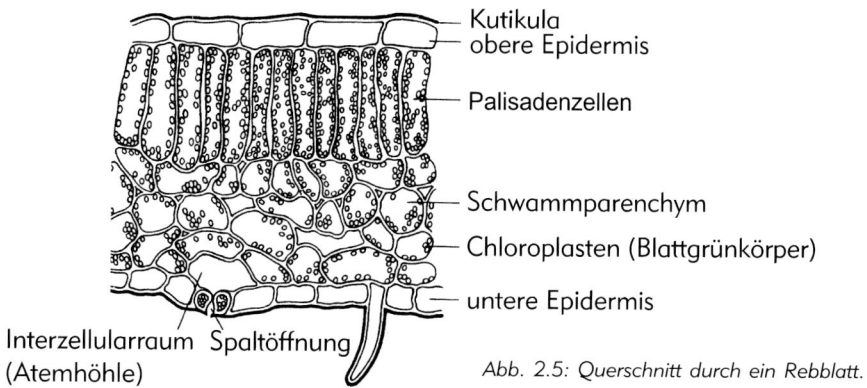

Abb. 2.5: Querschnitt durch ein Rebblatt.

Grunde der Blattspreite münden die fünf Hauptnerven des Blattes, die ihrerseits wieder verzweigt sind und so ein engmaschiges Adernetz bilden.

Die Blattspreiten sind vielgestaltig, aber sortentypisch ausgebildet. Sie sind entweder symmetrisch gebaut oder ungleichmäßig und dabei drei-, fünf- oder siebenlappig bzw. nur undeutlich eingeschnitten. Alle Merkmale des Blattes, wie Form, Randzähnung, Art der Nervatur, Farbe, sind wichtige Kriterien für die Sortenbeschreibung und werden für die Wiedererkennung der einzelnen Weinrebensorten benutzt (Abb. 2.6).

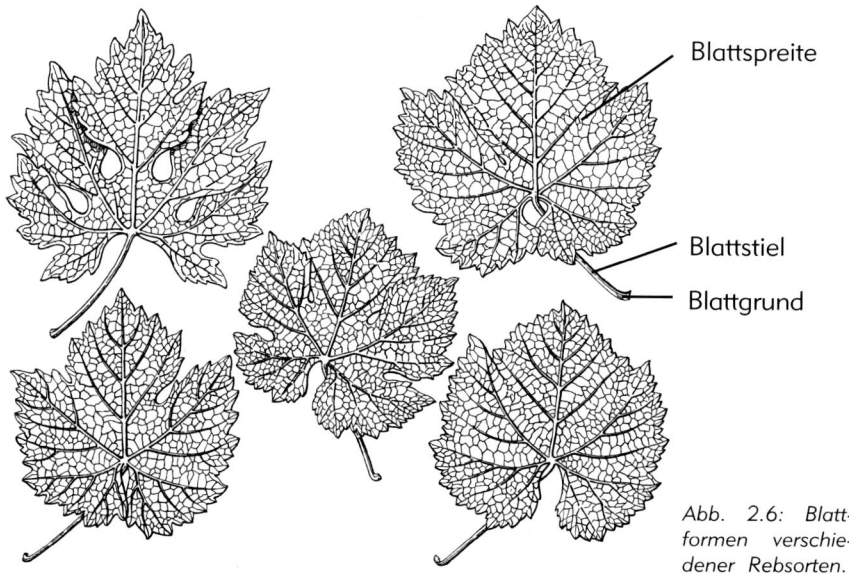

Abb. 2.6: Blattformen verschiedener Rebsorten.

In den Achseln der älteren Blätter entstehen je zwei ungleichmäßige Knospenanlagen, von denen sich eine sehr bald entwickeln kann und den sogenannten Geiztrieb bildet. Die zweite Knospenanlage bleibt als Winterknospe (-auge) erhalten und entwickelt sich erst im nächsten Vegetationsjahr zu einem neuen Laubtrieb.

In dieser Winterknospe sind schon in den Monaten Juli/August die Blütenanlagen für die nächste Vegetation zu erkennen (Abb. 2.7/2.8). Dieser Umstand ist für die Praxis wichtig, weil es im nachfolgenden Frühjahr kaum noch zur Neubildung von Blütenorganen kommt. Die Zahl und Größe der Blütenanlagen und somit der Ertrag des Weinstocks im Folgejahr hängen nicht nur von der Witterung und der Pflege des Weinstockes, sondern auch im starken Maße von der Bodenbearbeitung, Düngung und Schädlingsbekämpfung im vorangegangenen Vegetationsjahr ab.

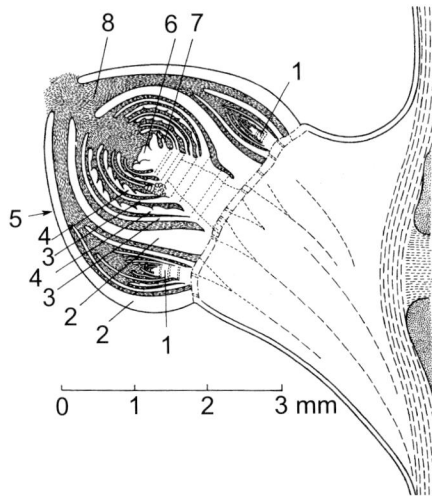

Abb. 2.7: Längsschnitt durch eine Winterknospe:
1 - Nebenauge
2 - Knospenschuppenblätter
3 - Nebenblätter
4 - Blattanlagen
5 - Blütenanlage über der zweiten Blattanlage links (siehe Pfeilrichtung)
6 - Vegetationspunkt
7 - Rankenanlage über der dritten Blattanlage rechts
8 - Haare, auch Wolle genannt.

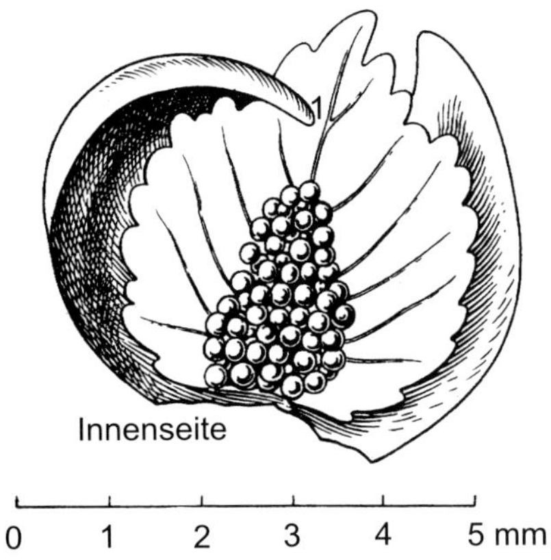

Abb. 2.8: Blattanlage, von den Nebenblättern umhüllt, mit darüberliegender Blütenanlage (herauspräpariert).

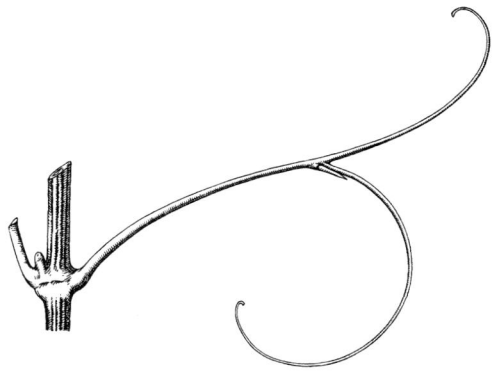

Abb. 2.9: Ranke der Rebe.

Die meist gabelig verzweigten **Ranken** (Abb. 2.9) der Weinreben dienen als Haftorgane, die gegen Berührungsreize empfindlich sind. Während ihres Wachstums führen sie ständig langsam kreisende Bewegungen aus. Sobald die Ranke einen sie stützenden Gegenstand (Pfahl oder Draht) berührt, windet sich deren Spitze verhältnismäßig rasch in schraubenförmigen Bewegungen um diesen und heftet somit den Trieb fest. Die später bald verholzende Ranke bildet ein gegen Witterungseinflüsse sehr widerstandsfähiges Haftorgan.

Bei den Ranken handelt es sich um im Laufe der Entwicklungsgeschichte abgewandelte Blütenstände. Dies wird dadurch deutlich, dass vor allem bei ungünstig kühler Witterung im Frühsommer häufig einzelne Ranken vereinzelte Blüten tragen, die sich manchmal sogar zu Beeren entwickeln. Aus Abbildung 2.3 ist ersichtlich, dass der Blütenstand der Weinrebe anstelle einer Ranke am Trieb steht. Botanisch handelt es sich um eine Rispe, die in der Fachsprache als Geschein bezeichnet wird.

Bedingt durch die für Kulturreben beschriebene typische Anordnung der Ranken befinden sich an den Rebtrieben des Weinstocks meistens nur zwei Gescheine übereinander, weil der in Triebrichtung nächstfolgende Knoten von der Anlage her rankenfrei wäre und der weiter darüberliegende Knoten nur bei besonders ergiebigen Weinstöcken noch ein oder auch zwei kleinere Blütenstände ansetzen kann.

Die überwiegend zwittrige **Einzelblüte** eines solchen rispenartigen Gescheins (Blütenstand) ist nur wenig auffällig. Von den Blüten anderer höherer Pflanzen unterscheidet sie, dass sich ihre fünfblättrige grüne Krone beim Aufblühen unterseitig ablöst und dann als sogenanntes Käppchen abgeworfen wird (Abb. 2.10). Die sogenannte Weinblüte, ist zwar nur wenig auffällig, macht sich aber durch einen blumigen aromatischen Duft angenehm bemerkbar, der von den Nektarien ausströmt. Daher eignen sich in Blüte stehende Gescheine auch zum Aromatisieren von alkoholischen Getränken, beispielsweise für eine Weinblütenbowle.

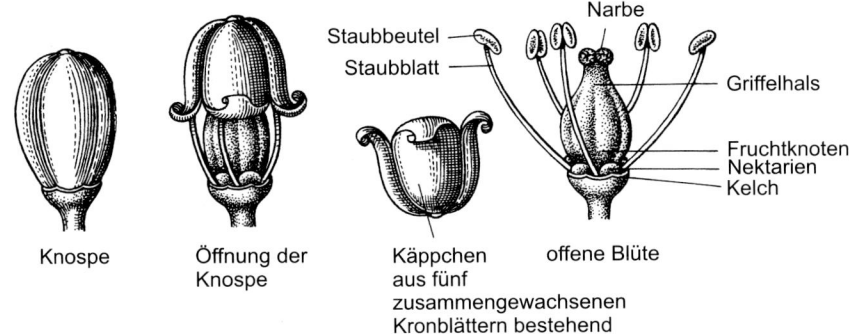

Abb. 2.10: Zwitterblüte der Rebe in verschiedenen Entwicklungsstadien.

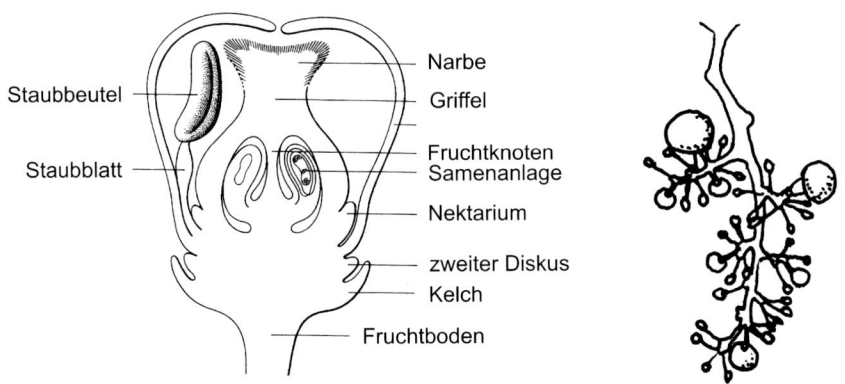

Abb. 2.11: Längsschnitt durch die Zwitterblüte der Rebe.

Abb. 2.12: Verrieselte Traube der Rebe.

Die Bestäubung, d.h. das Übertragen des männlichen Pollens auf die weibliche Narbe geschieht überwiegend durch den Wind oder durch Selbstbestäubung (Abb. 2.11). Eine Bestäubung durch Insekten erfolgt trotz der vorhandenen Nektarien nur selten. Mit einem reichlichen Beerenansatz ist allerdings nur dann zu rechnen, wenn während der Blütezeit sonniges und warmes Wetter herrscht. Bei ungünstiger Witterung oder bei unzureichender Versorgung des Weinstocks mit Mikronährstoffen, hauptsächlich bei Mangel an Bor und Molybdän, verrieseln die Trauben (Abb. 2.12 und Abschnitt 2.3). Das bedeutet, dass mehr oder weniger große Mengen unbefruchteter Beeren abfallen, was den Ertrag deutlich mindert.

Aus dem befruchteten Fruchtknoten entwickeln sich zunächst kleine grüne, harte, sauer schmeckende Weinbeeren. Im Verlaufe von etwa 20 Wochen wachsen diese zur normalen Größe von 1,0 bis 2,0 cm Durchmesser heran. In der anschließenden Reifephase nehmen die Weinbeeren die sortentypische Färbung an. Gleichzeitig werden die im saftigen Beerenfleisch enthaltenen Fruchtsäuren teilweise in verschiedene Zucker, hauptsächlich Trauben- und Fruchtzucker, umgewandelt. Dieser Vorgang ist von Temperatur und Witterung abhängig und erstreckt sich über mehrere Wochen (Abschnitt 2.3). Die für Rotweintrauben typischen roten und blauen Farbstoffe sind bei den meisten Rebsorten allein in den Beerenschalen lokalisiert, während das eigentliche Beerenfleisch farblos bleibt.

Ausgenommen hiervon sind die sogenannten Färbertrauben, beispielsweise der neuen Rebsorten Regent und Dornfelder, bei denen auch das Beerenfleisch zumindest partiell rötlichblau gefärbt ist. Diese können bei Bedarf der Maische roter Trauben zugesetzt werden, um so die gewünschte Färbung der betreffenden Rotweine zu verstärken.

Im Beerenfleisch befinden sich je 1 bis 2, seltener bis zu 4 Kerne, die Samen. Sie enthalten unter einer steinharten Schale ein ölreiches, fleischiges Nährgewebe und einen Keimling. Unsere Kulturrebsorten sind aber nicht samenbeständig. Das heißt, dass die neuen Pflanzen aus diesen Samen nicht wieder die gemeinsamen Eigenschaften der Mutterpflanze haben. Die Kulturreben sind hochgradige Bastarde (Kreuzungsprodukte verschiedener Eltern), die beim Keimen in ihren Eigenschaften zufällig in eine der Elternformen aufspalten. Unsere Kulturrebensorten können daher nicht durch Samenvermehrung erhalten werden, sondern nur durch vegetative Vermehrung (Abschnitt 4.2). In wärmeren südlichen Ländern werden sogar kernlose Traubensorten angebaut, deren Weinbeeren zu Rosinen getrocknet werden.

Alle Teile des Weinstockes sind, wie bei allen höheren Pflanzen, aus mikroskopisch kleinen **Pflanzenzellen** aufgebaut. Die häufig unter 0,1 mm großen pflanzlichen Bauteile bestehen aus dem Zellleib (Zytoplasma) und dem darin befindlichen Zellkern (Nukleus). Beide stehen in ständiger Wechselwirkung. Daneben können noch viele unterschiedliche Einschlüsse im Zytoplasma vorliegen, von denen hier nur die für die Photosynthese verantwortlichen grünen Chloroplasten genannt werden sollen (Abb. 2.6). Begrenzt werden die einzelnen Pflanzenzellen von der überwiegend aus Zellulose bestehenden Zellwand. Miteinander an den Zellwänden verbunden, bilden die Zellen spezifische Gewebe. Je nach Lage in der Pflanze und Funktion haben die Zellen eine unterschiedliche Gestalt. In einem solchen Zellverbund befinden sich meist von Luft erfüllte Lücken (Interzellularräume) die der Durchlüftung des Gewebes und der Transpiration dienen.

Alle Zellen entstehen durch Teilung vorhandener Zellen, vornehmlich in den Vegetationszonen der Wurzeln und der Sprosse. Im Spross liegt z.B. das sogenannte Kambium. Dieses unter der Borke den weitgehend ausgewachsenen Spross umschließende Gewebe teilt nach innen in Richtung Mark Zellen ab, aus denen dann die später verholzenden Leitbündel für den Wassertransport und andere Festigungs- bzw. Reservestoff-Gewebe gebildet werden. Nach außen liefert das Kambium Zellen für den Aufbau der Siebröhren und weitere Festigungsgewebe (Abb. 2.13). In den Siebröhren werden die gelösten Assimilate von den Blättern zu den Speicherorganen geleitet. Durch diese Zellteilungen vergrößert sich der Umfang des Sprosses (Sekundäres Dickenwachstum).

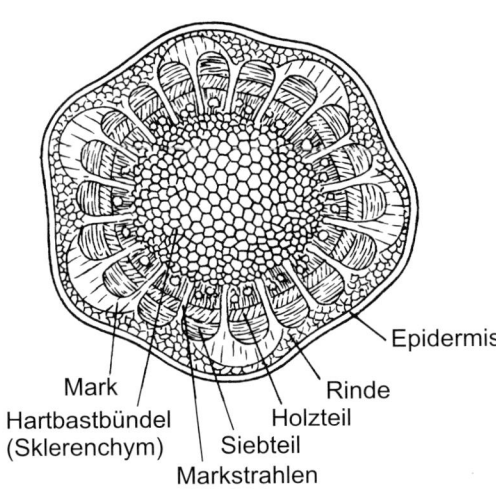

Das Abschlussgewebe (Epidermis) bildet die Begrenzung nach außen und schützt alle Pflanzenteile vor Verletzung, Verdunstung u.ä. Die Zellen schließen hier lückenlos aneinander und haben häufig verdickte Außenwände, denen noch eine dünne Schicht (Kutikula) aufgelagert ist. Bei den Weinbeeren wird die wasserabstoßende, transpirationsmindernde Eigenschaft der Kutikula durch Auflagerung einer dünnen, wachsartigen blau-weißlichen Schicht (Duft, Reif) noch verstärkt.

Abb. 2.13: Querschnitt durch einen grünen Trieb der Rebe.

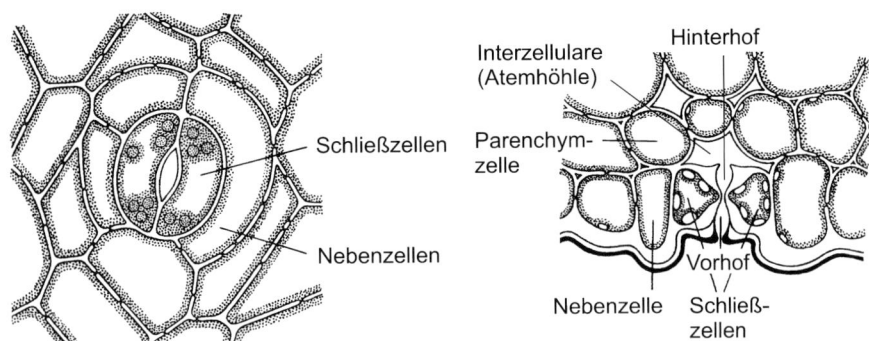

Abb. 2.14: Spaltöffnung in der Draufsicht (links) und im Schnitt (rechts).

An der Wurzel sind Ausstülpungen der Epidermis, die Saughaare, zur Wasseraufnahme aus dem Boden bestimmt. Ihnen fehlt wegen der hier unerwünschten Wasserabweisung eine Kutikula.

Selbst regulierbare Spaltöffnungen an der Unterseite der Blätter sorgen für den notwendigen Gasaustausch zwischen Außenluft und dem Innern der Pflanze, das ist wichtig für Transpiration und Assimilation (Abb. 2.14).

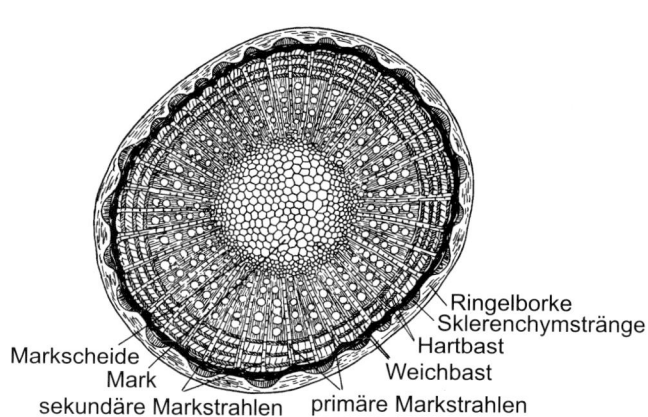

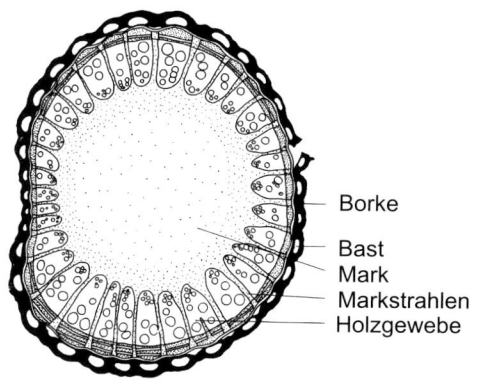

Abb. 2.15: Querschnitt durch einen gut ausgereiften Trieb (oben) und einen schlecht ausgereiften Trieb (unten).

Für praktische Belange des Weinbaus ist der innere Aufbau eines Rebtriebes wichtig. Er ist am besten aus einem Querschnitt zu erkennen. Abbildung 2.15 oben zeigt in schematischer Darstellung das Schnittbild eines Triebes, wie er sich im Herbst darbietet, wenn die Witterung günstig war und alle Pflegearbeiten ordnungsgemäß erfolgten. Nur ein solcher gut ausgereifter Trieb ist hinreichend widerstandsfähig gegen Winterfröste und gewährleistet einen guten Austrieb im Frühjahr.

Beim Schnitt durch einen schlecht ausgereiften Trieb zeigt sich ein anderes Bild (Abb. 2.15). Der im Inneren befindliche Markanteil ist verhältnismäßig umfangreich, der angrenzende Holzring nur klein und der aus Bast und

Borke bestehende Schutzmantel zu dünn. Ein solcher nicht genügend Reservestoffe enthaltender Trieb lässt keinen guten Austrieb erwarten.

2.2 Wachstum und Stoffwechsel

Das **Wachstum** des Weinstocks ist seine entscheidende Lebensäußerung. Abhängig von den Witterungs- und Ernährungsbedingungen geht es aber im Verlaufe eines Jahres nicht gleichmäßig vor sich. Im Frühjahr, wenn die Speicherorgane wie Stamm und Wurzeln gut mit Reservestoffen angefüllt sind und der Boden gut durchfeuchtet ist, erfolgt mit dem Austreiben der Winterknospen und der nachfolgenden Ausbildung der Jungtriebe sowie der Blätter und der Blüten ein besonders lebhaftes Wachstum. Nach Abschluss der Blühphase erhöht sich nochmalig seine Intensität, wenn hinreichende Feuchtigkeit im Boden und Tagestemperaturen möglichst um 25 °C vorliegen. Im Sommer werden die Winterknospen und somit die Blüten für das folgende Jahr angelegt. Mit fallenden Temperaturen im Herbst nimmt das Wachstum deutlich ab und erlöscht dann während der Winterphase nahezu völlig. Der unterschiedliche Einfluss der Jahresbedingungen äußert sich gut erkennbar an den wechselnden Stärken des Triebwachstums (Abb. 2.16).

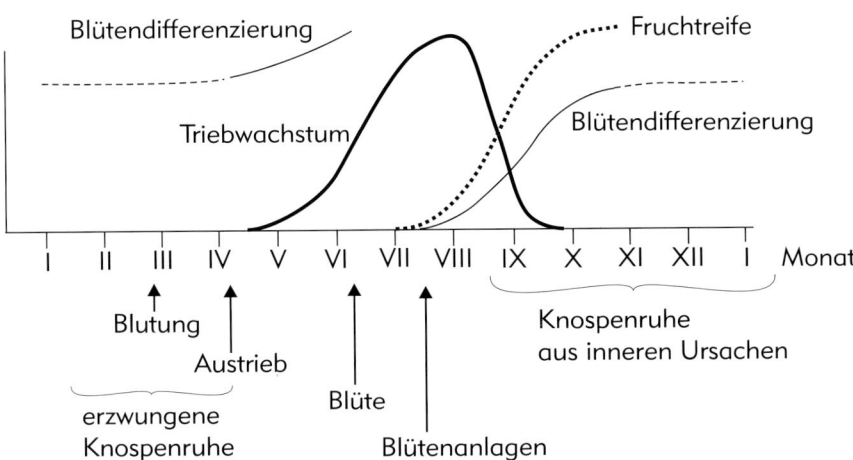

Abb. 2.16: Schematische Darstellung der periodischen Wachstumsrhythmik, des Fruchtwachstums und der Blütenbildung im Jahresgang.

Bei der komplizierten Regelung der Wachstumsprozesse wirken verschiedene, in ihrer Gesamtheit noch nicht aufgeklärte Faktoren mit. Den im Pflanzenkörper fließenden Wuchsstoffen wird eine bedeutende Steuerungsfunktion zugesprochen. Deren Wirkung ist an der gegenseitigen wachstumsfördernden bzw. -hemmenden Beeinflussung einzelner Pflanzenorgane zu erkennen. So treiben die Nebenaugen der Winterknospe (Abb. 2.7) nur dann zu allerdings nicht-fruchtenden Trieben aus, wenn das betreffende Hauptauge durch Frost oder mechanische Einwirkungen geschädigt worden ist. Oder die unter normalen Bedingungen nur schwachwüchsigen Geiztriebe reagieren nach Abschneiden oder Abbrechen des Haupttriebes mit kräftigem Wachstum.

Materielle Grundlage für das Wachstum ist der **Stoffwechsel**. Hierunter sind die Aufnahme von Nährstoffen, deren Umwandlung zu körpereigenen Bausubstanzen sowie die Ausscheidung nicht mehr benötigter Inhaltsstoffe zu verstehen. Eng verknüpft mit dem Stoffwechsel ist die Gewinnung der zum Unterhalt der Lebensprozesse unentbehrlichen Energie.

In allen Organen des Weinstocks ist das Wasser der mengenmäßig bedeutendste Inhaltsstoff, der in grünen Trieben und Blättern über 70% des Gewichts ausmachen kann. Wasser ist eigentlich kein Nährstoff im engeren Sinne. Es ist aber als Lösemittel für die aufgenommenen Nährstoffe und deren Verteilung im Pflanzenkörper, die Weiterleitung von Assimilationsprodukten sowie die Ableitung von nicht mehr erforderlichen Stoffen. Weiterhin wird es für die Temperaturregelung in den Blättern und Trieben mittels Verdunstung (Transpiration) benötigt.

Für das Wachstum der Weinreben notwendige Nährstoffe sind die Elemente Kohlenstoff, Sauerstoff, Wasserstoff, Stickstoff, Phosphor, Schwefel, Kalium, Magnesium, Calcium und Eisen. In wesentlich geringeren Mengen werden noch die Elemente Silizium, Natrium, Chlor, Aluminium und in sehr geringen Konzentrationen auch die als Mikro- oder Spurennährstoffe bezeichneten Elemente Bor, Zink, Kupfer, Molybdän und Mangan benötigt. Bei unzureichendem Vorliegen oder Fehlen eines dieser Nährstoffe tritt in der Pflanze Nährstoffmangel ein, der sich in typischen Krankheitsbildern (Farbtafeln 1-6) äußert. Ein solcher Nährstoffmangel kann aber durch geeignete Boden- oder Blattdüngung (Abschnitt 6.3) wieder behoben werden.

Die genannten Nährstoffe, ausgenommen der Kohlenstoff und teilweise auch der Sauerstoff, befinden sich in Salzform gelöst im Bodenwasser oder adsorptiv an Bodenpartikel gebunden. Erst durch entsprechende von den Saugwurzeln ausgelöste Reaktionen werden sie in eine aufnahmefähige Form gebracht. Das Wasser einschließlich der darin gelösten Nährstoffe wird durch die osmotisch erzeugte Saugkraft der Wurzelzellen – sie entsteht dadurch, dass im Zellinneren eine höhere Salzkonzentration als außen vorhanden ist – aufgenommen. Neben der Aufnahme und Einlagerung von Wasser (Quellungsvorgänge) wirken bei der Nährstoffabsorption komplizierte Ionenaustauschprozesse mit, so dass die Aufnahme der Nährstoffe gegen das Konzentrationsgefälle erfolgt und die Wurzelzelle außerdem noch ein Auswahlvermögen besitzt (Abschnitt 6.3). Die von den Wurzelzellen aufgenommenen Nährstoffe werden mittels Saugdruck über die Leitungsbahnen zu den verschiedenen Zellen gefördert. Dort werden sie genutzt, um körpereigenes Baumaterial zu synthetisieren oder um Energie für die eigentlichen Lebensprozesse zu liefern. In den Leitungsbahnen bewirken vor allen die Kapillarkraft der engen Röhrchen und die durch die Transpiration erzeugte Saugkraft der Blätter den Transport der wässrigen Nährstofflösung. Weiterhin entfalten auch die Wurzeln und untere Stammbereiche eine Pumpwirkung. Erkennbar ist dieser Effekt im Frühjahr, wenn an frischen Schnittstellen von noch unbelaubten Rebtrieben gut feststellbare Wassermengen austreten. Dieser Vorgang wird auch als Bluten der Weinreben bezeichnet.

Aus dem im Boden vorliegenden Gemisch von verschiedenen Nährstoffen können die Saugwurzeln bestimmte bevorzugt und gleichzeitig, andere nur geringfügig aufnehmen oder sogar von der Absorption ausschließen. Durch dieses Auswahlvermögen sichert sich die Weinrebe die harmonische Nährstoffversorgung.

Der Kohlenstoff der organischen Substanz der Weinrebe wird durch einen photosynthetischen Prozess, der Assimilation, aus dem Kohlendioxid der Luft gewonnen. Unter Einwirkung des Sonnenlichtes als Energiequelle und in Gegenwart von Wasser entstehen in den grünen, chlorophyllhaltigen Zellen der Blätter unter Freisetzung von Sauerstoff einfache Assimilationszucker, hauptsächlich Traubenzucker (Glucose). Diese werden dann im Siebteil des Leitungssystems (Abb. 2.13) direkt zu den Stellen des Verbrauchs gefördert. Sie können aber auch am Entstehungsort bzw. an anderen Stellen biosynthetisch zu höhermolekularen Substanzen wie Saccharose, Stärke, Zellulose, Fetten und anderen komplizierten Inhaltsstoffen, einschließlich Eiweißen, umgewandelt werden. Sie werden dann entweder zur Aufrechterhaltung der Lebensprozesse verbraucht oder als Reservestoffe eingelagert.

Der vorstehend dargestellte Assimilationsprozess ist nur bei Sonneneinwirkung möglich. Alle Lebewesen sind ständig auf Energiezuführung angewiesen. Ein wichtiger Prozess zur Energiegewinnung ist dabei die Atmung, die auch in grünen Pflanzen stattfindet. Hierbei handelt es sich um die Freisetzung von gebundener chemischer Energie aus energiereichen Inhaltsstoffen bei

Aufnahme von Sauerstoff sowie Abgabe von Kohlendioxid und Wasser. Die bei der Atmung frei werdende Energie dient als Betriebsstoff für den gesamten Organismus. Bei diesem der Assimilation entgegengesetzt verlaufenden Prozess werden hauptsächlich in den grünen Pflanzenteilen des Weinstocks Kohlenhydrate wie Stärke und höhere Zucker zur Energiegewinnung abgebaut. Der Transport der hierbei beteiligten Gase Sauerstoff und Kohlendioxid erfolgt über das Interzellularsystem und die Spaltöffnungen (Abschnitt 2.1). Da auch die Rebwurzeln atmen, muss durch gute Lockerung des umgebenden Bodens ein hinreichender Gasaustausch ermöglicht werden, um eine gute Entwicklung des Weinstockes zu gewährleisten.

2.3   Traubenentwicklung und Beerenreife

Wie bereits erläutert (Abschnitt 2.1) entwickeln sich aus den befruchteten rispenartig angeordneten Rebblüten kleine grüne Beerchen, die aber verhältnismäßig schnell heranwachsen und bald die spätere Form der Weintraube erkennen lassen. Während dieser ersten Wachstumsphase sind im Inneren der Weinbeeren kaum Zucker enthalten, wogegen die Fruchtsäuren, insbesondere Wein- und Äpfelsäure, in verhältnismäßig hohen Konzentrationen von über 30 g/1000 Beeren vorliegen (Abb. 2.17). Abhängig von der Rebsorte und klimatischen Faktoren, kommt es dann häufig ab den Monaten August/September zu einer Verringerung des Beerenwachstums bis zu dessen Stillstand. Es beginnt die Traubenreife, die äußerlich daran zu erkennen ist, dass die ursprünglich harten Weinbeeren allmählich weicher werden. Während dieser Reifephase hellt sich die vorher dunkelgrüne Beerenhaut auf und nimmt bei den weißen Traubensorten gelblichgrüne bis oft dunkelgelbliche Färbung an, die bei bestimmten Sorten noch mit schwachen rötlichen Pigmentierungen durchsetzt ist. Bei den sogenannten gefärbten Trauben, besonders bei den Rotwein-Traubensorten, kommt es nun zur Einlagerung charakteristischer roter und blauer Farbstoffe in den Beerenhäuten. Wie bereits erwähnt (siehe Abschnitt 2.2) wird bei bestimmten Sorten, beispielsweise der Neuzüchtung Regent, rötlichblauer Farbstoff auch im Beerenfleisch gespeichert.

In diesem Zeitraum entstehen auch die sortentypischen Bukettstoffe in den Weinbeeren. Während des Reifeprozesses kommt es noch zu weiteren Änderungen in der chemischen Zusammensetzung der Weinbeeren, die für die Güte der Trauben entscheidend sind. Der während der Wachstumsphase hohe Gehalt an Fruchtsäuren wird durch Ab- bzw. Umbau stark vermindert, wobei der Abbau der Äpfelsäure prozentual stärker abläuft als bei der Wein-

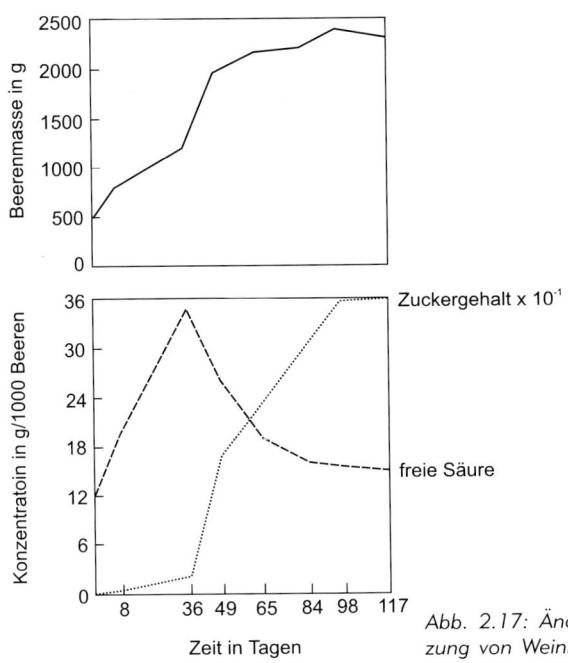

Abb. 2.17: Änderungen in der Zusammensetzung von Weinbeeren während der Reife.

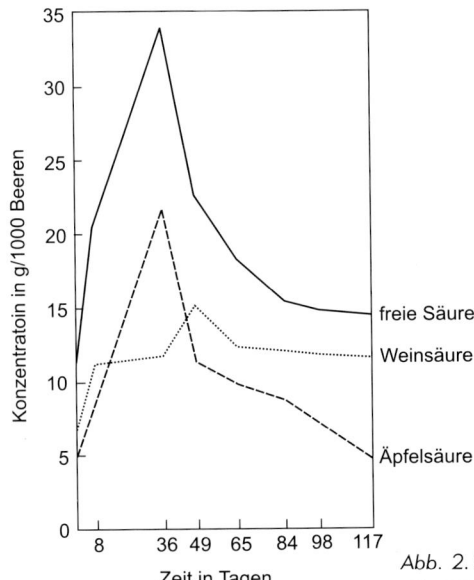

Abb. 2.18: Änderungen in der Säurezusammensetzung von Weinbeeren während der Reife.

säure. Weiterhin wird durch die Einlagerung von alkalischen Mineralstoffen – hauptsächlich Kalium, Calcium und Magnesium – der Gehalt an freien Fruchtsäuren in den reifenden Beeren verringert, indem ein Anteil dieser Säuren von den basisch reagierenden Mineralstoffen in Form von Salzen gebunden wird. Geschmacklich sind dann die Weinbeeren weniger sauer, d.h. sie verkosten sich harmonischer. Parallel zum Säureabbau erfolgt die Biosynthese der für die Gütebeurteilung einer Weintraube wertbestimmenden Zucker. Mit zunehmender Reife der Weinbeeren, etwa ab Mitte September bis gegen Ende Oktober – je nach Jahreswitterung und Rebsorte – wird schließlich der Zustand der Vollreife und somit auch der Erntetermin erreicht. Jetzt hört die Zufuhr von Zuckern, Wasser und sonstigen Nährstoffen auf. Durch die fortschreitende Verdunstung steigt in den Weinbeeren die Konzentration der Inhaltsstoffe stetig an. Außerdem verschiebt sich das Verhältnis Äpfelsäure/Weinsäure zugunsten der Weinsäure.

Diese Vorgänge während des Wachstums und der Reife in den Weinbeeren werden durch die grafischen Darstellungen 2.17 und 2.18 veranschaulicht. Eine nähere Darlegung zur Säure- und Zuckerbestimmung erfolgt im Abschnitt 9.4 (Abschnitt 9.4.1).

Bleiben die Trauben bei warmer, sonniger Herbstwitterung und in besonders guten Lagen über den Zustand der Vollreife hinaus am Stock hängen, kann Überreife eintreten. Die einzelnen Weinbeeren schrumpfen infolge des Wasserverlustes rosinenartig zu Trockenbeeren. Durch die Konzentration der als Inhaltsstoffe vorliegenden Zucker und Bukettstoffe wird schließlich der Zustand der Edelreife erreicht.

Vergleichbar hiermit sind die Vorgänge bei der Entstehung der Edelfäule. Hierbei befällt der Grauschimmelpilz *Botrytis cinerea* die Beerenhäute vollreifer Weinbeeren und dringt in das Beereninnere ein. Dort verwertet der Pilz nur geringfügig die vorliegenden Zucker, dagegen aber in einem weitaus größeren Maße die Fruchtsäuren. Da durch den Pilzbefall die Beerenhäute beschädigt werden, erhöht sich die Wasserverdunstung. Es kommt so in den Weinbeeren zu einer deutlichen Erhöhung der Zucker- aber auch Bukettanteile. Die Moste aus solchen edelfaulen Trauben haben daher einen ungewöhnlich hohen Zuckergehalt, wobei sich der Säuregehalt in geschmacklich harmonischen Grenzen bewegt. Dank des hohen Bukettanteils und dessen biochemischer Reaktionen können aus solchen Mosten hochwertige Weine bereitet werden.

Diese beiden letztgenannten Reifezustände sind hier nur der Vollständigkeit wegen mit erwähnt worden. Beim häuslichen Gartenweinbau sind sie nicht zu erreichen. Außerdem erfordern solche Formen der Rebkultur und der kellertechnischen Verarbeitung der Moste spezielle berufliche Kenntnisse und Erfahrungen.

3 Weinbau
3.1 Klima

Der Weinstock benötigt für das gute Gedeihen und das Erbringen von qualitativ und quantitativ guten Erträgen mehr Wärme und Sonne als die üblichen Obst- und Beerenpflanzen. Langjährige Erfahrungen besagen, dass Weinreben am besten in Gebieten gedeihen, denen eine mittlere Jahrestemperatur von 10 bis 12 °C und eine Vegetationsdauer von 185 bis 195 Tagen gegeben ist (ULRICI I, 2006). Während der Monate April bis Juni, in der Phase des stärksten Wachstums, ist eine monatliche, mittlere Temperatur um 18 °C, mindestens aber 12,5 °C günstig. Eine gute Befruchtung erfordert während der Rebenblüte Tagestemperaturen über 15 °C. In der Zeit der Beerenreife, hauptsächlich in den Monaten Juli bis September, soll die mittlere Temperatur um 24 °C betragen und 18,7 °C nicht unterschreiten. Der Witterungsverlauf im Juli ist bestimmend für die Erntemenge, während die Herbstwitterung im September vorrangig die Güte des Ernteguts beeinflusst.

Eine weitere Bedingung für einen erfolgreichen Weinbau ist die jährliche Sonnenscheindauer, da von dieser die Assimilationsleistung in den grünen Rebblättern (Abschnitt 2.2) und die Wärmeverhältnisse des Bodens abhängen. Die jährliche Dauer des Sonnenscheins sollte mindestens 1.300 Std. betragen.

Die jährliche Niederschlagsmenge hat keine vordringliche Bedeutung, weil die Weinrebe dank ihrer Bewurzelung bis in verhältnismäßig tiefliegende Bodenschichten auch an trockenen Standorten gut gedeihen kann. Hinreichend sind bereits 500 bis 600 mm Niederschlag im Jahr. Höhere Niederschlagsmengen werden von der Weinrebe aber ohne Schädigung vertragen. Jedoch begünstigt die hiermit verbundene höhere Luftfeuchtigkeit das Aufkommen von Pilzkrankheiten (Abschnitt 7.2.2). Damit verbunden sind erheblich kostenintensivere Maßnahmen zur Schädlingsbekämpfung und ggf. eine Beeinträchtigung der Umwelt.

Allerdings befindet sich fast der gesamte deutsche Weinbau infolge seiner nördlichen Lage außerhalb der Gebiete, in denen ein sicherer, gleichmäßiger, guter Ertrag gewährleistet ist. Hierauf beruht auch der wechselnde jahrgangsbedingte Charakter der Weinqualität.

Diese nachteilige Seite hat aber auch einen Vorteil, weil der Weinstock, ebenso wie unsere anderen Obstarten, an der noch möglichen Anbaugrenze in den Weinbeeren besondere qualitätsfördernde Aromastoffe entwickelt, die in den Früchten südlicher, wärmerer Gebiete weniger vorhanden sind. Die Weine aus südlichen Anbaugebieten sind daher infolge des höheren Zuckergehaltes der Weinbeeren meistens alkoholreicher, enthalten geringere Säuremengen und entfalten oft ein nicht so ausgeprägtes Bukett. Sie wirken dadurch plumper. Die nördlicheren Weine sind, wenn die Säure harmonisch vorhanden ist, viel feiner, ausdrucksvoller sowie leichter und bekömmlicher.

Die gleichen Gegebenheiten treffen auch für den Weinbau im häuslichen Garten zu. Hier besteht jedoch die Möglichkeit, mikroklimatisch günstige Zonen innerhalb des Gartens als zukünftigen Standort für die Weinreben auf einfache Weise auszuwählen. Das sind die Stellen, an denen die Schneeschmelze im Frühjahr zuerst eintritt und kalte Nord- oder Ostwinde möglichst nicht einfallen können.

Wenn die bereits im Abschnitt 1.1 erwähnte Erderwärmung und der hierdurch bedingte Klimawechsel sich zukünftig noch verstärken, wäre auch mit einer Verlängerung der möglichen Vegetationszeit der Reben zu rechnen (Rupp und Kast, 2010). Damit ergäben sich ein besseres Ausreifen der Weinbeeren sowie eine sichere Holzreife (Becker und Steinmetz, 2008). Gleichzeitig könnte es aber auch in den Weinbeeren zu einer störend starken Verringerung der Fruchtsäuren kommen (Sigler, 2010) und sich bisher im Weinbau nicht beachtete Mikroorganismen als neue Schädlinge erweisen bzw. bei der Weinbereitung als Verursacher von Fehltönungen wirken (Drissner u.a., 2009). Da das Klima von mehreren z.T. noch unbekannten Faktoren bestimmt wird, ist es uns Menschen noch nicht möglich, auf diesen multifaktoriellen Prozess bewusst Einfluss zu nehmen.

3.2 Lage

Die Lage einer Rebanlage ist im erwerbsmäßigen Weinbau für den betreffenden Weinbaubetrieb von ausschlaggebender Bedeutung. Für den Hobbywinzer verdient dieses Problem weniger Beachtung, da dieser nur eine geringere Anzahl von Weinstöcken anbaut. Wirtschaftliche Fragen sind also oft von untergeordneter Bedeutung. Vielmehr stehen hier die Freude über das Gedeihen des traubentragenden Weinstocks und dessen den Garten im Herbst verschönende Laubfärbung im Vordergrund des Interesses.

Die Genehmigung für eine Neuanlage ist gemäß Weinverordnung (§3) nicht erforderlich für nicht weinbergsmäßig bepflanzte Flächen, wenn sie zusammen mit anderen derartigen Flächen desselben Nutzungsberechtigten nicht größer als ein Ar sind und nicht in unmittelbarem Zusammenhang mit einer weinbergsmäßig bepflanzten Fläche stehen. Auf dieser Fläche dürfen nur bis zu 99 Rebstöcke angepflanzt werden.

Für den häuslichen Weinbau ist die Auswahl des Standortes die wichtigste Voraussetzung für die spätere gute Entwicklung der angepflanzten Weinreben. Wichtig ist das Ausnutzen mikroklimatischer Gegebenheiten innerhalb des Gartengeländes.

Befindet sich der Garten in guter klimatischer Lage innerhalb eines Weinbaugebiets, ist ein Rebanbau im freien Land, bevorzugt an Südhängen, mit Pfahl- als auch Drahtrahmenunterstützung (Abschnitt 5.1) möglich. Erheblich anders ist jedoch die Situation jenseits des 51. Breitengrades, der als Nordgrenze für den weinbergsmäßigen Anbau der Rebe bezeichnet wird, beispielsweise nahe der südlichen Küsten von Nord- und Ostsee. In solchen Gegenden sind nur möglichst nach Süden gelegene Standorte mit günstigem Mikroklima unmittelbar vor Steinmauern, Hauswänden, dichten Zäunen und Gartenlauben geeignet. Gemauerte Wände haben noch den Vorteil, dass sie die am Tage eingestrahlte Wärme speichern und nachtsüber allmählich wieder abgeben. Hierdurch werden einerseits das Rebenwachstum sowie schließlich auch die Traubenreife günstig beeinflusst und weiterhin während der kalten Jahreszeit die Rebtriebe merklich vor Kälteschäden geschützt. Eine solche Schutzwirkung besitzen Holzlauben oder Zäune zwar nicht, sie können aber das abträgliche Einwirken von kalten Winden abmindern. Windschutz, insbesondere vor den Kälteschädigungen hervorrufenden Ostwinden, bieten Hecken oder Büsche, die jedoch keine Beschattung der Rebanlage bewirken dürfen. Solche Anpflanzungen bieten

Abb.3.1: Wein am geschützten Hausspalier.

allerdings auch gute Nistmöglichkeiten für Vögel, die dann in den reifen Trauben Verluste verursachen können. In einem solchen Falle können die Trauben durch geeignete Netzbespannung (Abschnitt 7.2.1) vor Vogelfraß geschützt werden.
Bei Rebkulturen direkt an Haus- oder Laubenwänden ist zu berücksichtigen, dass bei zwar schützend wirkenden, überhängenden Dächern noch eine genügende Beregnung der darunter gepflanzten Weinstöcke gewährleistet sein muss. Anderenfalls ist eine zusätzliche Bewässerung vorzusehen.

3.3 Boden

Die in Deutschland angebauten Rebsorten sind bezüglich ihrer Bodenansprüche recht genügsam. Sie gedeihen in den meisten auch für andere landwirtschaftliche Kulturen genutzten Bodenarten, wenn sie auch schwachsaure Reaktionen, d.h. Azidätswerte des Bodens um pH 6, bevorzugen. Dagegen sind die zum Schutz vor der Reblaus in den klassifizierten Weinbaugebieten vorgeschriebenen Pfropfreben (Abschnitt 5.1) wegen ihrer aus amerikanischen Wildreben abstammenden Unterlagen wesentlich anspruchvoller. Dies betrifft den Kalkgehalt im Boden. Diese Gegebenheiten sind bei der Neuanlage von Weinrebenkulturen zu berücksichtigen.

Der Weinbergsboden, der ja der natürliche Lebensraum der Rebwurzeln ist, muss genügend Humusstoffe enthalten. Weiterhin soll er gut durchlüftet und wasserdurchlässig sein, weil bei stauender Nässe die Rebwurzeln unter Luftmangel leiden. Von der Wasser- und Luftführung eines Bodens hängen auch dessen Wärmeverhältnisse ab. Die warm wirkenden trockenen bis mäßig feuchten Böden eignen sich gut für die Rebkultur, wogegen ausgesprochen nasse Böden kalt wirken und die Rebenentwicklung verzögern oder sogar verhindern können. Eine Wasserkapazität um 40% ist optimal für das Rebenwachstum. Schon durch eine solche ab 60% wird es ungünstig beeinflusst.

Im Erwerbsweinbau werden Sand-, Lehm-, Löß-, Tonschiefer- sowie Kalk- und Mergelböden genutzt. Reine Tonböden kommen beim Neuanlegen einer Kultur von Weinreben wegen der unzureichenden Durchlüftung sowie schlechten Wasserführung und der bei Trockenheit starken Neigung zur Rissbildung nicht in Betracht.

Im häuslichen Gartenweinbau sind die Fragen der Bodenbeschaffenheit wesentlich einfacher zu lösen. Hier besteht beim Neuanlegen einer Kultur die günstige Möglichkeit, in hinreichend groß bemessene Pflanzlöcher vorgedüngte humushaltige Pflanzerde von weitgehend definierter Zusammensetzung (Abschnitt 6.3) einzufüllen. Hierdurch wird die Problematik der Eignung des jeweils vorhandenen Bodens für den Anbau von Weinreben, vor allem von Jungreben, erheblich verringert.

4 Rebanbau
4.1 Rebsorten

Die in Deutschland zum Anbau zugelassenen Sorten von Weinreben leiten sich alle von der Edelrebe (*Vitis vinifera* ssp. *sativa*) ab, aus der sie durch Mutation oder züchterisch erzeugte Kreuzungen entstanden sind. Im deutschen Weinbau haben über 150 verschiedene Rebsorten wirtschaftliche Bedeutung (K. H. THOMA, 2007). Eine genaue Zahl lässt sich nicht angeben, da sich mehrere Neuzüchtungen gegenwärtig noch in der Sortenprüfung befinden. Ihre Beschreibung und oft schwierige systematische Einordnung ist Gegenstand der Ampelographie (Rebensortenkunde). Als wichtige Unterscheidungsmerkmale dienen hierbei die Gestalt der Rebblätter und die Form sowie die Färbung der Trauben und der Weinbeeren. Erschwerend kommt hinzu, dass für die meisten Sorten Synonyme, d.h. verschiedene Namen für die gleiche Sorte, genannt werden. Für praktische Belange wird jedoch nach der beabsichtigten Verwertung der geernteten Trauben unterschieden in Kelter- und Tafeltraubensorten.

Keltertraubensorten haben meist kleinbeerige, kurze, sehr saftige, aromatische und zuckerreiche Trauben, die zur Weinbereitung gekeltert werden. Wegen der verhältnismäßig großen Rebkerne sind sie zum Essen weniger geeignet. Hierzu zählen so bekannte Rebsorten wie Riesling, Traminer, Silvaner, Ruländer, Spätburgunder u.a.

Tafeltraubensorten liefern hauptsächlich sogenannte Esstrauben. Sie haben alle saftige, süße, aromatische sowie meistens groß- und lockerbeerige Trauben. Bevorzugt sind Trauben mit gelblichen oder schwachrötlichen Beeren mit stabiler aber nicht zu fester Schale, die einen Schutz vor Fäulnis und Transportschäden bietet. Solche Tafeltraubensorten dürfen nicht mit den meisten Schädlingsbekämpfungsmitteln behandelt werden. Sie eignen sich zum direkten Verzehr und auch zur Bereitung von Traubensaft (Abschnitt 9).

Es gibt weiterhin einige mittelfrüh reifende Traubensorten, wie Weißer und Roter Gutedel, Müller-Thurgau, Königin der Weingärten, Blauer Portugieser und Blauer Trollinger, die sich sowohl als Tafel- als auch als Keltertrauben zur Traubensaft- und Weinbereitung hervorragend eignen (Abschnitt 10).

In Tab. 1-3 (S. 41/42) sind für den Hobbyweinbau im Garten geeignete Rebsorten für Tafel- und Keltertrauben angegeben und hinsichtlich ihrer weinbaulichen Eigenschaften charakterisiert. Weitere Angaben in FADER (2002), NACK (2002) und ULRICH (2006).

Es handelt sich hier ausschließlich um anerkannte Rebsorten, welche die langwierige Prozedur der Sortenprüfung erfolgreich bestanden haben. Es ist daher gewährleistet, dass der sortentypische Geschmack der Weinbeeren vorliegt sowie die Angaben über die Reifezeit, die Wüchsigkeit und die weitgehende Resistenz gegen pilzliche Krankheitserreger und Winterkälte zutreffen. Hinsichtlich der Ansprüche an die Beschaffenheit des Bodens bestehen keine Besonderheiten. Es sind die üblichen Gartenböden (Abschnitt 3.3) geeignet; lediglich die Rebsorte Königliche Magdalenentraube erfordert einen nährstoffreichen Boden. Die bezüglich der Pilztoleranz bzw. der Frosthärte als „normal" eingestuften Rebsorten verhalten sich in dieser Beziehung vergleichbar mit bisher allgemein angebauten Weinreben. Die sonstige Bemerkung „dekorativ" weist auf die auffallende herbstliche Blattfärbung der betreffenden Rebsorte hin.

Beim Kauf des Pflanzgutes sollten daher bevorzugt solche Rebsorten ausgewählt werden, die eine gute Pilztoleranz sowie gute Frosthärte aufweisen und eine möglichst frühe Traubenreife erwarten lassen. So werden die in den meisten Hobbyweingärten, die überwiegend nicht in klimatisch begünstigten Weinbaugebieten liegen, gegebenen Bedingungen berücksichtigt. Es kann so mit größerer Sicherheit eine ersprießliche Traubenernte erwartet werden. Außerdem verringern sich die zur Abwehr von Pilzkrankheiten an den Weinreben erforderlichen Aufwendungen.

Von der Verwendung typischer Keltertraubensorten für den Hobbyweinbau wird abgeraten. Solche Weinreben haben zum erforderlichen vollen Ausreifen der Trauben einen deutlich höheren Wärmebedarf als die üblichen Tafeltraubensorten. Es sollte daher vermieden werden, dass durch geerntete unreife Trauben die Freude am eigenen Weinbau im Garten getrübt wird.

Abb. 4.1: *Angeblich ältester Weinstock Europas auf Castel Katzenzungen in Tisens/Prissian (Südtirol). Nächste Seite: Kräftige Trauben wie sie sich der Winzer wünscht.*

Als Bezugsquelle für Pflanzreben werden anerkannte Rebschulen, auf Obstbau spezialisierte Gartenbaubetriebe sowie entsprechend sortierte Gartenbaumärkte empfohlen (s. Anhang).

Tabelle 1: TAFELTRAUBEN

Sorte	Beerenfarbe	Traube	Wüchsigkeit	Pilztoleranz	Frosthärte	Rebschnitt	Besonderheit
ARKADIA	gelb	sehr groß	sehr stark	sehr gut	sehr gut	kurz	kernlos
FRUMUOSA	grüngelb	locker, groß	gut	gut	gut	kurz	fast kernlos
KODRIANKA	tiefblau	sehr groß	gut	mittel	sehr gut	kurz	fast **kernlos**
VENUS	blaurot	locker	gut	gut	gut	mittel	kernlos
VANESSA	rosee	kompakt	gut	mittel	mittel	mittel	kernlos
MUSCAT BLEU	tiefblau	locker	sehr gut	mittel	mittel	mittel	Muskatnote
NEW YORK MUSCAT	rotblau	kompakt	sehr gut	sehr gut	sehr gut	kurz	sehr saftig

Tabelle 2: KELTERTRAUBEN

Sorte	Beerenfarbe	Traube	Wüchsigkeit	Pilztoleranz	Frosthärte	Rebschnitt	Reifezeitpunkt
RIESLING	goldgelb	dichtbeerig	mittel	gut	gut	mittellang	spät
TRAMINER	goldgelb	dichtbeerig	gut	gut	gut	mittellang	spät
KERNER	grün	dichtbeerig	gut	gering	sehr gut	mittellang	normal
SILVANER	grüngelb	gedrungen	mittel	gering	gering	mittellang	normal
WEISSBURGUNDER	grüngelb	kompakt	mittel	gering	gut	mittellang	normal
MERLOT	dunkelrot	lockerbeerig	mittel	mittel	gut	mittellang	normal
SPÄTBURGUNDER	dunkelblau	gedungen	mittel	gut	gut	mittellang	mittelspät

Tabelle 3: KELTERTRAUBEN (geeignet für Hobbyweinbau)

Sorte	Beerenfarbe	Traube	Wüchsigkeit	Pilztoleranz	Frosthärte	Rebschnitt	Erntezeit
GUTEDEL	gelbgrün	lockerbeerig	gut	gering	gut	kurz	früh
BACCHUS	hellgelb	lockerbeerig	gut	gut	mittel	lang	früh
MUSKATELLER	gelbgrün	dickbeerig	gut	gering	gut	mittel	normal
BIANCA	hellgrün	lockerbeerig	stark	gut	gut	lang	normal
PHOENIX	gelb	gedrungen	stark	sehr gut	sehr gut	kurz	normal
CHAMPION	gelbgrün	lockerbeerig	gut	gut	gut	mittel	normal
BOUVIER	gelbgrün	lang	gut	gut	gut	lang	normal
ORTEGA	gelb	pyramidal	gut	gut	sehr gut	mittel	normal
MÜLLER-THURGAU	gelbgrün	kompakt	stark	gering	gering	lang	früh
KÖNIGIN DER WEINGÄRTEN	grün	lockerbeerig	stark	gut	sehr gut	kurz	normal
TROLLINGER	rotblau	großbeerig	sehr stark	gering	gering	lang	sehr spät
REGENT	dunkelrot	kompakt	mittel	sehr gut	gut	lang	früh
PORTUGIESER	schwarzrot	kompakt	mittel	gering	gering	mittellang	früh

4.2 Pflanzgut

Beim Anbau von Nutzpflanzen ist es allgemein üblich, durch Ausbringen von Saatgut und nachfolgende Pflege die jungen Pflanzen heranzuziehen. Auch bei Weinreben kann man Jungpflanzen aus Sämlingen als Pflanzgut gewinnen. Für praktische Belange ist eine solche Vorgehensweise aber völlig ungeeignet, da die im Weinbau genutzten Reben bezüglich ihrer erblichen Eigenschaften nicht beständig sind. Es handelt sich nämlich bei den Rebsorten um Bastarde (Mischlinge), die bei einer geschlechtlichen Vermehrung zufallsbedingt erblich wieder aufspalten. Das bedeutet, das Saatgut enthält die erblichen Eigenschaften der Eltern unterschiedlich verteilt auf die einzelnen Saatkörner. Somit kann die Konstanz der sortentypischen Eigenschaften nicht erhalten bleiben. Eine solche Vermehrung wird nur in der weinbaulichen Züchtungsforschung zum Auslesen neuer Rebensorten angewendet.

Seit Jahrhunderten wurde das Rebenpflanzgut der weinbaulich genutzten Sorten auf ungeschlechtlichem Wege, also durch **vegetative** Vermehrung gewonnen.

Hierzu wurden aus einem quantitativ als auch qualitativ reich tragenden Rebstock der ausgewählten Sorte gut ausgereifte, gesunde Rebtriebe in den Monaten Januar/Februar entnommen. Aus diesen wurden dann mindestens bleistiftstarke Triebstücke mit je zwei Augen, sogenannte Zweiaugenstecklinge, geschnitten. Diese wurden umgehend in einen sandhaltigen, gedüngten, humosen Boden übertragen und gärtnerisch betreut bis zur verpflanzungsfähigen Freilandrebe.

Solche **wurzelechte Reben** (Abb. 4.2) sind nicht resistent gegen einen Befall durch Rebläuse (siehe Abschnitt 7.2.1). Dieser Mangel bewirkte gegen Ende des 19. Jahrhundert den katastrophalen Rückgang des Weinbaus in Deutschland und weiteren europäischen Ländern durch Reblausbefall.

Zur Bekämpfung der Reblaus wurde für das Deutsche Reich am, 4. Juli 1904 das erste Reblausgesetz erlassen, was in der Zwischenzeit mehrfach geändert wurde. Für die Bundesrepublik Deutschland ist die Reblausverordnung in der Fassung vom 13. Dezember 2007 verbindich.

Nach dieser Verordnung ist das Handel und das Anpflanzen einschließlich das Absenken von Rebtrieben von für die Wurzelreblaus anfälligen wurzelechten Reben verboten.

Innerhalb und auch außerhalb von Weinbaugebieten dürfen daher nur zugelassene **Pfropfreben** (s.w.u.) angepflanzt werden, die gegenüber den potentiell möglichen Reblausrassen eine hinreichende Resistenz bieten (SCHÄLLER, 1965).

Die vernichtenden Auswirkungen des Reblausbefalls auf den europäischen Weinbau, beginnend in der zweiten Hälfte des 19. Jahrhunderts, haben ungewöhnliche Impulse zur Erforschung der Biologie der Reblaus und deren Bekämpfung ausgelöst.

So wurde gefunden, dass die Reblaus (Abschnitt 7.2.1) in mehren Rassen auftreten kann, die gegenüber den verschiedenen Rebenarten unterschiedliche Befalls- und Schadbilder hervorrufen. Nach weiteren Erkenntnissen tritt die Reblaus bei den europäischen Edelreben (*Vitis vinifera* ssp. *sativa*) nur in den Wurzelregionen auf; die Rebblätter werden nur äußerst selten leicht befallen. Schließlich wurden in Nordamerika beheimatete Wildrebenarten, wie *Vitis riparia* (Uferrebe), *V. rupestris* (Felsenrebe) und *V. berlandieri* (Kalkrebe), gefunden, die dank natürlicher Selektion im hohen Maße gegen den Befall durch verschiedene Reblausrassen resistent sind. Ausgesuchte Kreuzungen solcher Wildreben werden als Unterlagenholz verwendet, auf das dann das einjährige Reis von einer Edelrebe gepfropft wird (Pfropfrebe, Abb. 4.2).

Kreuzungszüchtungen haben inzwischen solche Unterlagen ergeben, die neben der geforderten Reblausresistenz, noch gute Verwachsungsfähigkeit mit dem Edelreis und Anpassung an die verschiedenen Bodenarten besitzen. Sie zeichnen sich außerdem durch eine stärkere Wüchsigkeit, höhere Resistenz gegen pflanzliche und tierische Schädlinge und somit einen gesichert höheren Traubenertrag aus.

In Deutschland werden hauptsächlich *Berlandieri-riparia*-Unterlagsrebsorten verwendet, weil diese hinreichend reblausfest, kalkresistent, wüchsig und gut veredlungsfähig sind. Diese werden unter den Bezeichnungen „Kober 5BB 1896", „Kober 125 AA und 127 BB", „Selektion Oppenheim 4 (SO 4)" u.a. im Rebhandel geführt.

Abb. 4.2: Pfropfrebe, unten Unterlage (Wurzelstange), oben Edelreis.

Die Veredlung und die Anzucht von **Pfropfreben**, einschließlich der Anzucht des Veredlungsmaterials und der richtigen Wahl von Edelreis und Unterlage, sind langwierige Arbeiten, die technische Kenntnisse, große Erfahrungen und manuelles Geschick erfordern (Abb. 4.3). Außerdem ist zur Pfropfrebenherstellung eine behördliche Genehmigung Voraussetzung. Die Einhaltung wird von der für den Weinbau zuständigen staatlichen Aufsichtsbehörde kontrolliert.

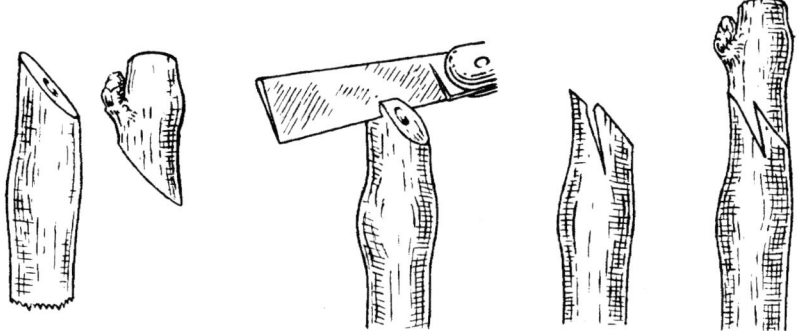

Abb. 4.3: Herstellung einer Rebveredlung nach englischer Kopulation mit Gegenzunge. Unterlage und Edelreis werden mit einem Zungenschnitt versehen und dann ineinander geschoben.

Man sollte sich bei der Pflanzgutauswahl stets nur für entsprechende Pfropfreben entscheiden, um möglichst viele Jahre lang gute Ernten aber auch Freude am Gelingen zu haben. Diese Empfehlung gilt auch für Neuanlagen außerhalb von Weinbaugebieten.

Pfropfreben können von anerkannten Rebschulen direkt bezogen werden. Sie sind aber auch im Angebot von auf Obstbau spezialisierten Gartenbaubetrieben, Baumschulen und Gartenbaumärkten erhältlich (s. Anhang).

4.3 Pflanzung

Die Auswahl für die Neuanlage einer Rebenanpflanzung wird bestimmt von den gegebenen Bedingungen zum Gedeihen und dem Interesse des Gartenfreundes. Voraussetzung ist die nach den gegebenen Möglichkeiten im Gartengrundstück sich anbietende klimatisch günstigste Stelle, wie sie im Abschnitt 3.1 näher beschrieben worden ist. Wie jede andere Kulturpflanze stellt auch die Rebe bestimmte Anforderungen an ihre Umwelt, um optimal leben und assimilieren zu können. Neben dem Klima ist hierbei der Boden der ausschlaggebende Faktor. Dem späteren Hauptwurzelbereich sind dauerhaft günstige Wachstumsbedingungen zu schaffen. Solche sind stabile Bodenstruktur und gute Hohlraumverteilung bis in den Untergrund sowie eine ausreichende Versorgung mit gut verfügbaren Mineralstoffen und verrotteter organischer Substanz. Hierdurch verbessern sich Erwärmbarkeit und Wasserführung des Bodens. Gleichzeitig werden so Unterbrechungen der Nährstoffaufnahme und des Gasaustausches zwischen atmosphärischer und Bodenluft verhindert, was erwünschte Bodenlebewesen aktiviert.

War das für die Neuanlage vorgesehene Gelände vordem mit Hackfrüchten, Kohlpflanzen oder noch besser mit Leguminosen bestellt gewesen, kann nach dem Rigolen (tiefes Umgraben) und dem Einbringen der Vorratsdüngung ohne weitere besondere Pflegemaßnahmen mit dem Pflanzen der Weinreben begonnen werden. Anders verhält es sich jedoch, wenn es sich um eine erst umgebrochene Wiese oder durch Befahren verfestigte Bodenfläche handelt. Hier empfiehlt sich bereits im Vorjahr des geplanten Pflanztermins eine Kultur mit tiefwurzelnden, stickstoffbindenden Pflanzen, bevorzugt Luzerne, einzusäen. Dieser Bewuchs wird dann vor dem Herrichten der Pflanzlöcher tief untergegraben.

Soll ein flächiges Gartenstück mit Weinreben bepflanzt werden, ist vorher durch Auszeilen festzulegen, wohin die Pflanzen gesetzt werden sollen. Ist die Pflanzung von einer oder mehreren Reihen vorgesehen, sollen deren Pflanzzeilen möglichst nordsüdlich verlaufen, da so die einstrahlende Sonne bestmöglich genutzt werden kann. Zwischen den einzelnen Stöcken in der Reihe soll der Abstand 110 bis 150 cm betragen; die Gassenbreite zwischen den Reihen ist auf 120 bis 160 cm einzurichten. Bei modernen Hochkulturen (Abschnitt 5.1) kann der Abstand zwischen den Reihen sogar bis 350 cm messen.

Handelt es sich um eine Einzelpflanzung, ist eine runde Pflanzgrube mit 50 cm Durchmesser und 50 cm Tiefe auszugraben und deren Sohle mit dem Spaten noch aufzulockern. Beim geplanten Setzen von mehreren in Reihe stehenden Rebpflanzen ist es vorteilhaft, einen Graben von 50 cm Breite und 50 cm Tiefe auszuheben und die Grabensohle mit Spaten oder Hacke aufzulockern. Diese Arbeiten sollten im Spätherbst oder Winter durchgeführt werden, damit der lockere Boden bis zur Pflanzung noch Winterfeuchtigkeit aufnehmen kann. Günstig ist es, unmittelbar auf die Grabensohle eine Vorratsdüngung mit einem nur langsam resorbierbaren Phosphatdünger, beispielsweise 300 g/m^2 Thomasmehl, gleichmäßig zu verteilen und die später wieder einzufüllende Erde noch mit Torf, Kompost oder einem humusreichen Gartenboden zu vermischen (Abschnitt 6.3). Auf diese Weise wird für die gepflanzte Rebe ein für deren Anwachsphase hinreichend großes Milieu mit günstigen Bodenazititätswerten um pH 6 bis 7 geschaffen. Nicht mit untergemischt werden dürfen frischer Stallmist oder weitere gut lösliche Mineraldünger, da diese das Anwachsen der Rebpflanze hemmen.

Das Pflanzen der Reben kann nach genügender Erwärmung des Bodens im späten Frühjahr, in den Monaten April bis Mai erfolgen; bei Topfreben ist dies noch bis Juni möglich. Für jede Pflanze wird wie oben beschrieben eine Pflanzgrube ausgehoben, in welche je ein etwa 150 cm langer Rebpfahl zum Anheften der zukünftigen Rebtriebe beigesteckt wird. Dann wird das vorbehandelte Pflanzgut (Abb. 4.7) leicht schräg noch oben gerichtet eingesetzt, seine untere Hälfte mit humusreicher Garten- oder Komposterde angefüllt und mit etwa je 5 Liter Wasser angegossen.

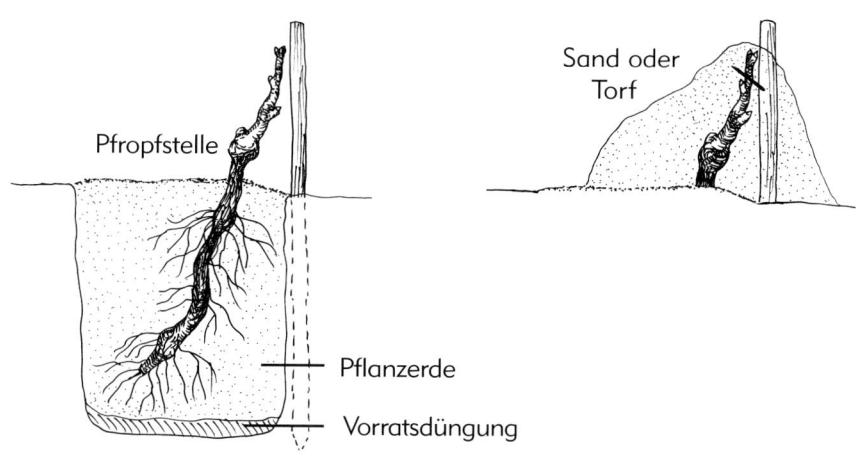

Abb. 4.7: *Einpflanzen und Anhäufeln einer Pfropfrebe.*

Zur Vorbehandlung werden lose Rebpflanzen über Nacht gewässert oder in gut durchfeuchtetem Torf bzw. Sand-Erde-Gemisch gelagert. Im Wurzelbereich mit feuchtstabiler, gelochter Pappe verpackte sogenannte Kartonagereben (Abb. 4.8) verbleiben in der Umhüllung. Sie müssen aber stets feucht gehalten werden. Die Kartonumhüllung verrottet dann innerhalb eines Jahres nach der Pflanzung. Bei Topfreben entfällt eine solche Vorbehandlung. Der gut angefeuchtete Wurzelballen wird samt Erde dem Topf entnommen, unter weitgehender Schonung des Ballens in das Pflanzloch eingebracht und, wie bereits erwähnt, mit humusreicher Erde bis zur Hälfte der Pflanzenlänge aufgefüllt sowie bewässert. Anschließend werden die Pflanzlöcher bis zur Bodenoberkante mit Erde aufgefüllt, die Erde leicht angedrückt und gut bewässert. Beim Pflanzen ist darauf zu achten, dass bei Pfropfreben die durch die Verdickung gut erkennbare Pfropfstelle etwa 4 cm über die Bodenkante herausragt.

Stehen die Reben unmittelbar vor einer Hauswand, Mauer u.ä. so ist ein Abstand der Pflanze zur Wand von mindestens 20 cm einzuhalten.

Zum Schutz vor dem Austrocknen sind die Pflanzreben noch mit einer etwa 4 cm hohen Schicht von Sand oder Torf anzuhäufeln, durch die dann die jungen Triebe hindurchwachsen.

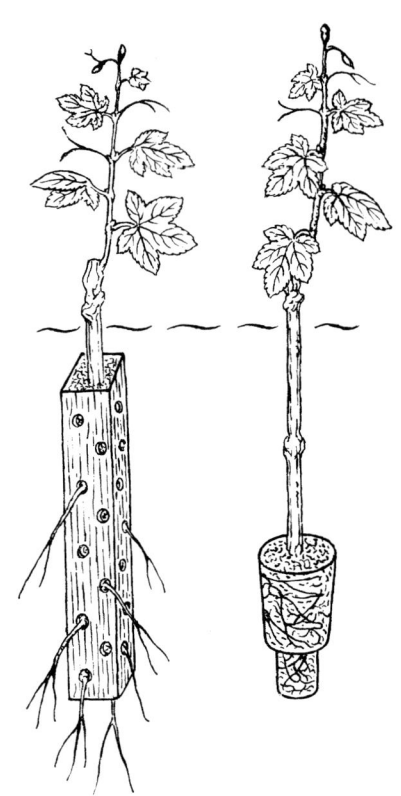

Abb. 4.8: Kartonagen- und Topfpfropfrebe.

5 Kultivierungsarten

5.1 Unterstützungsvorrichtungen

Die Weinrebe ist bekanntlich eine Kletterpflanze, die sich nicht selbst aufrecht halten kann. Sie benötigt daher in irgendeiner Form eine Unterstützungsmöglichkeit, an der sie sich beim weiteren Wachsen festhalten kann. In der freien Natur kann die wildwachsende Weinrebe beispielsweise Bäume als Stütze beim Wachsen nutzen.

Bei der bis in das 19. Jahrhundert in südlichen Weinbauländern noch vielerorts üblichen, heute nur noch vereinzelt in Italien und Portugal anzutreffenden **Baum-Erziehung** werden die Reben an Ulmen, Pappeln, Obstbäumen, Olivenbäumen u.ä. hochgezogen. Diese verhältnismäßig arbeitsaufwendige Rebkultur wird bei der Traubengewinnung für spezielle Qualitätsweine eines besonderen Anbaugebiets, beispielsweise bei bestimmten *Vinho-verdes*-Weinen aus Nordportugal, angewendet.

Seit Jahrhunderten ist es im Weinbau üblich, entsprechende Unterstützungsvorrichtungen, Pfähle, Drähte oder Gestelle einzusetzen. Die einzelnen Ausführungen werden unterschieden nach Erziehungsart, der Höhe des Rebstockes sowie den Abständen zwischen den einzelnen Rebstöcken. Weiterhin nach der Anordnung und Befestigung der geschnittenen Tragruten. Die Wahl der Unterstützungsart hängt, neben den für das betreffende Weinbaugebiet traditionellen Gepflogenheiten vor allem vom Bodentyp, vom Ertrag und dem Klima ab. Die Rebsorte sowie die notwendig werdenden Maßnahmen zur Schädlingsbekämpfung und die lokal gegebenen Bearbeitungsmöglichkeiten bestimmen ebenfalls die zu wählende Unterstützungsart. In einigen Weinbaugebieten sind die Form der Unterstützungsvorrichtung und somit die Erziehungsform der Weinreben sogar durch regionale weinrechtliche Verordnungen vorgeschrieben.

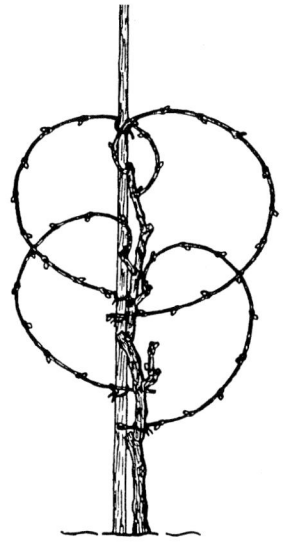

Abb. 5.1: Einzelpfahlerziehung mit Bogreben.

Die einfachste und sehr alte Form ist die Kultur am Einzelpfahl, auch als Stockkultur bezeichnet (Abb. 5.1). Hierbei werden die Rebstöcke ohne weitere Unterstützung nur am Pfahl geheftet erzogen. Hierfür sind Pfähle aus Eichen- oder

Robinienholz sowie nichtrostendem Stahl gut geeignet. Dagegen müssen solche Pfähle aus Nadelholz vorher gegen Fäulnis impägniert werden. Diese Kultivierungsform ist heute in Südfrankreich, Spanien und Italien sowie an deutschen Steillagen, beispielsweise im Moselgebiet, noch gebräuchlich. Sie erfordert allerdings viel Handarbeit, insbesondere bei der Bodenbearbeitung. Die aus Rentabilitätsgründen heute überall angestrebte Mechanisierung der Arbeitsgänge zur Kulturpflege ist bei der Einzelpfahl-Kultivierung nur äußerst begrenzt möglich. Daher verliert dort, wo andere Formen der Unterstützung möglich sind, die Pfahl-Erziehung zunehmend an Bedeutung.

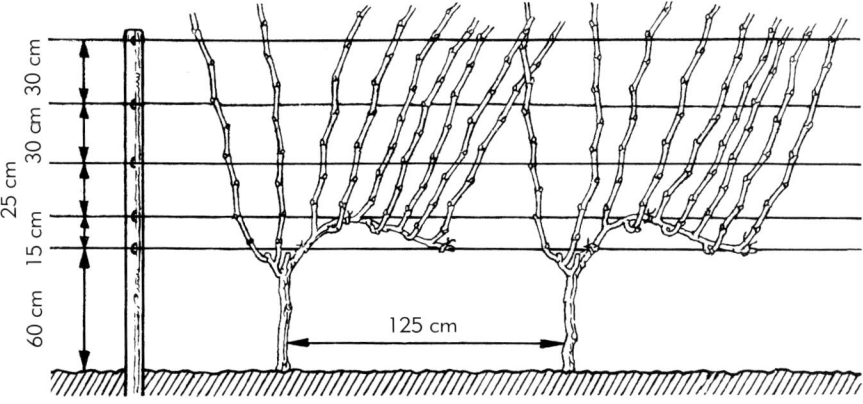

Abb. 5.2: Drahtrahmenerziehung mit einer Tragrute.

Heute ist die in einer Vielzahl von Varianten vorkommende Kultivierung an Drahtrahmen (Abb. 5.2) in gewerblichen Ertragsweinbergen immer häufiger zu finden. Bei dieser Unterstützungsform werden zwischen Pfählen ein bis fünf Drähte gespannt, an denen die Fruchtruten festgebunden werden. Beim Bau einer solchen Drahtanlage werden die beiden Eckpfähle jeweils unterhalb des oberen Drittels durch ein mit Spannschloss ausgestattetes Drahtseil verankert. Die Montage der Haltedrähte beginnt mit dem Obersten. Nach dessen Verspannung werden nacheinander die tieferen Haltedrähte angebracht und mit geringeren Druck verspannt. Für die Verspannung kommen Edelstahl- oder doppelt verzinkte Eisendrähte (Durchmesser ~2,5 mm) bzw. mit Kunststoff ummantelte Eisendrähte (Gesamtdurchmesser ~3,8 mm) in Betracht. Diese Spanndrähte sind bei einigen Drahtrahmenvarianten paarweise doppelt geführt. Der Abstand zwischen jedem Drahtpaar beträgt etwa 10 cm. In diesen Zwischenraum werden die Ruten gesteckt, wodurch ein Anheften weitgehend entfällt und die Laubarbeit wesentlich erleichtert wird.

Je nach Stammhöhe des Rebstockes gibt es eine niedere (10 bis 30 cm), eine mittelhohe (40 bis 80 cm) und eine hohe Erziehungsform (130 bis 195 cm). Ein bekanntes modernes Beispiel für eine solche **Hochkultur** ist die von dem Österreicher LENZ-MOSER entwickelte und nach dem Zweiten Weltkrieg sich international im Weinbau durchsetzende Erziehung. Bei dieser Drahtrahmen-Erziehung betragen die Reihenabstände 300 bis 350 cm, die Höhe der Rebstöcke 120 bis 140 cm. So wird eine bessere Belichtung und Belüftung der Stöcke und eine verhältnismäßig vielseitige Mechanisierung der Arbeiten im Weinberg ermöglicht (Abb. 5.3).

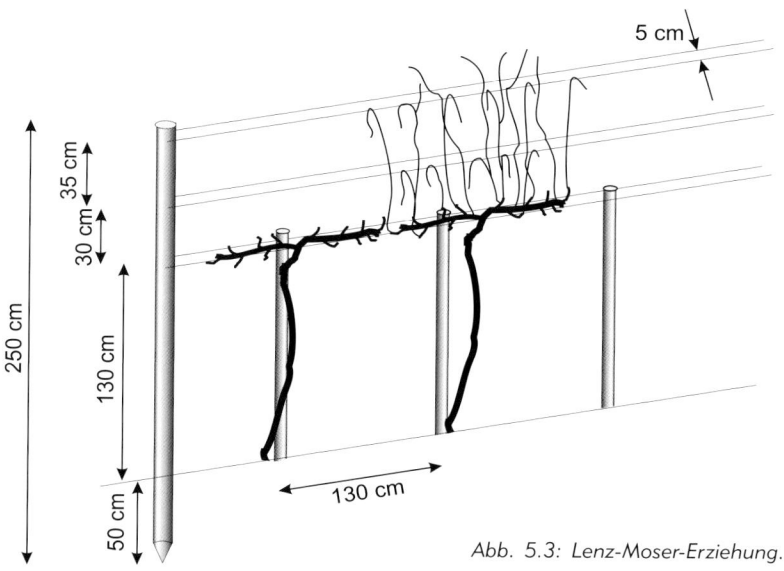

Abb. 5.3: Lenz-Moser-Erziehung.

Für die Hobbyweingärtner sind neben den Einzelpfahl- und Drahtrahmen-Unterstützungsformen hauptsächlich die **Rebkultur am Spalier** von vordringlichem Interesse. Diese Unterstützung der Weinreben mit Hilfe von Lattengerüsten, die sich an nach Süden offenen Hauswänden, Mauern u.ä. befinden (Abschnitt 3.2), gestattet einen noch ersprießlichen Weinbau in Regionen, die erheblich nördlicher als die klimatisch günstigeren Weinbaugebiete liegen. Die so erzeugten Trauben können nicht nur zum Verzehr, sondern bei geeigneter Sortenwahl auch mit Erfolg zur Weinbereitung genutzt werden. Schließlich dient das grüne und im Herbst buntfarbene Blattwerk zur Verschönerung der Häuser und des Gartens.

THIELE (1989) schlägt zu diesem Zweck ein formschönes Lattengerüst (Abb. 5.4) vor, bei dem gehobelte 20 × 20 mm starke Holzlatten, bevorzugt Lärchen- oder Robinienholz, in Zwischen-Abständen von 25 bis 30 cm senkrecht auf etwa doppelt so starke waagerechte Latten befestigt werden. Der Abstand der senkrecht angeordneten Latten zur Wand muss zur hinreichenden Luftzirkulation hinter dem Wall von Rebblättern mindestens 15 cm betragen, was durch Befestigung an stabilen Mauerhaken entsprechender Länge zu bewerkstelligen ist. Zum Schutz dieser Holzlatten dürfen keine handelsüblichen Holzschutzmittel verwendet werden. Deren genaue chemische Zusammensetzung ist oft nicht zu ergründen. Häufig liegen phenolische Inhaltsstoffe vor, die das Wachstum der Weinreben, schließlich aber auch den Geschmack der Weinbeeren beeinträchtigen können. Zur Holzkonservierung empfiehlt sich ein Anstrich mit Acrylfarbe oder Holzöl mit später nachfolgender Lasur.

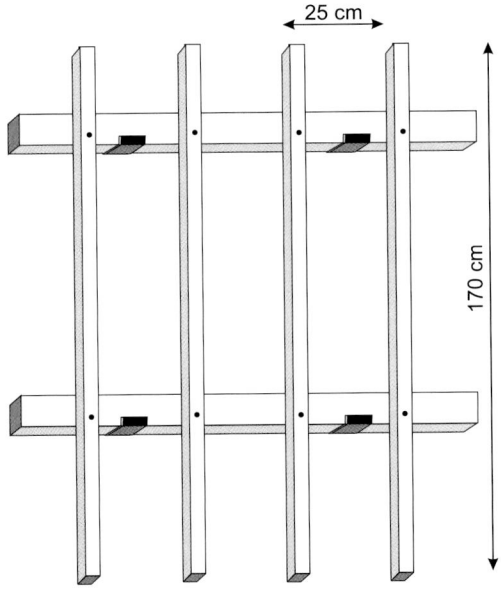

Anstelle der Holzlatten können auch in ebensolchen Abständen senkrecht verlaufende Drähte zur Unterstützung der Spalierreben gespannt werden, an denen die Rebtriebe angeheftet werden. Diese Drähte sollen, wie bei sämtlichen Drahtrahmen-Unterstützungen überhaupt, einen Durchmesser von 2,5 bis 2,8 mm haben und zur Erhöhung der Lebensdauer und Vermeidung von Reibwunden an den Rebtrieben

Abb. 5.4: Befestigung eines Spaliergerüstes.   Achterschlinge

doppelt verzinkt sein. Noch günstiger sind mit Kunststoff ummantelte Stahldrähte mit einem Gesamtdurchmesser von 3,8 mm.
Durch festes Anbinden des Heftfadens mit der Achterschlinge (s. Abb. 5.4 rechts) an den Draht kann der daran geheftete Trieb nicht herunterrutschen.

Die zur Unterstützung dienenden Drähte können am Mauerwerk auch in Abständen von 30 bis 40 cm horizontal verlaufend gespannt werden. Hierbei muss jedoch mindestens alle 200 cm ein Stahlstift mit einer 5 mm weiten Bohrung für den Draht zur Entlastung angebracht und jeder Tragedraht jeweils einseitig mit einem eingebauten Spannschloss gestrafft werden.

Für freistehende Spaliere, die wegen ihrer Standfestigkeit nicht höher als 250 cm sein dürfen, sind in einem Abstand von je höchstens 200 cm kräftige Stützpfosten (mindestens 60 × 60 mm) hinreichend tief in den Boden einzuschlagen oder auf U-förmigen Pfostenträgern zu befestigen. Deren waagerechten Latten (mindestens 30 × 30 mm) bzw. Drähte erhalten einen Abstand von 100 bis 125 cm, die senkrechten Latten (mind. 20 × 20 mm) bzw. Drähte einen solchen von je 25 cm (Abb. 5.5).

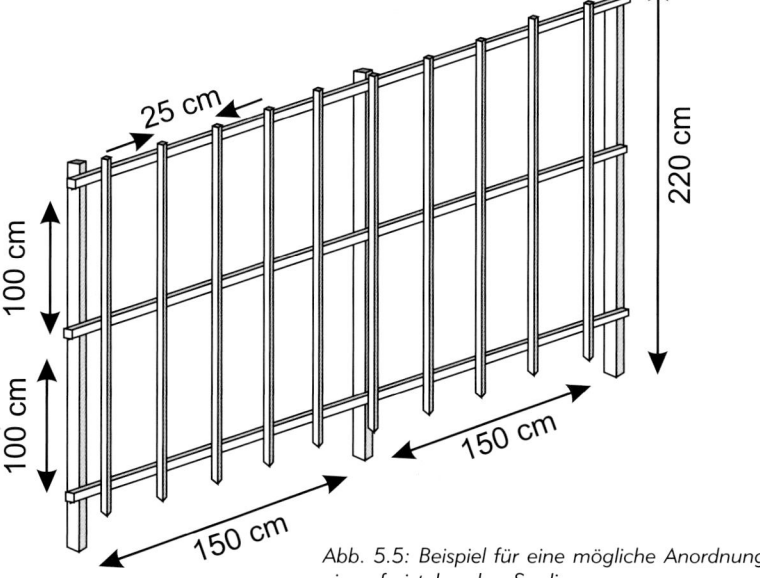

Abb. 5.5: Beispiel für eine mögliche Anordnung zum Bau eines freistehenden Spaliers.

Eine Variante ist die **Pergola-Unterstützung**, die in verschiedenen Ausführungsformen existiert. Bei der einfachen Form ist eine pultförmige, dachartige Fläche den Spaliersäulen schräg nach oben angefügt. In dieser Fläche sind horizontal Latten bzw. Spanndrähte parallel angeordnet (Abb. 5.6). Die Tragruten werden daran geheftet, so dass die Trauben unterhalb dieser Fläche frei herabhängen.

Die noch heute in Weinbergen Südtirols zu besichtigende, allerdings arbeitsaufwendige Unterstützungsform ermöglicht für die Weinreben günstige Temperatur-, Luft- und Feuchtigkeitsverhältnisse, da der Boden wirksam vor dem Austrocknen geschützt wird.

Abb. 5.6: Pergola, unten in Südtirol.

Zwei parallel verlaufende Pergola-Reihen in Links- und Rechtsauslegung ergeben einen laubenartigen Rebspaliergang. Solche Pergola-Gänge können als Überdeckung von Wegen zu Blickfängen des Gartens gestaltet werden. Um ein ungehindertes Hindurchgehen auch bei Traubenbehang zu ermöglichen, sollte deren mittlere Höhe mindestens 220 cm betragen. Beim Pergolabau sind auch statische Fragen zu berücksichtigen. So wirkt eine frei im Garten stehende, dicht mit Rebblättern bedeckte Pergola gegen einfallende Winde wie ein Segel. Neben dieser Druckwirkung ist auch das mitunter erhebliche Gesamtgewicht der an den Reben hängenden Trauben zu berücksichtigen. Daher ist es erforderlich die senkrechten Stützpfähle in einem Abstand von höchstens 1,50 m zu errichten. Die Belattung erfolgt waagerecht, wie bereits weiter oben für das freistehende Spalier angegeben ist; Gleiches gilt auch für die Stärken der benötigten Stützpfähle. Deckenhölzer und Latten, d.h. mindestens 60 × 60 mm bzw. 30 × 30 mm. Die Weinreben sind in Abständen von jeweils 120 bis 150 cm zu pflanzen und im Senkrechten Kordon (Abschnitt 5.3.2) zu erziehen. Abbildung 5.7 zeigt die Skizze von einer Laubenpergola. Zur Stabilisierung empfiehlt es sich in beiden Ebenen schräge Stützbalken einzufügen. Damit wird einem Verwinden der Pergola entgegengewirkt und die Windlast besser verteilt.

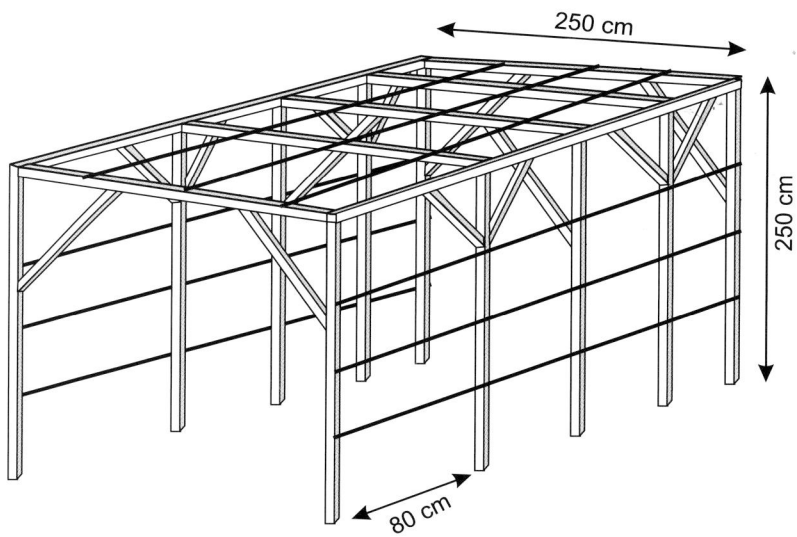

Abb. 5.7: Laubenpergola. Statt Belattung hier beispielsweise mit Drahtbespannung.

Die Terrassenpergola ist eine vereinfachte Abwandlung der Laubenpergola. Hier ist eine Seitenwand durch eine Mauer oder Bergwand ersetzt (Abb. 5.8). Die Errichtung erfolgt analog dem Bau der Laubenpergola.
Die benötigten Materialien werden von Holzhandelsbetrieben und Baumärkten reichhaltig angeboten. Dort sind auch Bauanweisungen zu erhalten.
Für die Bepflanzung einer Pergola empfiehlt es sich, nur frühreifende Rebsorten auszuwählen, da bedingt durch die Bauform die an der Deckenseite hängenden Weintrauben zwangsläufig von der Sonneneinstrahlung weniger erhalten und somit langsamer ausreifen.

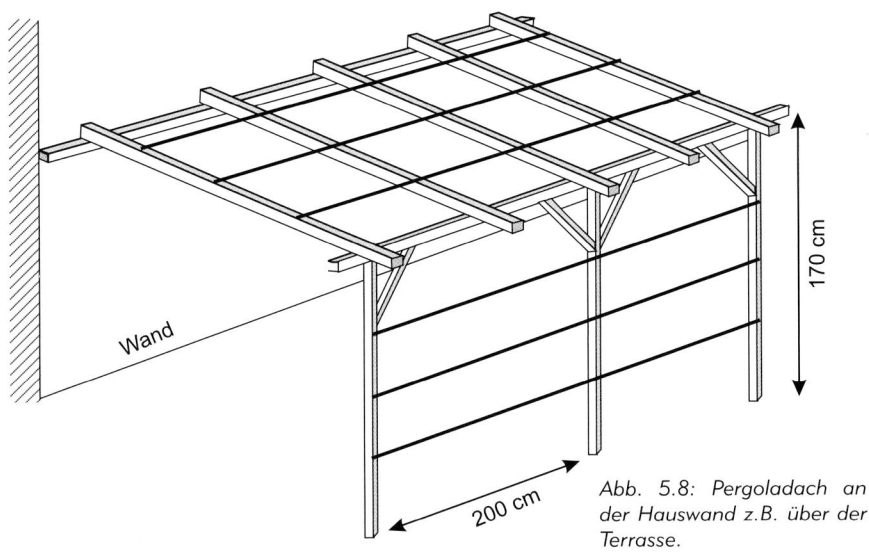

Abb. 5.8: Pergoladach an der Hauswand z.B. über der Terrasse.

5.2 Rebschnitt

Der Rebschnitt ist die bestimmende Maßnahme für das Gedeihen und die quantitative als auch qualitative Leistung eines Weinstocks. Ohne Rebschnitt würde der Weinstock unkontrolliert wachsen, eine Vielzahl schlecht reifender, kleiner, geringwertiger Trauben und dünnes, nicht hinreichend ausreifendes und daher frostempfindliches Rebholz liefern. Die anzuwendende Rebschnitt-Form ist abhängig vom Alter und Entwicklungszustand der Rebe, weiterhin von der Sorte, dem Bodentyp und gegebenenfalls für das Weinbaugebiet bestehende weinrechtliche Regelungen. Der ideale Zeitpunkt für den Rebschnitt ist die Saftruhe im zeitigen Frühjahr (**Winterschnitt**). Danach beginnt der jährliche Wachstumszyklus des Weinstocks. Durch den Rebschnitt soll das physiologische Gleichgewicht zwischen dem generativen Wachstum (Traubenertrag) und dem vegetativen Wachstum (Rebholzentwicklung) gewährleistet werden. Hierunter ist zu verstehen, dass der Rebschnitt die Aufgabe hat, die Erziehungsform des Rebstocks zu erhalten, wobei dieser durch ständiges Wegschneiden des alten Holzes verjüngt wird. Dadurch wird die Neubildung und Erhaltung des Trag- und Ersatzholzes gefördert, was sich wiederum vorteilhaft auf den Ernteertrag und die Güte der Weintrauben auswirkt.

Beim Rebschnitt ist grundsätzlich zu beachten, dass fruchtende Triebe nur aus einjährigem Holz kommen, welches auf zweijährigem und das wiederum auf mehrjährigem Holz steht (Abb. 5.9).

Aus altem Holz hervorwachsende junge Triebe, sogenannte Wasserschosse, können keine Gescheine hervorbringen und bleiben daher unfruchtbar. Sie stören den geregelten Aufbau des Weinstocks und entziehen ihm Nährstoffe. Grundsätzlich sollten sie daher spätestens gegen Ende Mai/Juni entfernt werden. Nur ausnahmsweise, z.B. wenn Weinstöcke durch Witterungseinflüsse geschädigt wurden, belässt man sie am Stock. Sie werden auf zwei Augen (Knospenanlage) zurückgeschnitten und dienen zum Wiederaufbau des geschädigten Weinstockes. Die sich hieraus entwickelnen neuen Triebe bilden schnell neues Rebholz, welches dann in den Folgejahren seinerseits Fruchtruten hervorbringt.

Die nähere Bezeichnung des am Rebstock verbleibenden Abschnittes nach erfolgtem Schnitt des einjährigen Triebes (Tragholz), richtet sich nach dessen Anzahl von Knospenanlagen (Augen):

Zapfen   1 bis 3 Augen (überwiegend 2 Augen)
Strecker   4 bis 7 Augen
Rute   8 bis 12 Augen

Zweiäugige Zapfen dienen auch zur Erziehung von Ersatzholz für Reservezwecke. Die beiden sich aus diesem entwickelnden Triebe sind fruchtbar. Im nachfolgenden zeitigen Frühjahr wird der obere Trieb samt seinen Austrieben rebstammseitig unterhalb seiner Verbindung mit dem zweijährigen Holz abgetrennt, während der darunter befindliche andere Trieb, auch als Ersatztrieb bezeichnet, auf zwei Augen zu einem Zapfen zurückgeschnitten wird. Aus diesem Zapfen wachsen dann wieder zwei Triebe auf, von denen der eine als Tragholz und der andere wieder auf einen Zapfen für die Holzgewinnung im Folgejahr angeschnitten wird (Abb. 5.9). Die hier dargestellte Vorgehensweise ist die für die Beibehaltung der betreffenden Erziehungsform des Weinstocks günstigste. Von ihr sollte nur abgewichen werden, wenn durch Frostschaden oder mechanische Beschädigungen hervorgerufene Unregelmäßigkeiten im Wachstum des Weinstocks es erfordern, anders gelagerte Triebe als Ersatzholz anzuschneiden.

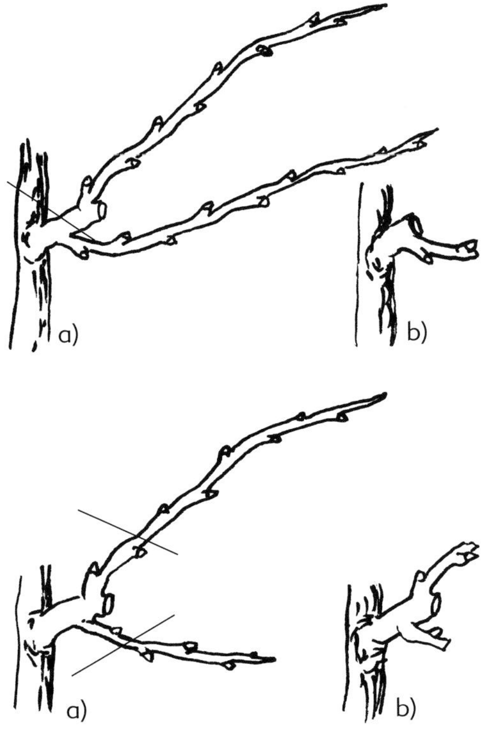

Abb. 5.9: Zapfenschnitt a) vor dem Rückschnitt der einjährigen Triebe eines Zapfens, b) nach dem Schnitt. Oben: Normaler Schnitt auf den gut entwickelten unteren Austrieb. Unten: Abweichung vom normalen Zapfenschnitt bei schwach entwickeltem unteren Trieb.

Beim Anschnitt von Streckern werden die verholzten, einjährigen Triebe beim Winterschnitt (Abb. 5.10) auf vier bis sieben Augen eingekürzt. Diese Schnittform ist erforderlich bei Rebsorten, die mindestens mittellang angeschnitten werden müssen, da sie erst ab dem vierten oder dem fünften Auge fruchtende Triebe haben (Rebsortentabelle S. 41/42). Die meisten der für den Gartenweinbau in Betracht kommenden Traubensorten erfordern eine solche mittellange Schnittform nicht (s. Tab. 1 und 2); es genügt ein Anschnitt auf Zapfen. Beim Winterschnitt im zeitigen Frühjahr werden die Strecker, die als Tragholz gedient hatten, vom Weinstock wieder abgeschnitten. Damit zukünftig kein Mangel an Ersatzholz eintritt, muss vorausschauend darauf geachtet werden, dass genügend Zapfen für dessen Entwicklung am Weinstock vorhanden bleiben.

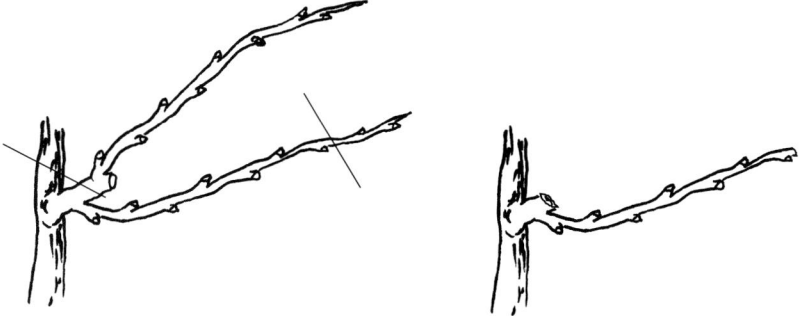

Abb. 5.10: Anschnitt des unteren Triebs als Strecker mit sieben Augen.

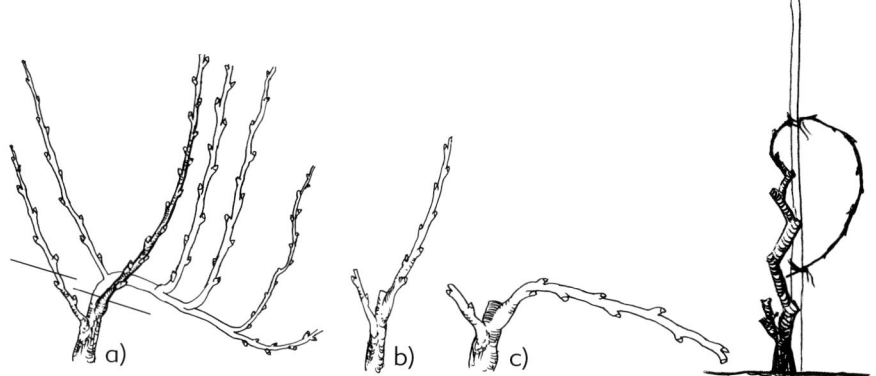

Abb. 5.11: Bogenerziehung, a) junger Rebstock vor dem Schnitt, b) nach dem Schnitt mit Bogrebe und Zapfen (hier 8 Augen, bis 12 Augen sind möglich), c) Tragrebe=Bogrebe heruntergebogen und angebunden. Rechts Kaiserstühler Bogrebenerziehung.

In Ertragsweinbauanlagen, deren Reben an Rebpfählen oder Drahtrahmen kultiviert werden, seltener im Hobbyweinbau, werden Bogreben angeschnitten. Hierbei wird beim Winterschnitt vom einjährigen Rebholz eine Rute bis zu zwölf Augen geschnitten. Diese wird später nach erfolgtem Safteintritt im Rebholz vorsichtig in einem halben bis geschlossenen Bogen vom Stock abgebogen (Abb. 5.11). Hierdurch wird an dem angeschnittenen längeren Tragholz ein gleichmäßiger Austrieb aller Augen und dadurch eine höhere

Fruchtbarkeit erreicht. Unterhalb der Bogrebe ist am zweijährigen Holz noch ein Zapfen zu schneiden, der im Folgejahr das Holz für die neue Bogrebe liefert. Bogreben werden überwiegend bei Ertragsreben von Keltertraubensorten geschnitten.

Im Verlaufe von vier bis fünf Schnittperioden kommt es innerhalb des mehrjährigen Holzes zu störenden Verbreiterungen der bewachsenen Fläche und durch das mehrfache Abschneiden von Trieben zu knorrigen Veränderungen, wovon vor allem auch die Anschnittstellen von Zapfen betroffen werden. Hierdurch wird der Saftfluss im Weinstock beeinträchtigt, was sich letztlich nachteilig auf die Qualität der Trauben auswirkt. An Spalieren können so von Rebtrieben unbewachsene Kahlstellen entstehen. Es wird also eine Verjüngung des Rebstocks notwendig, bei der altgewordene und zu hochgewachsene Reben auf möglichst tiefstehendes jüngeres Holz zurückgeschnitten werden. Es ist also vorteilhaft, schon beim vorjährigen Rebschnitt hierfür genügend als zukünftige Schenkel dienende Ruten und Zapfen auf Reserve anzuschneiden. Bei Verjüngung eines zu lang gewordenen Seitenholzes wird ein möglichst nahe am Rebstamm oder an einem Tragschenkel gelegener einjähriger Trieb zu einem zweiäugigen Zapfen zurückgeschnitten. Von diesem geht dann die neue Tragholzentwicklung aus (Abb. 5.12). Genauso kann vorgegangen werden, wenn man einen alten ungepflegten Weinstock in neue Pflege nimmt.

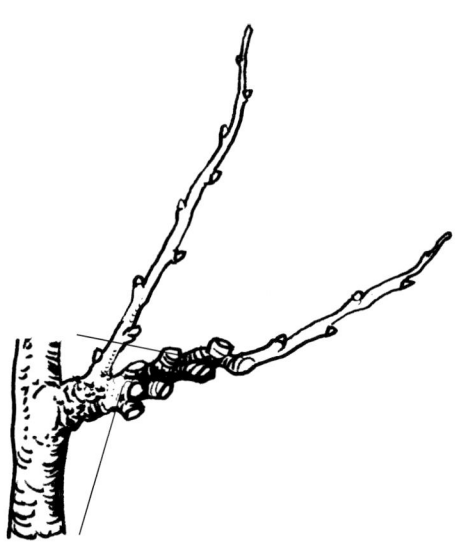

Abb. 5.12: Verjüngen des zu lang gewordenen Seitenholzes.

Der Hobbyweinbauer muss sich wahrscheinlich immer der aufwändigsten Form, dem manuellen Schneiden der einzelnen Rebtriebe mit der Rebschere, zufrieden geben. Pneumatisch arbeitende Schnittwerkzeuge lohnen sich nur im größeren Weinbau. Die Schnittwerkzeuge müssen scharf geschliffen sein, damit der Schnitt glatt verläuft und das Holz nicht gequetscht wird.

Beim Kürzen von einjährigem Holz muss der Schnitt mindestens 1 cm über dem Auge, von der Augenseite her abfallend, geführt werden (Abb. 5.13). So kann möglicher Blutungssaft (s.u.) das Auge nicht benetzen und verkleben. Mehrjähriges Holz ist glatt mit der Gartenschere oder erforderlichenfalls mit einer feinzähnigen Säge abzutrennen.

Der **Winterschnitt** wird unter Beachtung der Frostsituation in den Monaten Januar bis März möglichst bei frostfreiem Wetter durchgeführt. Bei noch bestehender Gefahr von Schadfrösten hat dieser Rebschnitt vorläufig zu unterbleiben, um nicht Rebholz vom Stock zu trennen, auf welches man nach möglichem Frostschaden zu seinem Erhalt noch angewiesen ist. Es kommt also auf eine sorgfältige Beobachtung des Witterungsverlaufes an, um so das Frostrisiko möglichst zu verringern. Wiederum darf der Winterschnitt nicht erst zur Zeit des Knospenaustriebs erfolgen, da dann ein oft starker, für den Stock abträglicher Saftaustritt an den Schnittstellen (Bluten des Weinstocks) die Folge ist.

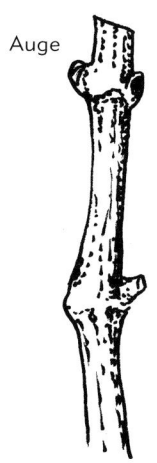

Abb. 5.13: Richtiger Schnitt des jungen Rebholzes über der Knospe.

Beim Winterschnitt werden etwa 80 bis 90% des einjährigen Rebholzes vom Stock entfernt. Dieses für den Unerfahrenen eigentlich viel zu große Ausmaß ist erforderlich, damit die Anzahl der Augen (Knospen) nicht zu hoch wird und keine spätere Überlastung des Weinstockes durch übermäßigen Behang eintritt. Die Anzahl von Augen, die am Stock zu belassen sind, ergibt sich aus dessen Wuchskraft und der Rebsorte.

Um ein möglichst optimales Verhältnis von Traubenqualität und Ertrag zu erreichen, gilt beim Rückschnitt auf die gewünschte Knospenanzahl an den Vorjahrestrieben am zweijährigen Holz die Faustregel: Höchstens einen Zapfen, einen Strecker und eine Rute pro normalwüchsigen zweijährigen Trieb belassen.

Bei der Pergola-Erziehung muss allerdings von dieser Regel etwas abgewichen werden, da ein möglichst gleichmäßiger Bewuchs mit Rebtrieben und somit auch die Begrünung der gesamten Pergolafläche angestrebt wird. Die Höhe des Traubenertrages ist in der Aufbauphase der Pergola vorerst sekundär. Die Rebenerziehung erfolgt nach den Prinzipien des Senkrechten Kordons (Abschnitt 5.3.2). Der als Leittrieb vorgesehene einjährige Trieb wird als Rute auf acht Augen eingekürzt und am Pergolagerüst senkrecht nach oben geführt, bis er nach drei bis vier Jahren auch die Deckenfläche der

Pergola mit überwachsen hat. Die Seitentriebe werden in abwechselnder Folge als zweiäugige Zapfen und Strecker mit vier Augen geschnitten und an die waagerechten Latten angebunden. Wenn später das Pergolagerüst gut mit Rebtrieben bewachsen ist, kann zugunsten einer qualitativ aber auch quantitativ höheren Traubenausbeute die Anzahl der angeschnittenen Zapfen und Strecker vermindert werden. Es ist aber hierbei immer zu beachten, dass keine Kahlstellen an den Pergolaflächen entstehen.

Nach der Rebblüte, meistens im Juni, erfolgt der **Grünschnitt**, bei dem die inzwischen häufig neu gewachsenen Geiztriebe (Abschnitt 2.1) entfernt werden. Im Juli oder August folgen verschiedene Sommerschnitte zum Kürzen und Entfernen von Trieben und Rebblättern. Wenn ein zu hoher Traubenbehang gegeben ist, muss durch Ausdünnen ein Teil der noch grünen Trauben weggeschnitten werden, wodurch die Versorgung der restlichen Trauben mit Nährstoffen verbessert wird. Hierdurch wird auch die physiologische Reife der Weinbeeren günstig beeinflusst, das heißt, durch das Ausmaß der Zuckereinlagerung in den Weinbeeren wird das Mostgewicht (Abschnitt 8.1) erhöht.

5.3 Erziehungsformen

5.3.1 Jungrebstöcke

Unabhängig von der später beabsichtigten Erziehungsform am Spalier, Drahtrahmen oder Pfahl werden die gepflanzten jungen Reben innerhalb der ersten drei Jahre nach der Pflanzung in gleicher Weise zu Rebstöcken kultiviert, die dann aber entsprechend der vorgesehenen Erziehungsform weiterbehandelt werden. Diese erste Entwicklungsphase bedarf besonderer Sorgfalt bei der Ausführung der erforderlichen Pflegemaßnahmen, da hier die Voraussetzungen für ein gutes Gedeihen und hohe Ertragssicherheit des sich herausbildenden Weinstocks geschaffen werden.

Die Erziehungsarbeiten beginnen, sobald die ersten Jungtriebe die nach der Pflanzung aufgeschüttete Bodenbedeckung aus einem Torf-Sand-Gemisch durchstoßen. Jetzt sollte Ruhe bewahrt werden und jedes voreilige neugierige Suchen nach eventuell noch weiteren herauswachsenden Jungtrieben sollte unterbleiben, bis die anfänglich leicht abbrechenden Triebe sich hinreichend verfestigt haben. Die Pflanzstelle jeder Jungrebe ist in einem Umkreis von mindestens 30 cm Durchmesser von jeglichem Pflanzenbewuchs, einschließlich Rasen, freizuhalten, oberflächig leicht aufzuhacken und stets mäßig feucht zu halten. So können dem Nährstoffentzug durch Nachbarpflanzen, dem durch diese beschleunigten Austrocknen des Bodens und der Gefahr einer Übertragung von durch Mehltaupilze hervorgerufenen, die Jungreben häufig zum Absterben bringenden Pflanzenkrankheiten wirksam vorgebeugt werden.

Sobald die heranwachsenden grünen Jungtriebe eine Länge von etwa 20 cm erreicht haben, wird der davon kräftigste, der zukünftige Rebstamm, vorsichtig mit Bindebast an den beigesteckten Rebpfahl gebunden. Als vorläufige Reserve bei möglicher Schädigung des Haupttriebes wird ein anderer, ebenfalls gut entwickelter Jungtrieb als Ersatzzapfen mit zwei Augen zurückgeschnitten. Noch vorhandene weitere Triebe werden an der Austriebsstelle abgetrennt (Abb. 5.14).

Der Haupttrieb wird während seines Längenwachstums in Abständen von je 20 cm aufwärts am Rebpfahl angeheftet. Sein Wachsen bleibt unbeeinflusst; es wird nicht durch Abschneiden seiner Triebspitze begrenzt. Nur ein ungehindertes Triebwachstum fördert auch die Entwicklung des unteren Teils des Rebtriebes, der im Folgejahr den Stamm bildet. Die Umgebung des sich entwickelnden Weinstocks ist von Pflanzenbewuchs frei zu halten. Der Boden wird oberflächig zur guten Durchlüftung leicht aufgelockert und stets feucht gehalten.

Abb. 5.14: Jungrebe im ersten Sommer.

Vor dem Gießen ist die seit der Pflanzung der Jungrebe anliegende Bodenbedeckung vorübergehend abzunehmen. Im Umkreis von etwa 10 cm um den Rebstock ist ein flacher Graben zu ziehen und in diesen das Gießwasser einzufüllen, ohne die Rebblätter hierbei zu benetzen. Es darf also nicht mit der Gießkannentülle oder dem Regensprenger gegossen werden, um nicht ein feuchtes Klima im oberirdischen Bereich des sich bildenden Weinstocks zu schaffen, was die Übertragung von feuchtigkeitsliebenden pilzlichen Krankheitserregern auf die Reben zu begünstigt. Eine Zuführung von organischem oder mineralischem Dünger ist nicht notwendig und wird auch nicht empfohlen. Im dann folgenden Herbst wird um die Jungrebe die Bodenbedeckung entfernt. Eventuell oberhalb der Pfropfstelle ausgetriebene Wurzeln des Edelreises müssen abgeschnitten werden. Anschließend wird die

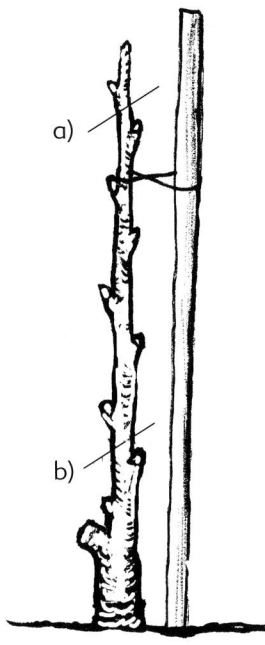

Rebe zum Schutz vor schädlichen Winterfrösten bis über die Pfropfstelle mit Gartenerde angehäufelt.

Im folgenden Frühjahr wird diese Erdbedeckung vom Stamm wieder entfernt. Ausgetriebene Tau- und Edelreiswurzeln werden gekürzt und der inzwischen verholzte Haupttrieb in etwa 60 cm Höhe abgeschnitten. Das ist die Stammhöhe, von der aus sich der Weinstock flächig ausbreiten soll. Soll die Jungrebe jedoch an einem Pergola-Gerüst (Abschnitt 5.1) wachsen, wird der Haupttrieb erst in einer Höhe von 80 bis 90 cm abgeschnitten.

Falls der Rebstamm jedoch dünner als ein Bleistift ist, taugt er noch nicht zum Aufbau eines Rebstockes. Er sollte daher bis auf zwei Augen zurückgeschnitten werden (Abb. 5.15). Der kräftigere von beiden Trieben, die aus diesem Zapfen hervorwachsen, wird zum erneuten Aufbau des neuen Rebstammes kultiviert. Der übrige Trieb wird als Reservezapfen auf zwei Augen zurückgeschnitten. Die weitere Pflege erfolgt wie bereits weiter oben dargestellt.

Abb. 5.15: Schnitt im zeitigen Frühjahr nach dem ersten Jahr, a) auf Stamm, b) auf Zapfen, bei schwach entwickeltem Trieb.

Zur weiteren Erziehung werden spätestens nach den Maifrösten vom Stammtrieb die Jungtriebe der austreibenden Augen bis auf die drei obersten ausgebrochen. Die hervorwachsenden drei Jungtriebe, von denen zwei ab dem folgenden Jahr Tragreben und der am weitesten unten befindliche einen Zapfen bilden sollen, werden fortlaufend am Rebpfahl locker hochgebunden. Aus den Blattachseln herauswachsende Geiztriebe müssen ständig entfernt werden. So wird ein gerader starker Wuchs dieser jungen Rebtriebe gefördert.

Notwendige Pflegearbeiten sind das wiederholte Auflockern der Bodenoberfläche und das Beseitigen aufkommender Wildkräuter und des Rasenbewuchses. Ein ständiges Feuchthalten des Pflanzbodens um die Jungreben ist, abgesehen von ausgesprochenen Trockenperioden oder Rebstandorten unmittelbar vor Gebäuden mit weit überragendem Dach, meistens nicht mehr erforderlich. Desgleichen kann beim Vorliegen gut vorgedüngter Gartenerde eine Düngung noch entfallen. Bestehen jedoch Zweifel an einem hinreichenden Nährstoffgehalt, sollten kleinere Mengen (Schichtdicke < 1 cm) von gut verrottetem Stallmist oder Kompost, keinesfalls Jauche, als sogenannte Kopfdüngung flach oberflächig eingearbeitet werden. Günstig sind auch kleine Gaben (20-25 g/m²) eines Kalium, Magnesium, Phosphat und Stickstoff enthaltenden Universal-Mineraldüngers. Die Verabreichung von reinen Stickstoffdüngern sollte unterbleiben, da hierdurch eine Verzögerung der Holzreife, und somit eine höhere Frostanfälligkeit der Reben bewirkt werden kann.

Um die Rebblätter pilzempfindlicher Sorten vor Mehltaubefall zu schützen, sind ab Mai in zweiwöchigen Abständen, bei schwüler feuchtwarmer oder anhaltend regnerischer Witterung sogar wöchentlich, Spritzungen mit pilzwirksamen, überwiegend auf Kupferverbindungen basierenden Mitteln (Fungizide) durchzuführen (Abschnitt 7.2.2). Ein Anhäufeln der Reben vor Winterbeginn ist nicht mehr unbedingt erforderlich.

Die so herangewachsenen jungen Rebpflanzen werden im Folgejahr entsprechend der Erziehungsform des zukünftig traubentragenden Weinstocks weiter kultiviert.

5.3.2 Tragrebstöcke

Zur Kultivierung der Reben an den gebräuchlichen Unterstützungsvorrichtungen, hauptsächlich Spalieren und Drahtrahmen sowie Rebpfählen, muss deren Wachstum an die hierzu erforderlichen Erziehungsformen angepasst werden. Nur so können gesundes Gedeihen und gute Traubenerträge gewährleistet werden.

Weiterhin soll der gewachsene Weinstock in seinem Aufbau und der Verteilung seiner Triebe gut überschaubar sein, so dass dessen Pflege nicht durch unübersichtlichen Wildwuchs beeinträchtigt wird. Von der Vielzahl der oft regional und sortenspezifisch geprägten Erziehungsformen sollen hier nur einige, vor allem auch für den häuslichen Weinbau gut zu empfehlende, näher dargestellt werden.

Der **Senkrechte Kordon** (Kordon = Schenkel) ist eine besonders bei Spalierreben weit verbreitete, gut überschaubare Erziehungsform. Im Frühjahr wird von den drei inzwischen verholzten einjährigen Trieben des herangezogenen Jungrebstocks der zum Leittrieb ausgewählte an eine senkrecht verlaufende Spalierlatte oder einen ebensolchen Spanndraht geheftet und auf eine Länge von fünf bis sieben Augen zurückgeschnitten. Die beiden übrigen Triebe werden vorsichtig nach links bzw. nach rechts abgebogen, an der Unterstützung angeheftet und auf fünf bis sechs Augen gekürzt (Abb. 5.16).

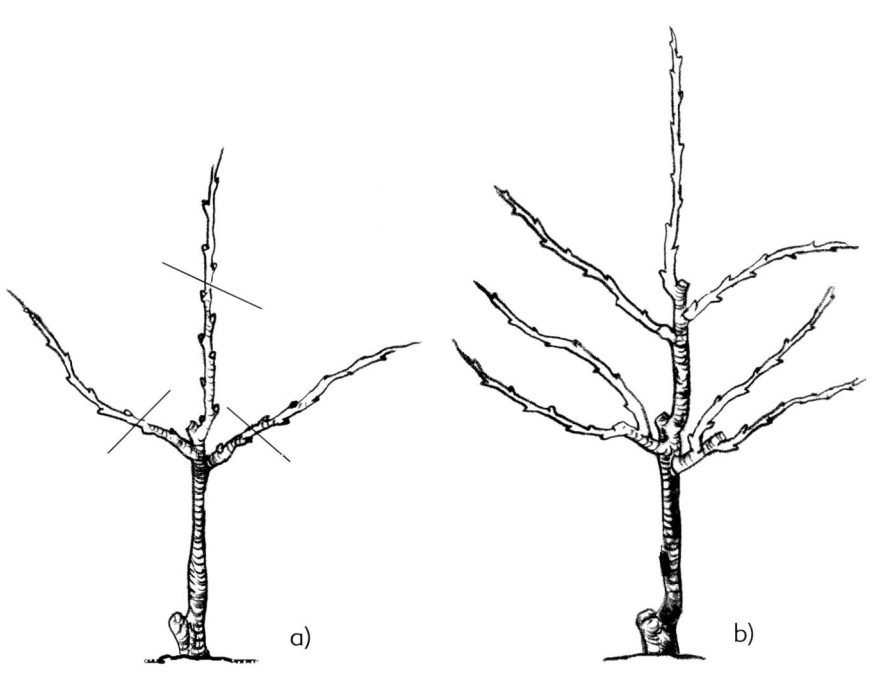

Abb. 5.16: Erziehung eines Senkrechten Kordons, a) im zweiten Jahr, ein Jahr nach dem Anschneiden des Stammes, b) im dritten Jahr.

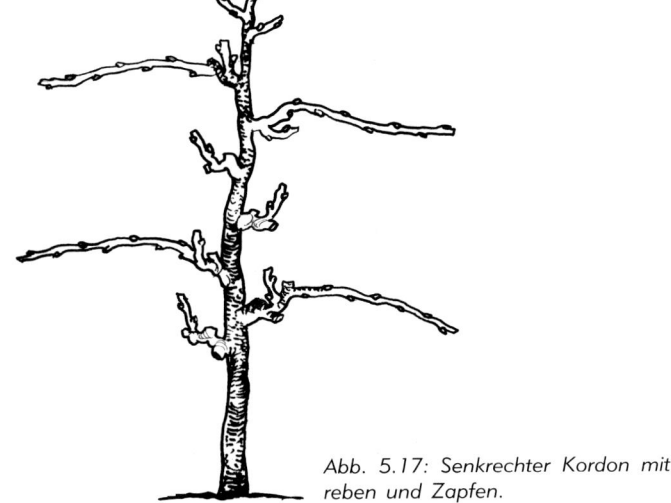

Abb. 5.17: Senkrechter Kordon mit alternierenden Bogreben und Zapfen.

Die sonstigen Pflegemaßnahmen, wie Ausbrechen von Edelreißwurzeln, Düngung und Schadpilzbekämpfung sind in ihrem Umfang die gleichen wie bei der Anzucht der dreijährigen Jungrebstöcke. Aus den Seitentrieben werden im folgenden Frühjahr Zapfen mit je zwei Augen geschnitten. Zwischen diesen Zapfen sollen die jeweiligen Abstände 30 cm betragen. Überzählige Zapfen und Triebe sind direkt am Stamm zu entfernen. Ein am oberen Ende des Leittriebes herausgewachsener Trieb wird senkrecht weitergeführt, geheftet und oberhalb seines fünften Auges gekürzt. Auf diese Weise wird der senkrechte Kordonaufbau jährlich nach oben verlängert. Je nach Wüchsigkeit der im Kordon gezogenen Rebe können auch bis zu acht Augen tragende Bogreben angeschnitten werden. Um jedoch ein zu frühzeitiges Erschöpfen des Weinstockes durch die mehr Nährstoffe erfordernden Bogreben zu verhindern, sollten davon pro Stock höchstens vier Stück vorgesehen werden, die in ihrer Stellung mit Zapfen alternieren (Abb. 5.17). Der Pflanzabstand zwischen den einzelnen Rebstöcken in der Reihe hängt ab von der Wüchsigkeit der betreffenden Rebsorte. Nach praktischen Erfahrungen beträgt dieser 150 bis 200 cm (Abb 5.2, 5.3). Diese Erziehungsform wird auch bei der Pergola-Kultivierung angewendet (Abschnitt 5.1).

Der **Waagerechte Kordon** eignet sich gut zur Bewachsung von langgestreckten aber nicht betont hohen Flächen. Solche sind beispielsweise bei Hausspalieren die Wände zwischen den Fenstern des Erd- und des ersten Obergeschosses.

Zur Erziehung des einarmigen Waagerechten Kordons wird der einjährige, kräftige und gut verholzte als Stamm gezogene Trieb kurz vor dem Austrieb in der gewünschten Stammhöhe unter leichtem Drehen seitlich in einem rechten Winkel abgebogen, an einer waagerechten Unterstützung angeheftet und fünf Augen über der Biegungsstelle abgeschnitten (Abb. 5.11c).

Ähnlich ist das Vorgehen bei der Erziehung des zweiarmigen Waagerechten Kordons. Nach dem Austrieb des auf Stammlänge geschnittenen, gut verholzten einjährigen Triebes werden je ein neuer Trieb nach links und nach rechts gebogen und geheftet. Im kommenden Frühjahr werden diese Triebe auf je fünf bis sieben Augen zurückgeschnitten (Abb. 5.18).
Bei den beiden vorgenannten waagerechten Erziehungsarten können die Kordons auf einfache Art verlängert werden. Hierzu ist der am äußersten Ende des Kordontriebes hervorgewachsene Trieb an die waagerechte Unterstützung zu heften und im Herbst auf sechs bis acht Augen zu kürzen. Dieser Vorgang kann im Folgejahr in gleicher Weise weitergeführt werden. Die so zu erreichende Kordonlänge sollte jedoch 200 cm nicht überschreiten.

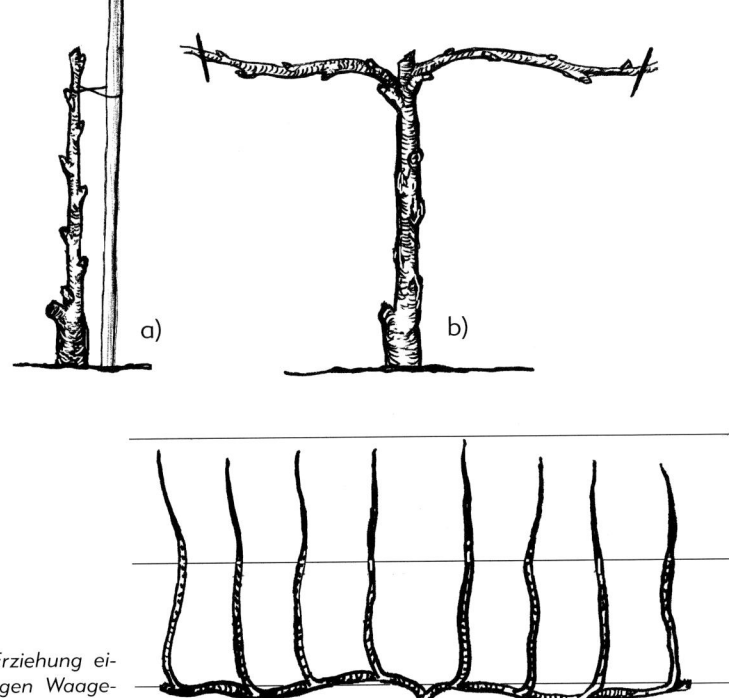

Abb. 5.18: Erziehung eines zweiarmigen Waagerechten Kordons,
a) nach dem ersten Jahr,
b) Schnitt nach dem zweiten Jahr,
c) im dritten Jahr.

Aus dem Kordon nach oben hervorwachsende Triebe werden beim Winterschnitt auf Zapfen mit je zwei Augen eingekürzt. Hierbei muss der Abstand zwischen den Zapfen mindestens 30 cm betragen. Übrige Zapfen und Triebe werden bereits im dem Austrieb folgenden Mai entfernt.

Waagerechte Kordons können auch in unterschiedlicher Höhe parallel geführt werden. Hierzu muss der Rebstamm, wie beim Senkrechten Kordon verlängert werden. Unmittelbar an der Abknickstelle vom Rebstamm zum waagerechten Kordonarm sind entstehende Triebe zu beseitigen, da diese die Nährstoffversdorgung des betreffenden Kordonteils beeinträchtigen können.

Der Abstand zwischen diesen beiden Kordonarmen sollte wegen der besseren Verteilung der Tragreben nicht weniger als 80 cm betragen.

Eine weitere Variante ist die **U-Form**, die zur Begrünung größerer gleichmäßiger Flächen gut geeignet ist. Sie geht aus der zweiarmigen waagerechten Kordonform hervor, bei der die beiden äußeren Kordonenden U-förmig senkrecht nach oben abgebogen worden sind (Abb. 5.19). Die Weiterführung der beiden senkrechten Arme erfolgt wie beim Senkrechten Kordon.

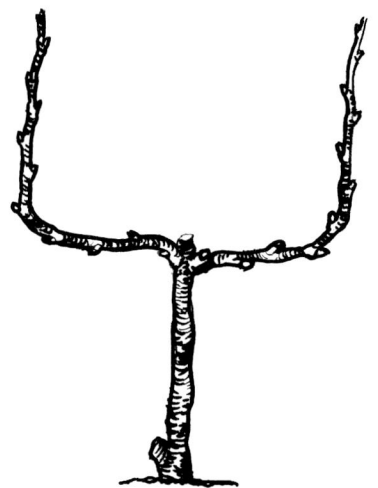

Abb. 5.19: U-Form, Erziehungsform im zweiten Jahr.

Die **Palmette** ist eine gut flächenbewachsende Kultivierungsform, die eine Kombination von Senkrechtem und Waagerechtem Kordon beinhaltet (Abb. 5.20). Von einem senkrecht gezogenen Stamm gehen in Abständen von mindestens 75 cm jeweils auf gleicher Ebene liegende Schenkelpaare ab, auf die wie beim Waagerechten Kordon die Tragreben hervorbringenden zweiäugigen Zapfen angeschnitten werden.

Bei den vorstehenden waagerechten Kordon-Erziehungsformen bestimmt die Summe der Längen der beiden Kordons der benachbarten Rebstöcke den Pflanzabstand.

Abb. 5.20: Palmette, Spalier mit waagerechten Armen, Zapfenschnitt.

Zur Vermeidung eines unübersichtlichen, wilden Wachstums müssen ständig überflüssige Triebe an den Rebstämmen und den Kordonarmen abgeschnitten werden.

Die **Pfahlerziehung** (Abb. 5.1, Abb. 5.11 rechts) lohnt sich im Garten nur an klimatisch besonders günstigen oder gut geschützten Standorten. In Betracht kommen neben einer vereinfachten Senkrechten Kordonerziehung noch das Anschneiden von Bogreben (Abschnitt 5.2).

Eine der niedrigsten Erziehungsarten, die **Bock- oder Kopferziehung**, ist eine eigentlich veraltete Erziehungsform, die vor allem noch vereinzelt in südeuropäischen Weinbaugebieten in Anwendung ist (Abb. 5.21). Hier trägt der Wurzelstamm eine kopfartige kugelige Verdickung, auf der im Frühjahr über fünf Zapfen angeschnitten werden. Ein Rebpfahl ist nicht erforderlich, wenn die ausgetriebenen Ruten in etwa 100 cm Höhe locker zu einem sich selbst tragenden Bündel zusammengebunden werden. Da der Kopf unmittelbar über der Erdoberfläche liegt und so zur Winterszeit mit Erde bedeckt werden kann, eignet sich diese Erziehungsart auch für Standorte mit strengen Wintern. Da die Trauben wegen der geringen Höhe des Weinstockes niedrig hängen, können diese bei feuchtem Wetter schnell in Fäulnis geraten. Für den Weinbau im häuslichen Garten ist diese Erziehungsart nur in Hinblick auf die geminderte Frostgefahr anzuraten.

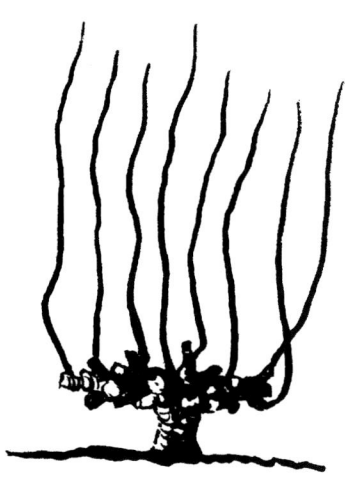

Abb. 5.21: Bock- oder Kopferziehung, älterer Rebstock mit Neuaustrieb.

Die für die vorstehend dargestellten Erziehungsformen erforderlichen Arbeiten zur Düngung und Schädlingsbekämpfung werden in den Abschnitten 6.3 und 7 erläutert.

6 Pflegearbeiten

6.1 Laubarbeiten

Die Laubarbeiten, zu denen das Ausbrechen, Heften, Entspitzen und Entgeizen gehören, werden im Verlaufe des Sommers ausgeführt. Sie sind eine Ergänzung des zur Winterzeit durchgeführten Rebschnitts. Alle Laubarbeiten zielen darauf hin, zwischen Wurzel- und Blattwerk das notwendige physiologische Gleichgewicht herbeizuführen, damit der Aufbau des Weinstocks begünstigt und der Ertrag sowie die Qualität der Weintrauben möglichst gesteigert werden.

Luft, Licht und Sonne sind entscheidend für die Entwicklung der Sommertriebe, für die Gesunderhaltung und Funktion des Rebblattes, ebenso für die Entwicklung der Knospen und Veranlagung der Blüten und somit für die Qualität der Trauben. Durch Unterlassung der oben erwähnten Laubarbeiten bzw. durch deren nur ungenügende Ausführung werden diese wichtigen Faktoren der Pflanzenentwicklung nicht genügend vom Rebstock ausgenutzt, was sich stets für dessen Gedeihen nachteilig auswirkt.

Nicht unbedeutend ist die Gesunderhaltung sämtlicher oberirdischer Teile der Rebpflanze. Bekanntlich treten im Weinbau fast alljährlich tierische und pflanzliche Schädlinge auf (Abschnitt 7.). Sorgfältig durchgeführte Laubarbeiten sind eine wirksame vorbeugende Schädlingsbekämpfung, da einerseits hierdurch die Entwicklung der Reben und somit auch deren Widerstand gegen die Schädlinge gestärkt wird sowie weiterhin den Schadorganismen durch das intensivere Einwirken von Luft, Licht und Sonne wichtige Lebensbedingungen geschmälert werden.

6.1.1 Ausbrechen

Unter Ausbrechen ist das Wegnehmen aller jungen Triebe zu verstehen, die für den Aufbau des Stockes bedeutungslos sind und keinen Blütenansatz zeigen. Hauptsächlich sind es die Wasserschosse, die an dem mehrjährigen Holz aus den sogenannten „schlafenden Augen" (Adventivknospen) entstehen, außerdem aber auch die Doppeltriebe am Fruchtholz, die beseitigt werden müssen. Beim Ausbrechen ist besondere Rücksicht auf die vorhandene Erziehungsform und auf das Triebwachstum der Rebpflanze selbst zu nehmen. Im Allgemeinen bricht man an den Bogreben und den Tragzapfen die vorhandenen Doppeltriebe weg. Die jungen Triebe lassen sich mit dem Daumen ohne Werkzeug leicht abdrücken. Die Wasserschosse werden auf gleiche Weise ebenfalls nahezu sämtlich entfernt. Nur diejenigen an günstigen Stellen, die gegebenenfalls im kommenden Frühjahr als Ersatzzapfen angeschnitten werden könnten, bleiben stehen (Abb. 6.1).

Abb. 6.1: Das Ausbrechen; unfruchtbarer Doppeltrieb (eingekreist) wird entfernt.

Das Ausbrechen muss möglichst frühzeitig im Jahr durchgeführt werden. Sobald die jungen Triebe eine Länge von etwa 20 cm erreicht haben, sollte begonnen werden, da zu diesem Zeitpunkt die Vergeudung von nötigen Aufbaustoffe noch gering ist.

Zum Ausbrechen zählt auch das frühzeitige Entfernen von im Wachsen befindlichen Trauben bei einem zu starken Behang zugunsten der Qualitätsförderung der am Stock belassenen Trauben (Abschnitt 5.2).

6.1.2 Heften

Die Heftarbeiten folgen im Anschluss an das Ausbrechen. Hierbei werden die verbliebenen jungen Triebe an die Rebpfähle, Spalierlatten bzw. Drähte angebunden. Es ist darauf zu achten, möglichst alle Sommertriebe in senkrechte Stellung zu bringen, weil dadurch die Geizbildung und die damit verbundene Schwächung des Rebstockes weitgehend unterbunden werden kann. Daraus geht auch hervor, dass das Heften spätestens zu der Zeit vorgenommen werden muss, wenn diese Triebe infolge ihrer eigenen Schwere sich nicht mehr von selbst aufrecht halten können.

Beim Heften ist weiterhin zu beachten, dass möglichst sämtliche Blätter am Rebstock dem Sonnenlicht ausgesetzt bleiben, damit sie ihre wichtigen Aufgaben wie Atmung, Assimilation und Wasserabgabe verrichten können. Die

Sommertriebe müssen also locker stehen und Rebblätter dürfen keinesfalls mit eingebunden werden. Gleichzeitig kann bei einer günstigen Stellung des Blattwerks die Schädlingsbekämpfung intensiver und somit erfolgreicher sein.

Während der Rebblüte sind diese Arbeiten vorübergehend einzustellen, um die empfindlichen Gescheine nicht mechanisch zu beschädigen.

6.1.3 Entspitzen

Wenn die Sommertriebe eine gewisse Länge erreicht haben, wird das Entspitzen vorgenommen. Diese Arbeit soll dem Zweck dienen, der Rebpflanze überflüssiges Blattwerk zu nehmen, damit der Boden und die unteren Stockpartien nicht unnötigerweise beschattet werden. Damit hängt auch die Beeinflussung der Holzreife und nicht zuletzt auch der Traubenreife zusammen. Über den genauen Zeitpunkt des Entspitzens besteht unter den Weinbaupraktikern keine einheitliche Meinung. Nach eigenen Erfahrungen sollte das Entspitzen vorgenommen werden, sobald das Wachstum der Sommertriebe nachlässt und die Holzreife beginnt, was in Abhängigkeit von den Witterungsverhältnissen gegen Ende Juli bis Anfang September der Fall ist. Man erkennt das Nachlassen des Wachstums daran, dass die bisher gekrümmten Triebspitzen anfangen, sich zu strecken und die Sommertriebe am unteren Ende beginnen, braun zu werden. Zur gleichen Zeit zeigen auch die Weinbeeren die ersten Reifemerkmale, wie Weichwerden und Verfärben. Ein zu frühzeitiges Entspitzen regt die Geizbildung stark an, was gleichzeitig eine Schwächung der Rebpflanze bedeutet. Anderseits darf das Entspitzen nicht zu spät erfolgen, weil dadurch dem Boden und den unteren Stockteilen die notwendige Sonneneinwirkung fehlt. In welcher Höhe beim Entspitzen die Triebe zurückzuschneiden sind, hängt von der Erziehungsform ab. Je mehr Blätter oberhalb der letzten Traube zu stehen kommen, ohne dass dieselben den Boden beschatten, umso besser ist die Ausreifung von Trauben und Holz. Zumindest sollten zwei Blätter über der obersten Traube stehen bleiben; anzustreben sind jedoch fünf bis sechs Blätter. Dies ist verständlich, da vom Umfang des Blattwerkes allein das Ausmaß der Zucker- und Stärkebildung sowie der Synthese anderer wertbestimmender Inhaltsstoffe der Weinbeere abhängt.

6.1.4 Entgeizen

Das Entgeizen ist bei Junganlagen und Spalierreben dringend notwendig, um den Stockaufbau in der gewünschten Erziehungsform zu erreichen. Bei älteren Ertragsanlagen im Weinberg spielt es keine so große Rolle. Häufig ist es noch üblich, die Geiztriebe herauszureißen, wodurch aber die Augen, das sind die Knospen und Fruchtanlagen der Rebe (Abschnitt 2.1), erheblich geschädigt werden können. Es ist daher besser, die Geiztriebe nicht herauszureißen, sondern auf ein bis zwei Blatt einzukürzen. Diese Arbeit zieht sich über die gesamte Vegetationsperiode hin mit Höhepunkten im Juli und August.

Abschließend ist noch darauf hinzuweisen, dass das bei diesen Pflegearbeiten anfallende Abfalllaub möglichst weitgehend aus dem Rebgelände entfernt und kompostiert wird. Sollten dagegen die Triebspitzen und Blätter stark mit Pflanzenkrankheiten durchsetzt sein, ist das Verbrennen unbedingt erforderlich. Falsch ist es auf jeden Fall, das abfallende Blattwerk sowie abgetrennte Reste von Trieben unter den Weinreben liegen zu lassen, weil dadurch eine mögliche Verseuchung der Rebanlage mit allen möglichen Krankheitskeimen gefördert wird.

6.1.5 Entblätterung

Durch die Entnahme ausgesuchter Blätter von Weinstöcken, die bereits mindestens erbsengroße Weinbeeren tragen, kann deren Erntekapazität spürbar gebessert werden. Die Blattwand des Rebstockes wird hierdurch günstig aufgelockert, so dass die Rebpflanzen besser belüftet werden können, was Vorteile bezüglich Aroma, Farbe der Trauben und bei den roten Sorten noch des Gerbstoffgehaltes ergibt. Weiterhin werden die Schalen der Weinbeere widerstandsfähiger gegenüber mikrobiellen Einwirkungen, beispielsweise Grauschimmel, Mehltaupilzen und Essigbakterien (siehe Abschnitt 7.2.2). Aufgrund des besseren Gesundheitszustandes der Weintrauben kann der Lesetermin unabhängiger bestimmt und das Lesegut vorteilhafter verarbeitet werden (FOX und STEINBRENNER, 2010).

Die Entnahme der Rebblätter, die in gewerblichen Weinbaubetrieben bereits maschinell ausgeführt wird, sollte bis zum Beginn der Beerenreife erfolgen. Später sind nur noch solche Rebblätter zu entfernen, die durch ihren Schatten störend auf das Ausreifen benachbarter Weintrauben ungünstig einwirken.
Hierbei ist jedoch auch zu berücksichtigen, dass die Biosynthese der dann in die Weinbeeren inzulagernden qualitätsbestimmenden Inhaltsstoffe, insbesondere der Kohlenhydrate (siehe Abschnitt 2.2), in den Rebblättern erfolgt. Werden zu viele Rebblätter entfernt, kann es zu empfindlichen Störungen im Wachstum und dem Ausreifen der Weinbeeren kommen.

Deshalb wird dieses Verfahren vorerst nicht im Hobbyweinbau empfohlen. Der dennoch interessierte Hobbywinzer solllte erst durch vorsichtige kleinere

Versuche die für seine Rebanlage zutreffenden, günstigen Bedingungen schrittweise ergründen.

6.2 Bodenbearbeitung

Im Gegensatz zu dem im Gartenbau häufig üblichen Fruchtwechsel, der dem Boden über die meiste Zeit des Jahres eine schützende Vegetationsdecke sichert, wird der Gartenweinbau, abgesehen von Weinstöcken an Hausspalieren, überwiegend als Monokultur mit Rebstöcken auf Rabatten betrieben. Der dortige Boden ist unablässig verschiedenartigen zerstörerischen Einflüssen ausgesetzt, wie dem direkten Einwirken von Starkregen als auch der austrocknenden Wirkung von sengenden Sonnenstrahlen. Die Folge hiervon sind die Abnahme an wertvollen Bodenteilchen, Humuspartikeln und Nährstoffen. Durch Erosion sowie Dichtschlemmung und Verkrustung treten empfindliche Störungen des Mikrolebens im Boden auf. Das Betreten des Bodens zum Erledigen von Pflanzenschutz und Laubarbeiten sowie das Eigengewicht des Bodens selbst führen zwangsweise zu weiterer Verdichtung. Dessen Folge ist ein strukturell und biologisch gestörter Boden mit geminderten natürlichen Qualitätseigenschaften. Diesen ständig bestehenden Beeinträchtigungen muss mit einer ganzjährig andauernden Bodenpflege wirksam begegnet werden. So sollte die Rebanlage ständig frei von unerwünschtem Bewuchs gehalten und der Boden durch oberflächiges Hacken gelockert und somit durchlüftet werden. Dadurch werden Wachstum und Gedeihen der Weinstöcke gefördert. Welche Bodenbearbeitung als Pflegemaßnahme aktuell ist, bestimmen sowohl der Zustand und die Beschaffenheit des Bodens als auch dessen Besatz mit Beipflanzen (Unkräutern) und die Jahreszeit.

Nach der Traubenlese im Herbst wird noch vor Frosteintritt der Boden über dem Wurzelbereich der Rebstöcke etwa 10 bis 15 cm tief umgegraben und bleibt dann, vergleichbar mit dem Ackerbau, auf roher Furche liegen. So kann die Winterfeuchtigkeit tief in den Boden eindringen und die Grabschollen durchfrieren. Gleichzeitig wird hierbei unerwünschter Bewuchs umgegraben, damit er abstirbt und verrottet. Bei diesem Arbeitsgang werden je nach Notwendigkeit noch Nährhumus in Form von gut verrottetem Stalldünger bzw. Gartenkompost sowie Phosphatdünger (Abschnitt 6.3.) oberflächig eingebracht. In Junganlagen werden die erstjährigen Weinreben zusätzlich mit Erde angehäufelt. Im Frühjahr, sobald der Boden abgetrocknet ist, werden die angehäufelten Reben wieder abgeräumt und die Oberfläche des Bodens durch leichtes Hacken aufgelockert. Im Bedarfsfalle können bei diesen Lockerungsarbeiten weiterer Nährhumus und Mineraldünger in die Bodenoberfläche eingearbeitet werden. Die Beseitigung des Unterbewuchses und die Bodenlockerung sind bis zum Spätsommer falls erforderlich mehrfach zu wiederholen.

Die **Lockerung** des Bodens bewirkt dessen bessere Durchlüftung, eine Voraussetzung für den regulierten Lebensablauf im Boden. Gut durchlüfteter Boden erwärmt sich schneller, wodurch sich die Entwicklungsbedingungen für seine innewohnenden Mikroorganismen und Kleinlebewesen verbessern und die Nährstoffe den Rebwurzeln in besser aufnehmbarer Form vorliegen.

Im gut gelockerten Boden ist die Aufnahmefähigkeit für Niederschläge erhöht. Das Regenwasser sickert rasch in die tieferen Schichten zu den stärkeren Wurzeln, die dann bei Trockenperioden die oberen Pflanzenteile hinreichend mit Wasser versorgen können.

Neben der vorgenannten Durchlässigkeit für Wasser in Richtung der tieferen Bodenschichten gibt es noch eine umgekehrt gerichtete Bewegung. Durch sehr feine Hohlräume steigt das Wasser, durch kapillare Kräfte gefördert, auch aus tieferen Schichten bis an die Oberfläche, wo es dann verdunstet. Diese nach oben gerichtete Wasserbewegung ist in Trockenzeiten wichtig für die Rebpflanze, da so noch aus tieferen Bodenschichten Wasser an die Rebwurzeln herangeführt wird. Um jedoch das unerwünschte Verdunsten an der Erdoberfläche zu mindern, genügt schon ein bis drei Zentimeter tiefes Auflockern der Oberfläche. Dabei werden die kapillaren Austrittsöffnungen zerstört und die Verdunstung erheblich eingeschränkt.

Durch die so erreichte Durchlüftung und den erhöhten Wassergehalt im Boden wird die Bodenflora und -fauna belebt. Somit wird die Entwicklung des feinkrümeligen Zustandes im Boden, die Bodengare, begünstigt. Der Boden erhält eine für das Pflanzenwachstum günstige weiche, lockere Beschaffenheit.

Beipflanzen können auch durch gewissenhafte Anwendung spezieller chemischer Präparate, den **Herbiziden**, unter Kontrolle gebracht werden. Unselektiv wirkende Herbizide, beispielsweise Chlorate, die unter den Handelsnamen „Unkraut-Ex" und „Steinplattenreiniger" bekannt sind, sollten jedoch wegen der möglichen Schädigung der Rebpflanzen nicht eingesetzt werden. Bei dem neuen Typ von systemisch wirkenden sogenannten Unkrautmitteln auf Glyphosat-Basis, wird der Wirkstoff über das Blatt aufgenommen und durch den Pflanzenkörper bis in die Wurzel geleitet, wodurch die Pflanze abstirbt, während auf den Boden gelangter Wirkstoff sehr rasch völlig inaktiviert wird. Dieses Mittel darf allerdings nicht gespritzt oder gesprüht werden, da durch mögliches Abdriften während des Ausbringens das stark wirkende Herbizid auf grüne Teile des Rebstocks gelangen kann und erfahrungsgemäß diesen ebenfalls schädigt. Mit Erfolg kann jedoch eine nach der Herstellervorschrift zubereitete wässrige Lösung dieses Mittels mit Hilfe eines etwa 2 cm breiten, langstieligen Pinsels die Wildpflanzen vorsichtig benetzt werden. Trotzdem wird von der Anwendung solcher Mittel zur Unkrautbekämpfung im Weinbau abgeraten. Die mechanische Bekämpfung ist vorzuziehen, da sie im Garten auch vom Aufwand her vertretbar ist.

Durch das ständige Beseitigen des aufkommenden Pflanzenbewuchses ist der unbewachsene Boden um die Reben ständig der Einwirkung der Sonnenstrahlen ausgesetzt, was zu Verkrustungen, Humusabbau und weiteren abträglichen Veränderungen führen kann. Außerdem sind solche unbedeckten Böden bei starken Regengüssen vor Abschwemmungen nicht geschützt. Gegen diese Mängel sind für den erwerbsmäßigen Weinbau die nachstehenden arbeitzeit- und kostensparenden Pflegemaßnahmen der **Bodenbegrünung** entwickelt worden und in Weinbergen mit ausreichenden Niederschlägen in günstiger jahreszeitlicher Verteilung, Böden mit gutem Wasserhaltungsvermögen und hinreichend hoher Stockerziehung verbreitet in Anwendung gekommen.

Bei der einjährige Begrünung werden einjährige Pflanzen, wie Roggen, Wicke u.a., im Juli nahe der Rebstöcke ausgesät, kurz vor der Lese gemäht und der Mulch im Frühjahr untergegraben.

Zur mehrjährigen Begrünung werden Gräser- oder Kleegemische im Frühjahr oder Herbst ausgesät, nach dem Auflaufen während des Jahres drei- bis viermal gemäht, der Schnitt als Mulch liegen gelassen und nach maximal vier Jahren samt der Mulchreste eingegraben.

Bei der natürlichen Dauerbegrünung lässt man den in der Rebanlage wuchernden Grünpflanzenbestand bis zu 20 cm hoch wachsen und mäht diesen dann ab. Der Schnitt dient wieder zum Mulchen. Diese Arbeit ist vier- bis fünfmal im Jahr zu wiederholen. Nach spätestens fünf Jahren wird diese Dauerbegrünung umgebrochen.

Diese biologische Art der Bodenbedeckung schützt zwar den Boden vor Abschwemmung und Austrocknung, reichert diesen sogar mit gut verwertbaren Humusstoffen an. Nachteilig ist jedoch, dass diese Begrünungspflanzen den Weinreben verfügbares Wasser und Nährstoffe entziehen. Deswegen sind erhöhte Düngergaben erforderlich. In unmittelbarer Nähe der Rebpflanzen muss der Boden von der Begrünung freigehalten werden. Nachteilig ist die sich unmittelbar über der Bodenbegrünung ausbildende feuchte Lufthülle, welche die Übertragung von Pflanzenkrankheiten auf die Rebblätter begünstigt.

Für den Hobbyweinbau im kleineren Maßstab werden die zur Information dargestellten Begrünungsmöglichkeiten nicht empfohlen. Wegen der häufig nur verhältnismäßig geringen Fläche solcher Anlagen dürften Humusanreicherung sowie das hinreichende Feuchthalten des Bodens durch Einbringen von konventionellem organischen Dünger und Gießwasser einfacher zu erledigen sein.

Zur Bodenbedeckung können auch geschnittenes Stroh, Laub und andere Pflanzenabfälle mit Erfolg verwendet werden. Von Nachteil ist jedoch, dass sämtliche Bodenbedeckungen rasch von Kleinnagern und anderen die Rinde der Rebpflanzen schädigenden Kleinlebewesen besiedelt werden, deren Vernichtung bzw. Vertreibung wiederum arbeits- und kostenaufwendig ist.

Der Hobbyweinbauer sollte daher von solchen Bodenbedeckungen mit biologischem Material ebenfalls Abstand nehmen.

6.3 Düngung

Der Weinstock benötigt zum Aufbau seines pflanzlichen Körpers verschiedene Nährstoffe. Die wichtigsten hiervon enthalten die chemischen Elemente Kohlenstoff, Wasserstoff, Sauerstoff, Phosphor, Stickstoff, Kalium, Calcium, Magnesium und Schwefel, weiterhin in wesentlich geringeren Konzentrationen die sogenannten Spurenelemente Bor, Eisen, Mangan, Zink, Kupfer, Molybdän und Kobalt. Solche Nährstoffe werden entweder gasförmig über die Spaltöffnungen der Blätter, wie Kohlendioxid und Sauerstoff, oder in gelöster Form über die Wurzeln aufgenommen.

Die Verfügbarkeit sowie die Verwertung dieser für den Weinstock als Nährstoffe dienenden Elemente ist unterschiedlich:

Kohlenstoff (C) bildet den Hauptteil der organischen Pflanzenmasse. Dieser Nährstoff ist in Form von Kohlendioxid (CO_2) aus der Luft unbegrenzt verfügbar. Gasförmig gelangt er über die Spaltöffnungen in das Blattinnere und bildet dort zusammen mit Wasserstoff (H) und Sauerstoff (O) aus Wasser (H_2O) unter Einwirkung von Sonnenenergie das Assimilationsprodukt Glucose, den Ausgangsstoff für die Biosynthese höhermolekularer Pflanzeninhaltsstoffe (Abschnitt 2.2).

Stickstoff (N) wird überwiegend in Form von Nitraten, aber auch von Ammoniumsalzen, Harnstoff oder organisch gebundenem Stickstoff als Dünger gegeben. Er ist die Voraussetzung für den Aufbau pflanzlicher Eiweißstoffe.

Phosphor (P) wird vorrangig in Form von löslichen Salzen der Phosphorsäure, aber auch in organischer Bindung (Hornspäne, Blutmehl) oder als Calciumsilizium-Phosphat-Doppelsalz (Thomasmehl) verabreicht. Er dient zur Förderung des pflanzlichen Stoffwechsels sowie zur Begünstigung des Fruchtansatzes und der Holzreife.

Kalium (K) ist ein sehr wichtiges Element für das Rebenwachstum und den Fruchtansatz sowie zur Regulierung des Wasserhaushalts der Rebe. Die leicht resorbierbaren Kalidünger bestehen hauptsächlich aus chloridarmem Kaliumsulfat.

Calcium (Ca), in Form von kohlensauerem Kalk ($CaCO_3$) gegeben, verbessert die Bodenstruktur und somit die Bodenfruchtbarkeit. Weiterhin reguliert es den Säurestoffwechsel in der Rebpflanze und ist ein vielseitiger Baustein im Zellwandaufbau. Alkalisch reagierende Calciumverbindungen, wie Calciumoxid (CaO) und gelöschter Kalk ($Ca(OH)_2$) werden zur Verbesserung von zu sauren Böden, d.h. zur Regulierung der Bodenazidität auf pH 6,0-7,0 verwendet. In Löß- und Tonböden liegt Calcium häufig hinreichend vor, so dass sich eine solche Düngung erübrigt.

Magnesium (Mg) ist als Bestandteil des Blattgrüns bedeutsam für den Ablauf der Assimilation. Weiterhin wirkt es als Regulator im pflanzlichen Kalium- und Phosphatstoffwechsel. Magnesium ist in Form seines Oxides bestimmten Kali- und Kalkdüngemitteln beigemischt.

Schwefel (S) ist am Aufbau der für den Weinstock erforderlichen Eiweißverbindungen beteiligt. Er ist in verschiedenen Mischdüngemitteln als Nebenbestandteil enthalten, wodurch eine spezielle Schwefeldüngung nicht notwendig ist.

Bor (B), **Eisen** (Fe), **Mangan** (Mn), **Zink** (Zn), **Kupfer** (Cu), **Molybdän** (Mo) und **Kobalt** (Co) sind **Spurenelemente**. Sie wirken als Aktivatoren von Enzymen und regulieren so Wachstumsvorgänge und den Fruchtansatz. In bestimmten mineralischen Mischdüngemitteln und in organischen Naturdüngern sind sie mit enthalten und werden gemeinsam mit diesen ausgebracht.

Die durch die Pflegemaßnahmen und die Ernte bedingte Nährstoffabfuhr aus dem Boden ist im Vergleich zu anderen landwirtschaftlichen Nutzpflanzen gering, da eigentlich nur die Weintrauben entnommen und anderweitig verwertet werden, während die Blätter und insbesondere das Rebholz, das bemerkenswerte Mengen von diesen Nährstoffelementen gespeichert hat, nach der Kompostierung wieder in die Anlage zurückgeführt werden. Der Regen bewirkt hauptsächlich auf leichten Böden eine unvermeidliche Auswaschung von Kalium und Magnesium. In stärker kalkhaltigen Böden wird abhängig von der Azidität des Bodens, in alkalischer Richtung zunehmend, ein bestimmter Anteil des Phosphats in einer für die Pflanze nicht unmittelbar zugänglichen Form gebunden.

Es kann also aus der jährlich entnommenen Traubenmenge auch bei Berücksichtigung der übrigen vorstehenden Einflussfaktoren keine eindeutige Information über den Nährstoffentzug aus der Rebanlage und den tatsächlichen Gehalt an den verfügbaren notwendigen Nährstoffen im Boden erhalten werden. Der Bodenvorrat an den einzelnen Nährstoffelementen sowie deren quantitative Veränderungen im Verlaufe der Vegetationsperioden können aber durch periodische, d.h. in drei- bis vierjährigen Abständen erfolgende chemisch-analytische Bodenuntersuchungen ermittelt werden. Hierzu sind erfahrungsgemäß vom zu prüfenden Boden mindestens zehn Proben aus einer Tiefe von 0 bis 30 cm zu entnehmen. Nach dem Trocknen an der Luft sind die einzelnen Proben gut zu zerkleinern, die gröberen Bestandteile abzusieben und innig zur eigentlichen Messprobe zu vermischen. Test-Sets zur selbstständigen Bodenuntersuchung durch den Hobbygärtner werden von verschiedenen Pflanzenschutzmittel- und Gartenartikelfirmen angeboten (siehe Anhang). Mittels derartiger einfacher Untersuchungsmöglichkeiten können nutzbare Informationen über den Nährstoffzustand des Bodens erhalten werden. Noch exaktere und umfassendere Bodenuntersuchungen mit zusätzlichen Düngeempfehlungen führen die Landwirtschaftlichen Untersuchungsämter durch. Der Hobbyweinbauer kann sich an die zuständige Amtsstelle des Gebietes wenden. Anhand solcher Befunde kann das Ausmaß der zukünftigen Düngung als harmonische Nährstoffversorgung der Reben am Bedarf der Pflanzen und der Nährstoffverfügbarkeit im Boden bemessen werden.

Wichtig ist, dass auch eine Überdüngung schädlich ist. Eine genaue Bodenuntersuchung kann dies ausschließen.

Basierend auf langjährigen Erfahrungen empfiehlt die Staatliche Lehr- und Versuchsanstalt für Wein- und Obstbau Weinsberg, in den verschiedenen Typen von Weinbergsböden folgende Gehalte an den wichtigsten Nährstoffen in 100 g Boden anzustreben:

P_2O_5:	15 – 28 mg	alle Bodentypen
K_2O:	15 – 34 mg	leichte bis mittlere Böden
	18 – 37 mg	schwere Böden
Mg:	13 – 25 mg	alle Bodentypen
B:	0,06 – 0,1 mg	alle Bodentypen

Sind die vorgenannten Nährstoffgehalte im Boden vorhanden, genügt eine jährliche Erhaltungsdüngung in der nachfolgend angegebenen Höhe:

P_2O_5: 1,5 – 3,0 g/qm
K_2O: 5,0 – 9,0 g/qm
MgO: 2,0 – 4,0 g/qm
B: 0,02 g/qm
N: 6,0 – 8,0 g/qm.

Bei der Stickstoffdüngung ist eine genaue Bedarfsermittlung ohne chemisch-analytische Bodenuntersuchung schwierig, da die Stickstoffnachlieferung des Bodens mit zu berücksichtigen ist, die wiederum vom Humus- und Gesamtstickstoffgehalt des Bodens, der Aktivität des Bodenlebens, der Witterung und der Bodenpflege abhängig ist. Die obigen Angaben sollten für die Erhaltungsdüngung keinesfalls überschritten werden. Eine Stickstoffüberdüngung führt zu übermäßigem Triebwachstum, höherer Krankheitsanfälligkeit und verminderter Holzreife. Zu beachten ist weiterhin, dass die Hauptmenge des Stickstoffdüngers bereits im zeitigen Frühjahr zu geben ist. Organische Naturdünger, wie gut verrotteter Stallmist sollten bereits im Spätherbst oberflächig untergehackt werden.

Bei Verwendung von Phosphat-, Kalium- und Magnesiumdüngern werden geringfügige Überdüngungen (bis zu 20% über dem Richtwert) noch ohne erkennbare Schädigungen von der Weinrebe ertragen. Trotzdem sollte auch hier auf eine möglichst genaue Bemessung der Düngermenge geachtet werden, da noch stärkere Überdüngungen ebenfalls Schädigungen im Wurzelwachstum sowie im Fruchtansatz hervorrufen können.

Calcium wird als Nährelement von der Weinrebe nur in einem verhältnismäßig geringen Maße benötigt. Seine Hauptwirkung ist in der Verbesserung der Bodenstruktur zu sehen. Als Folge der Gabe von calciumhaltigen Düngemitteln darf die Bodenazidität, d.h. der pH-Wert, nicht über den Neutralpunkt in alkalische Bereiche verschoben werden. Es ist daher sicherer, nur solche kalkhaltigen Mischdüngemittel zu verwenden, in denen dieses Element nicht in Form von Branntkalk (CaO) oder gelöschtem Kalk ($Ca(OH)_2$), sondern als kohlensaurer Kalk ($CaCO_3$) vorliegt.

Der Humusanreicherung im Boden und somit der Verbesserung der Bodenstruktur dienen gelegentliche Gaben von Naturdüngern, wie gut verrotteter Kompost oder Stallmist. Für den Hobbywinzer ist es vorteilhaft, zur Ergänzung der mineralischen Nährelemente bevorzugt mehrere, bedarfsgerecht dosierte Inhaltsstoffe enthaltende Mischdüngemittel zu verwenden, da so der Bedarf an den benötigten Spurenelementen mit abgesichert wird.

Die Tabelle 4 (S. 83) enthält Angaben über die für den Hobbyweinbau geeigneten Düngemittel, mit deren Hilfe die jeweils erforderlichen Düngergaben selbst errechnet werden können. Hierzu kann man folgende Rechenformel benutzen:

$$\frac{100}{\% \text{ des Nährelementes im Düngemittel}} = \text{Zwischenwert}$$

$$\text{Zwischenwert} \times \text{angestrebter Richtwert} = \text{g Düngemittel/qm.}$$

Bei der Ermittlung des Düngemittelbedarfs sind auch die vom Weinstock sich ausbreitenden Wurzeln mit zu berücksichtigen. Nicht nur die in unmittelbarer Nähe des Weinstocks befindliche Bodenfläche ist zu düngen, sondern es ist auch die in dessen Umkreis befindliche Fläche mit in die Düngung einzubeziehen. Bei Rabattenanpflanzungen betrifft dies die umgrenzende Fläche bis zu 3 m Breite. Bei Weinstöcken, die an Hauswänden oder Mauern stehen, ist die entsprechende Teilkreisfläche zu düngen. Ist diese Fläche teilweise zugepflastert, kann die benötigte Düngermenge portioniert in durch die Pflasterdecke geschlagene, etwa 20 cm tiefe Löcher, die rasterartig im Format 50 × 50 cm verteilt sind, eingefüllt und durch Nachgießen von Wasser zur besseren Verteilung gelöst werden. Wasserunlösliche Dünger eignen sich allerdings nicht für dieses Verfahren.

Die **Blattdüngung** kann als Ergänzung zur vorstehend beschriebenen Bodendüngung zur Behebung von durch Nährstoffmangel bedingte phytopathologische Erscheinungen, wie Mangel an Magnesium, Eisen oder Stickstoff, mit Erfolg eingesetzt werden. Hierzu können die benötigten Nährelemente in wässriger Lösung auf die Blätter gespritzt oder gesprüht werden. Sie werden über einen noch nicht völlig aufgeklärten Mechanismus über die Blattaußenseite aufgenommen und in den pflanzlichen Stoffwechsel eingefügt. Diese Arbeitsweise verlangt allerdings umfassende Erfahrungen, um Verbrennungen an den Rebblättern zu vermeiden. Die vom Hersteller gegebenen Hinweise für den Anwender sind unbedingt zu beachten.

Die Düngemittel werden im Garten- und Landhandel sowie in Gartenbaumärkten angeboten (s. Anhang).

Tabelle 4: Mineralische und organische Düngemittel für den Hobbyweinbau (Mengenangaben in %)

Düngemittel	Gesamt-N	P_2O_5	K_2O	CaO	MgO	S	Spurenelemente	Zeitpunkt	Düngergabe (Richtwerte)
Blaudünger 12+12+17+2	12,0	12,0	17,0	—	2,0	—	vorhanden	Frühjahr Herbst	30-45 g/m² 20-30 g/m²
Blaudünger 8+8+8+12	8,0	8,0	8,0	—	—	12,0	—	Frühjahr	70-90g/m²
Thomasmehl	—	21,0	—	40,0	6,0	—	vorhanden	Herbst	300 g/m² (Vorratsdüngung)
Thomaskali	—	15,0	15,0	—	6,0	—	—	Herbst	60 g/m²
Patentkali	—	—	30,0	—	10,0	17,0	—	Frühjahr	30 g/m²
Ammoniumsulfat	10,6	—	—	—	—	24,2	—	Frühjahr	60-70 g/m²
Kalkammonsalpeter 27+4	27,0	—	—	40,0	4,0	—	—	Frühjahr	50 g/m²
Kalkstickstoff	19,8	—	—	50,0	—	—	—	Frühjahr	50 g/m²
Dolomit–Düngekalk	—	—	—	50,0*	40,0*	—	vorhanden	Herbst	bei Sand 100 g/m² bei Ton 150 g/m²
Kohlensaurer Magnesiumkalk 95	—	—	—	70,0*	25,0*	—	vorhanden	Herbst	100 g/m²
Organischer Stickstoffdünger 14 (Hornspäne)	14,0	2,0	1,0	2,0	—	1,0	vorhanden	Frühjahr	50-70 g/m²
Rinderdung 80% organische Substanz	3,0	3,0	2,0	—	—	—	vorhanden	Herbst	0,5-1,0 l/m² (Vorratsdüngung)

*) Carbonat

7 Pflanzenschutz

Der normale Verlauf der Lebensprozesse der Weinrebe ist ständig schädlichen Einflüssen ausgesetzt. Diese Störungen können physikalischer Natur sein, wie Schäden durch Hagel, Wind, Trockenheit und Temperatur, oder sie werden durch nicht angepasste Versorgung mit Nährstoffen bzw. parasitisch lebende Organismen, vor allem durch Pilze und Insekten, hervorgerufen.

Es ist die Aufgabe des Hobbywinzers, geeignete Vorkehrungen zu treffen, dass derartige Beeinträchtigungen von den Weinreben möglichst fern gehalten werden. Hierbei sind die Lebensgrundlagen Wasser, Boden und Luft nach bestem Wissen nur vertretbar wenig zu belasten. Unter Berücksichtigung der nicht zu vernachlässigenden Kostenfrage ist bei der Durchführung von notwendigen Pflanzenschutzmaßnahmen und bei der Wahl der hierfür benötigten Erzeugnisse stets deren aktueller Entwicklungsstand mit einzubeziehen, um so weitgehend umweltschonend tätig sein zu können.

Wichtig ist hier auch die Problematik der Rückstände von Pflanzenschutzmitteln und der Trennung von Kelter- und Tafeltrauben. Gerade für die im Hobbyweinbau so gut geeigneten Tafeltrauben sind nicht alle für Keltertrauben zugelassenen Mittel einsetzbar; denn die Tafeltraube dient hauptsächlich dem direkten Verzehr. Die Herstellerfirmen informieren daher über die Zulässigkeit ihrer Pflanzenschutzmittel auch für die Kultur von Tafeltraubensorten.

In den folgenden Abschnitten kann nur auf die am häufigsten auftretenden Schädigungen der Weinreben und deren Verursacher eingegangen werden. Zur Klärung weiterer diesbezüglicher Fragen wird an die zuständigen Pflanzenschutzämter und deren örtliche Außenstellen verwiesen.

7.1 Nichtparasitäre Krankheiten

Unter dieser Begriffsgruppe sind solche Schädigungen der Reben zu verstehen, die nicht durch parasitär lebende Organismen, sondern durch verschiedenartige Umwelteinflüsse oder Mangelerscheinungen hervorgerufen werden.

Durch **Frosteinwirkungen** können Rebanlagen erheblich geschädigt werden. In einem erfrorenen einjährigen Rebtrieb ist das Diaphragma dunkelbraun verfärbt (Abb. 7.1), was nach einem Längsschnitt durch einen solchen Triebteil leicht zu erkennen ist. Solche frostgeschädigten Teile des Weinstocks müssen abgeschnitten werden, wobei die noch bestehenden Möglichkeiten für dessen Wiederaufbau berücksichtigt werden sollten (Abschnitt 5.2). Da die einzelnen Rebsorten unterschiedlich frostwiderstandsfähig sind, lohnt es

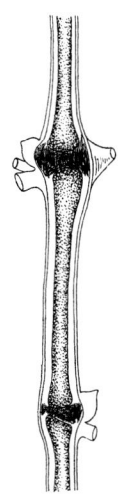

sich, diese Eigenschaft bei der Sortenauswahl für die Anlage neuer Rebpflanzungen unbedingt zu berücksichtigen (Tabelle 1-3).

Keine Überdüngung mit Stickstoff und gute Bodenpflege können die Holzausreifung verbessern und somit die Frostwiderstandsfähigkeit erhöhen. In Junganlagen wird durch Anhäufeln der Reben mit lockerer Erde oder Bedeckung mit Stroh u.ä. einer Frostschädigung sicher vorgebeugt. Gegen Spätfröste im Frühjahr bietet das Einnebeln der Anlage durch Abbrennen von Holzfeuer oder Nebelpatronen bzw. das Beregnen mit Wasser in den frühen Morgenstunden einen wirksamen Schutz. Der Rauch wirkt wie eine schützende Wolkendecke. Das beim Beregnen auf die Reben gelangende Wasser gefriert und gibt hierbei seine Erstarrungswärme an die Pflanze ab. Solange das Wasser gefriert, kühlen die grünen Rebteile nicht unter -0,5°C ab.

Abb. 7.1: Längsschnitt durch einen frostgeschädigten Rebtrieb mit veränderten Diaphragmen.

Durch **Hagelschlag** können in einer Rebanlage erhebliche, anhaltende Schädigungen entstehen, weil das hagelgeschädigte Rebholz oft noch im Folgejahr Mängel im Austreiben zeigt. Ein wirksamer Schutz vor Hagelschäden ist leider noch nicht bekannt. Um möglichen weiteren Verlusten durch das Wachstum von Schadpilzen auf den verletzten Blättern zu vorzubeugen, empfiehlt sich eine Spritzung mit einem Fungizid-Mittel (Abschnitt 7.2.2).

Bei **Chlorose** der Weinreben (Farbtafel 1) liegt ein krankhafter Mangel an Chlorophyll vor. Die Blattflächen zwischen den Nerven verlieren mehr oder weniger flächig das Blattgrün und verfärben sich gelb, während die Blattnerven eine intensiv dunkelgrüne Färbung aufweisen. Ursache für diese mit einer Wachstumsdepression der Weinrebe einschließlich der Traubenentwicklung verbundene Schädigung ist die nicht hinreichende Verfügbarkeit an Eisen, wodurch die Biosynthese des für die Assimilation notwendigen Chlorophylls gehemmt wird (Abschnitt 2.2). Entweder, allerdings nur selten, ist der Nährstoff Eisen nicht in genügender Menge im Boden vorhanden oder das Eisen ist in den häufigsten Fällen, besonders in schwach alkalischen Böden (>pH 7,2), an überschüssigen löslichen Kalk gebunden und so über die Wurzel für die Pflanze nicht verfügbar. Verstärkt wird das Auftreten dieser nichtparasitären Krankheit, auch **Kalkchlorose** oder **Eisenmangelchlorose** genannt, durch Staunässe und nur schlechte Durchlüftung des Bodens.

Vorbeugend gegen solche chlorotischen Erscheinungen wirken eine ordnungsgemäße Bodenpflege durch periodisches Lockern (Abschnitt 6.2) und bei schwach alkalischen Böden das Ausbringen eines physiologisch sauren Mineraldüngers, beispielsweise Ammoniumsulfat (Tabelle 4). Beim rechtzeitigen Erkennen der chlorotischen Verfärbungen können diese durch eine Blattdüngung mit einem Eisen in komplexer organischer Bindung enthaltenden Präparat Ferramin (s. Anhang) wieder zurückgedrängt werden. Keinesfalls dürfen hierzu wässrige Lösungen von Eisensulfaten oder Eisentrichlorid verwendet werden, da diese Verbrennungen an den Rebblättern verursachen.

Es gibt eine Reihe weiterer, auf Mangel an Makro- aber auch Mikronährstoffen beruhender nichtparasitärer Krankheiten. Diese sind vor allem an charakteristischen Veränderungen der Rebblätter erkennbar.

Stickstoffmangel (Farbtafel 2) bewirkt eine Störung der Blattentwicklung. Die Rebblätter bleiben verhältnismäßig klein und zeigen eine gelblichgrüne bis hellgrüne Farbe, während die jungen Triebe und die unteren Blattstiele sich rötlich färben. Das Rebwachstum und der Ertrag gehen stark zurück. Das Ausreifen des jungen Rebholzes verzögert sich. In einem solchen Falle ist die Zuführung eines organischen Stickstoffdüngers nötig (Tabelle 4).

Beim **Phosphormangel** (Farbtafel 3) erscheinen die Blätter zunächst tiefgrün, werden später vom Blattrand her braun und sterben schließlich ab. Beeinträchtigt werden weiterhin das Triebwachstum und die Holzreife. Abhilfe schafft die Verabreichung eines Phosphat-Düngers (Tabelle 4).

Kaliummangel (Farbtafel 4) ist bei jungen Rebblättern daran zu erkennen, dass diese ohne zu vergilben vom Rande her absterben. Ältere Blätter verfärben sich auf der Oberseite rotbraun und sterben ebenfalls vom Rande her ab. Zusätzlich kommt es zu weiteren physiologischen Störungen in der Pflanze, welche die Dürreresistenz und die Frostwiderstandfähigkeit der Weinstöcke herabsetzen sowie den Traubenertrag mindern. Es sind Gaben von Patentkali oder Thomaskali zur Korrektur dieses Nährstoffmangels notwendig (Tabelle 4).

Bei **Magnesiummangel** (Farbtafel 5) hellen sich die ausgewachsenen Blätter von weißen Traubensorten, beginnend mit den ältesten, zwischen den Hauptnerven auf. Bei roten Traubensorten färben sie sich die Blätter frühzeitig rot. Dagegen bleiben die an die Nerven angrenzenden Blattpartien noch längere Zeit grün. Die Blätter fallen vorzeitig ab, was abträgliche Wirkungen auf die Traubenreife und den Ertrag hat. Diese Mangelerscheinung tritt vorwiegend in sauren Böden (pH 4,5 bis 5,4) auf. Durch Düngung mit Patentkali (Tabelle 4) und Regulierung der Bodenazidität durch Kalkzufuhr lässt sich der Magnesiummangel beheben.

Calciummangel kommt ebenfalls nur auf verhältnismäßig sauren Böden vor. Die Blätter zeigen zunächst punktförmige Nekrosen (abgestorbene, braune Blattflecken) am Rande, die dann später zu einem breiten Saum zusammenfließen. Hierdurch werden die Assimilation und somit die Lebensvorgänge im Weinstock beeinträchtigt. Abhilfe schafft die Verabreichung eines Calcium und Phosphat enthaltenden Düngers, wie Thomasmehl (Tabelle 4).

Bormangel (Farbtafel 6) tritt nur selten in Erscheinung. Die Blätter zeigen eine mosaikartige gelbe Verfärbung und die Internodien bleiben kurz, wodurch der Wuchs zunehmend kümmerlicher wird. Da die Befruchtung ebenfalls beeinträchtigt wird, kommt es zum Verrieseln (Abschnitt 2.2) der angesetzten Weinbeeren. Bormangel tritt bei Kalküberschuss verstärkt auf. Der Bormangel kann durch Gaben von gleichmäßig verteiltem Borax (100 bis 150 g/m^2) gemindert werden.

Zinkmangel zeigt sich durch Kleinblättrigkeit und Veränderung der üblichen Blattgestalt. Die Blattfläche zwischen den Hauptnerven ist aufgehellt. Gefördert wird der Zinkmangel durch Phosphorüberdüngung. Die Trauben sind lockerbeerig und die Weinbeeren fallen leicht ab, was Ernteverluste verursacht. Diesen Auswirkungen kann durch eine bedarfsgerechte Phosphordünung und den Einsatz zinkhaltiger Mineraldünger begegnet werden.

Herbizidschädigungen treten leicht ein, wenn an oder in der unmittelbaren Nähe von Rebanlagen nicht ordnungsgemäß mit diesen Bekämpfungsmitteln umgegangen wird. Je nach chemischer Natur solcher Herbizide, ob sie auf Wuchsstoff-, Glyphosat-, Chlorat- oder einer anderen organisch-chemischen Basis beruhen, treten spezifische Schadbilder auf. Diese gehen von Bänderungen der Triebe, unkoordiniertem Blattwachstum bis zum Absterben der betroffenen Pflanzen. Wegen der nicht auszuschließenden Gefahr des Abdriftens sollten daher das Stäuben, Spritzen oder Sprühen mit Unkautbekämpfungsmitteln in der Nähe von Weinstöcken unterbleiben. Notwendige Maßnahmen zur Beseitigung von unerwünschtem Bewuchs sollten dort von Hand ausgeführt werden.

7.2 Parasitäre Krankheiten

Hierbei handelt es sich im weitesten Sinne um Störungen der normalen Funktion der Weinrebe als Organismus bzw. deren Organsysteme, die von sich ständig oder nur vorübergehend im oder am Weinstock aufhaltenden Organismen hervorgerufen werden und die sich von dessen Körpersubstanz oder Nährsäften ernähren.

7.2.1 Tierische Schädlinge

Die im Weinbau als Schädlinge vorkommenden tierischen Organismen sind außerordentlich zahlreich und mannigfaltig. Es kann daher hier nur auf die wichtigsten dieser Schadorganismen näher eingegangen werden.

Die **Reblaus** ist mit Abstand der bedeutendste Schadorganismus sowohl aus historischer Sicht als auch wegen ihrer vernichtenden Wirkung für die Rebbestände. Sie kann in verschiedenen Formen auftreten (Abb. 7.2). Die sogenannten Wurzelläuse saugen an jungen Wurzeln und verursachen dort gelbliche Anschwellungen, die Nodositäten. Beim Saugen an älteren Wurzelteilen werden die als Tuberositäten bezeichneten Wucherungen hervorgerufen. Gleichzeitig legt die Wurzellaus unbefruchtete Eier, aus denen wieder Wurzelläuse schlüpfen. Auf diese Weise entstehen fünf bis sechs Generationen von Wurzelläusen, die einen jährlichen unterirdischen Kreislauf nur an den Wurzeln bilden. Durch die Anschwellungen der befallenen Wurzeln, die später häufig in Fäulnis übergehen, können die verbildeten Wurzeln keine Nährstoffe mehr aufnehmen, wodurch schließlich der Weinstock abstirbt.

Ein weiterer, der oberirdische Kreislauf, beginnt mit den Nymphen. Diese kriechen im Hochsommer aus der Erde hervor, besiedeln vorrangig die oberirdischen Teile von sogenannten Amerikaner-Reben (Abschnitte 2.1, 4.2) und entwickeln sich zu geflügelten Reblausfliegen. Diese legen nur wenige, geschlechtlich differenzierte Eier ab, aus denen flügel- und rüssellose Männchen und Weibchen schlüpfen. Jedes Weibchen legt nach der Begattung nur ein Ei in Spalten oder Ritzen alter Weinstöcke ab. Im Frühjahr entschlüpft diesem Winter-Ei die Maigallenlaus oder Fundatrix. Diese Fundatrix bildet auf den untersten Blättern amerikanischer Wildrebensorten oder Hybriden – nicht aber auf den europäischen Kultursorten (!) – eine Maigalle. Deren Nachkommen leben in mehreren Generationen in Blattgallen. Vom Sommer ab entstehen in diesen Blattgallen neue Blattrebläuse, die sich an den Triebspitzen festsetzen und dort neue Gallen bilden. Es gibt auch blattgeborene Wurzelläuse, die an die Rebwurzeln wandern.

Der Blattkreislauf der Reblaus wird in jedem Jahr durch das Ende der Vegetationsperiode abgebrochen, während der Wurzelkreislauf sich in die nächste Vegetationsperiode fortsetzt. Da die Fundatrix die Reben europäischer Kultursorten nicht befällt, sind in reinen Beständen mit Europäerkulturreben nur in seltenen Fällen Blattrebläuse nachweisbar. Die Infektionswege sind zumeist unbekannt. Dagegen können die amerikanischen Wildreben und Hybriden über die Maigallenlaus sehr stark von Blattrebläusen befallen sein und so einer Ausbreitung der Reblaus Vorschub leisten.

Die Gefahr einer erneuten Verbreitung der Reblaus in den Rebanlagen konnte weitgehend durch die ausschließliche Pflanzung von Pfropfreben (Abschnitt 4.2) auf Grund der vorgeschriebenen Reblausgesetzgebung gebannt werden.

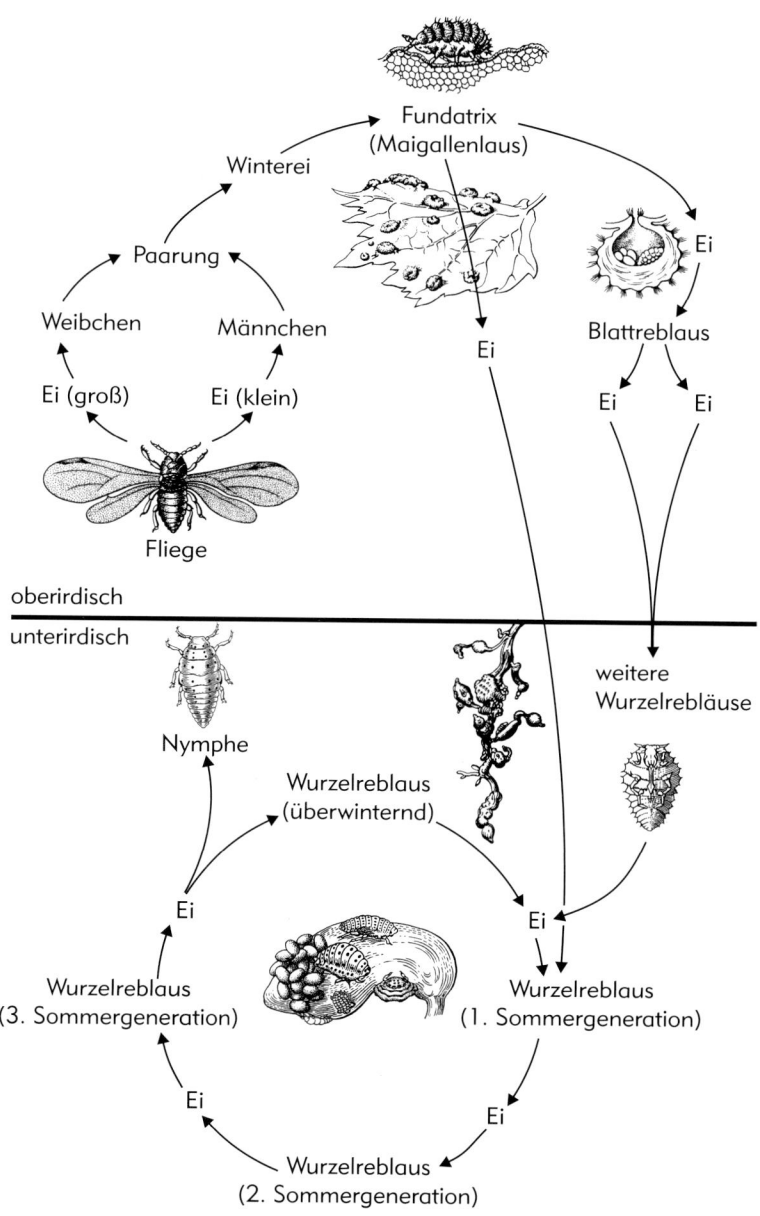

Abb. 7.2: Entwicklungszyklus der Reblaus (Dactylosphaera vitifolii).

Trotz des Reblausgesetzes in der letzten Fassung vom 13. Dezember 2007, welches Meldepflicht eines Reblausbefalls, die Bekämpfung und den Verkehr mit Reben-Pflanzgut festschreibt sowie die einzelnen Bundesländern befugt, weitere Regelungen zur Bekämpfung der Reblaus zu treffen, bestehrt auch weiterhin diese Gefahr. So berichtet Neumann, (2010) über neu entdeckte Reblausvorkommen in schwachwüchsigen württembergischen Rebanlagen.

Der **Traubenwickler**, auch **Heu**- bzw. **Sauerwurm** genannt, ist im mitteleuropäischen Wein bei epidemischem Auftreten einer der schlimmsten Ertragsschädlinge. Den eigentlichen Schaden verursachen die Larven des Einbindigen und des Bekreuzten Traubenwicklers (Abb. 7.3). Es handelt sich hierbei um zwei Schmetterlingsarten, die sich biologisch sehr ähnlich verhalten, aber zu zwei verschiedenen Gattungen gehören. Zur Zeit der Heuernte fressen die 10 bis 12 mm langen Raupen an den Knospen der Gescheine und verspinnen diese miteinander. Nach der Verpuppung tritt gegen Ende Juli die zweite und später eventuell noch eine dritte Generation solcher etwa 12 mm langen Schmetterlinge auf, deren Raupen die reifenden Weinbeeren anfressen. So ermöglichen

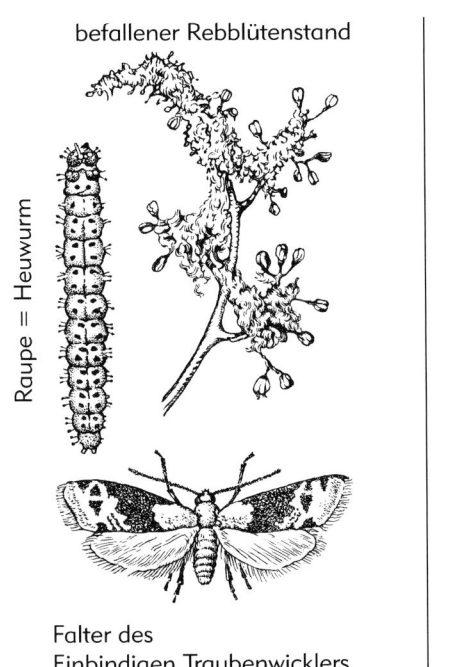
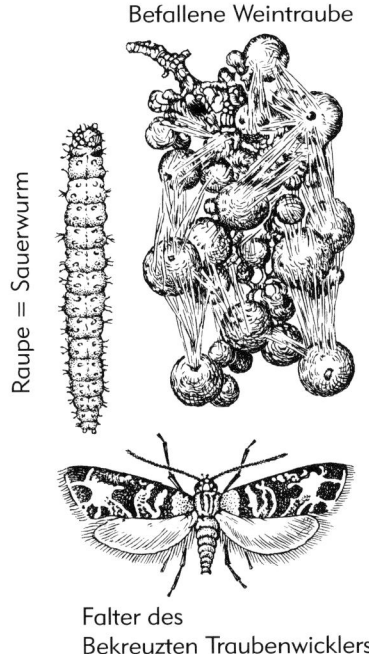

Abb. 7.3: Entwicklungsstadien des Einbindigen Traubenwicklers (Cysia ambiguella) und des Bekreuzten Traubenwicklers (Polychrosis botrana).

sie die Ansiedlung des Grauschimmels *Botrytis cinerea* (Abschnitt 7.2.2), der dann die gefürchtete Sauerfäule verursacht, was zum totalen Ernteausfall führen kann. Die Bekämpfung dieser Schädlinge ist schwierig. Bei gründlichem Beobachten der Weinstöcke zur Zeit der Heuernte kann es gelingen, die ersten, oft in nur geringer Anzahl auftretenden Raupen mit einer Nadel manuell anzustechen und zu vernichten. Bei starkem Befall muss ein für den Obst- und Weinbau zugelassenes Insektizid (s. Anhang) eingesetzt werden.
Neuerdings verspricht der Einsatz von artspezifischen, biotechnisch hergestellten weiblichen Sexuallockstoffen (Pheromonen) der Falter als effektives Bekämpfungsverfahren bedeutsam zu werden (SCHIRA, 2006). Die mittels Dispensern in der Rebanlage vernebelten Pheromone verwirren anfliegende männliche Falter. Somit kommt es nicht zur Begattung, so dass der Nachwuchs ausbleibt.

Die **Pockenmilbe** und die **Kräuselmilbe** (Farbtafel 7) leben auf der Unterseite der Rebblätter. Sie verursachen durch ihre Saugtätigkeit pockenartige Erhebungen auf der Blattoberseite bzw. starke Verkräuselungen der Blätter. Die winzigen, nur 0,15 mm großen, unbeweglichen Milben überwintern als ausgewachsene Tiere unter den Knospenschuppen. Sie erscheinen im Frühjahr auf Knospen und Jungtrieben (Kräuselmilben) oder auf den ersten sich entfaltenden Blättern (Pockenmilben). Sie können so das Blattwachstum und die Entwicklung der jungen Rebtriebe empfindlich stören. Die Behandlung mit Netzschwefel oder gegen *Oidium* wirkenden Fungiziden ist zur Zeit des Aufbrechens der Rebknospen (Wollstadium) besonders effektiv (KAST u.a., 2006).

Wespen sind an reifen Trauben schädigende Schmarotzer. Sie nagen die Beerenhaut an, so dass dort schädigende Pilze und Bakterien Einlass finden. Für den Hobbywinzer empfiehlt es sich, die Trauben mit Stoffgazesäckchen passender Größe einzuhüllen oder mit Zuckerlösung angefüllte, farbige Rotweinflaschen als Wespenfallen in Weinstocknähe aufzustellen.

Der **Asiatische Marienkäfer**. Dieser ursprünglich aus Asien als Nützling importierte asiatische Marienkäfer *Harmonia axyridis* sollte eigentlich in Gewächshäusern den Milbenbefall an gärtnerischen Kulturen auf biologischem Wege vermindern. Dieser Käfer hat sich allerdings in den letzten Jahren unkontrolliert in der Natur verbreitet und ist so zu einem bedeutsamen Schädling u.a. für die Weinbereitung und somit für den Weinbau überhaupt geworden.
Dieser 6-8 mm lange und 5-6 mm breite Käfer hat kräftig rotbraune bis hellrote Flügeldecken, auf denen 17-19 schwarze runde Punktflecken symmetrisch angeordnet sind. Abgesehen von der Körpergröße und der Anzahl der Punkte ähnelt er dem Aussehen der in Europa heimischen Arten von Marienkäfern der Gattung *Coccinella*.

Das weibliche Tier des entwickelnde Käfers legt die Eier reihenförmig an der Blattunterseite verschiedener grüner Pflanzen, einschließlich der Weinreben, ab. Die Larven als auch die heranwachsenden Käfer sind jedoch keine direkten Schädlinge des Weinstocks. Dazu wird dieser, sich auch an Weintrauben aufhaltende Käfer erst, wenn er bei der Traubenlese mit ins Erntegut gelangt. Sobald die Trauben entrappt und anschließend gemahlen werden (siehe Abschnitt 9.1), stößt der sich bedroht fühlende Käfer das übelriechende und ranzig schmeckende Sekret Isopropyl-3-methoxypyrazin aus. Bereits 3-5 der Käfer können 100 Liter Traubenmaische unrettbar verderben.

Zum Fernhalten dieses Insekts ist der unmittelbar Einsatz von Insektiziden wegen des umgehenden Abpressens der Weinmaische ungeeignet. Nach den gegenwärtigen Erkenntnissen hilft vorerst nur das manuelle Kontollieren und Auslesen der Weinbeeren. Aussichtsreich ist aber, die Entwicklung von Nachfolgegenerationen in der Rebanlage durch Einsatz von Insektiziden zu stören (HOFMANN, 2008).

Schwarzdrosseln (Amseln) und **Stare** sind gefürchtete Traubendiebe. Deren Vertreiben mit Hilfe blinkender Gegenstände, Klappern, Schreckschüssen u.ä. ist erfahrungsgemäß nur sehr kurzzeitig wirksam. Einen sicheren Schutz bildet die ganzflächige Umhüllung des Weinstockes bzw. der Rebanlage mit einem Kunststoffnetz der Maschengröße 10-25 mm. Dieses Schutznetz darf jedoch den Rebblättern nicht aufliegen und muss dicht mit der Bodenoberkante abschließen, um so ein mögliches Eindringen der Vögel unter das Netz auszuschließen (Farbtafel 8).

Rehe, **Hasen** und **Kaninchen** können bei verstärktem Auftreten hauptsächlich in mit Jungreben bepflanzten Anlagen beträchtlichen Schaden anrichten, indem sie die Knospen und Jungtriebe abfressen. Zur Abwehr sind die Reben mit einem etwa 100 cm hohen Drahtgeflecht zu umgeben, das über 15 cm Tiefe in den Boden eingelassen ist.

7.2.2 Mikrobielle Schädlinge

Innerhalb dieser Gruppe von Rebschädlingen erfordern vorrangig die durch Pilze verursachten Pflanzenkrankheiten die Aufmerksamkeit des Hobbywinzers. Daneben gibt es noch weitere von Bakterien sowie Viren hervorgerufene Rebkrankheiten. Diese haben jedoch hauptsächlich für den großflächigen Weinanbau Bedeutung.

Der **Falsche Mehltau**, auch **Peronospora** oder **Blattfallkrankheit** (Farbtafeln 9/10/11) genannt, ist eine der gefährlichsten Pilzkrankheiten im Wein-

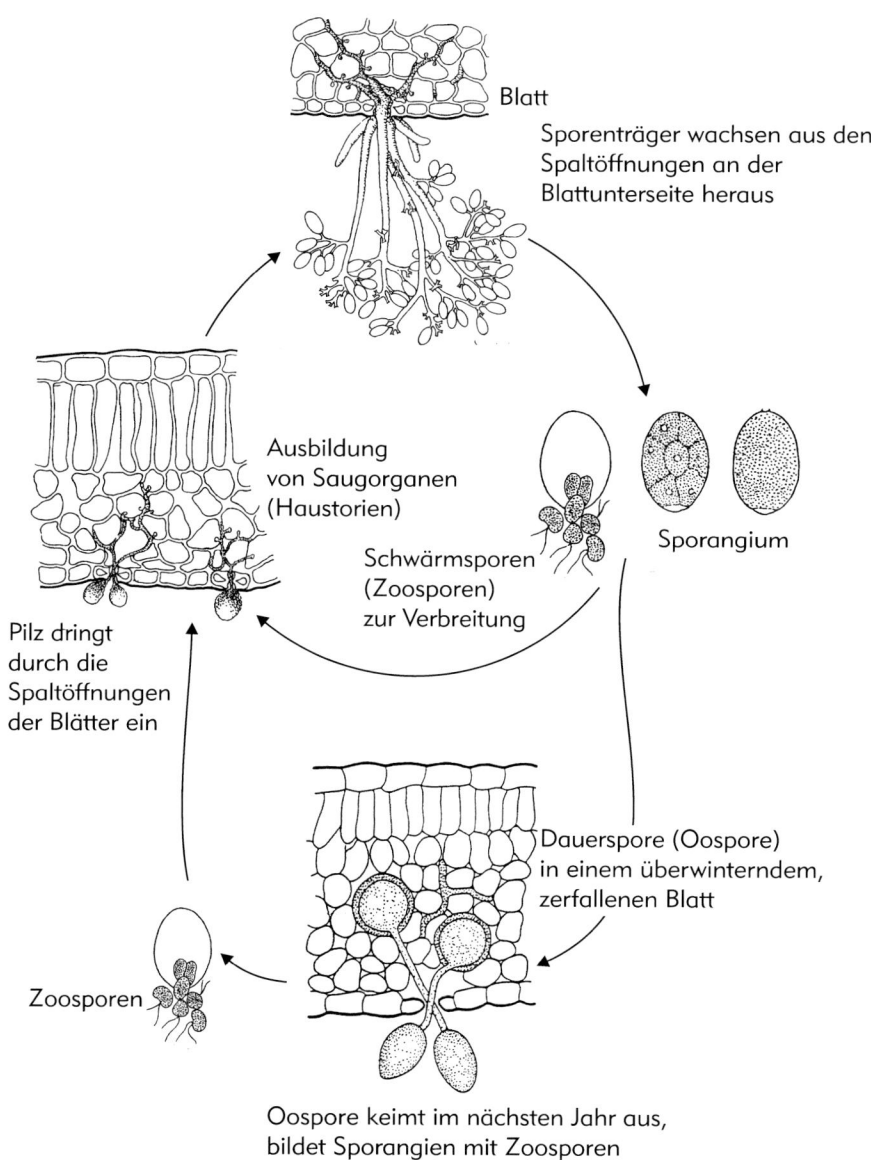

Abb. 7.4: *Entwicklungszyklus beim Falschen Mehltau der Rebe (*Plasmopara viticola *oder* Peronospora viticola*)*.

bau. Ursache dieser Krankheit ist der zu den Phycomyceten gehörende Pilz *Plasmopara viticola*, der in der phytopathologischen Literatur häufig unter der Bezeichnung *Peronospora viticola* geführt wird.

Zu Beginn dieser Pilzkrankheit entwickeln sich aus in überwintertem Reblaub befindlichen Wintersporen bei feuchtwarmem Wetter in Frühjahr und Frühsommer Sporangien (Sporenträger). Durch Spritzwasser gelangen diese Sporangien auf die Unterseite von bodennahen Rebblättern und entlassen dort mikroskopisch kleine Schwärmsporen. Jede hiervon entwickelt einen Keimschlauch, der durch die Spaltöffnungen in das Innere des Blattes eindringt (Abb. 7.4). Durch unverletzte Oberhautzellen vermag der Erreger normalerweise nicht einzudringen. Der Pilz breitet sich nun im Blattinneren aus und entsendet Saugorgane (Haustorien) in die Blattzellen, was auf den Blättern als sogenannte Ölflecke sichtbar wird. Bei feucht-warmem Wetter wachsen aus den Spaltöffnungen bäumchenartige, reich verzweigte Konidienträger heraus (Abb. 7.4), die an jedem Astende zitronenförmige Konidien (Sommersporen) abschnüren. Die Blattunterseite ist dann ganz oder stellenweise von einem weißen Rasen überzogen. Die aus den Sommerkonidien entlassenen, aktiv beweglichen Schwärmsporen rufen erneut Infektionen hervor. So kann sich der Pilz sehr wirksam ausbreiten. Stark befallene Blätter fallen ab und mindern so die Assimilationsleistung des Rebstocks. Auch die Gescheine und kleine Beeren werden besiedelt; letztere schrumpfen dann zu sogenannten Lederbeeren zusammen (Farbtafel 10). Solche Neuinfektionen können sich während einer Vegetationsperiode bis zu zehnmal wiederholen. Begünstigt wird der erneute, nur nachts erfolgende Ausbruch von Konidienträgern durch feuchte Witterung und Nachttemperaturen über 13°C. Im Herbst werden in den befallenen Blättern Dauersporen angelegt, die mit den Blättern zusammen abfallen und am Boden überwintern. Deshalb dürfen die abgefallenen Rebblätter nicht kompostiert werden; sie sind zu verbrennen.

Sämtliche europäische Kulturrebsorten der Art *Vitis vinifera* ssp. *sativa* sind, im Gegensatz zu mehreren amerikanischen Wildrebenarten, stark anfällig gegenüber dem Peronospora-Erreger. Wird keine Bekämpfung vorgenommen, kommt es zum Totalverlust der Ernte und häufig auch des befallenen Rebstockes. Als Bekämpfungsmittel verwendete man früher Kupfersulfat-Kalkbrühe, die allerdings bei kühler und feuchter Witterung Verbrennungen an Blättern und Trieben sowie eine Wachstumsdepression verursachen kann. Heute stehen hierfür gut wirksame und keine derartigen Schädigungen hervorrufende organische Fungizide und auch nur gering kupferhaltige auf Fettsäurebasis zur Verfügung, z.B. Cueva (s. Anhang). Letztere wirken wachstumsfördernd und erhöhen die Widerstandfähigkeit gegen Pilzkrankheiten an Weinreben. Die Spritzungen müssen so erfolgen, dass alle grünen Rebteile, vor allem aber die Blattunterseiten, gleichmäßig mit dem Fungizid benetzt werden. Alle Mittel wirken nur vorbeugend und müssen daher rechtzeitig angewendet werden. Je nach Befallslage, muss die Bekämpfung jährlich 8-10mal wiederholt werden.

Der **Echte Mehltau**, auch **Oidium** (Farbtafel 12/13) genannt, ist eine weitere schwerwiegende Krankheit an Weinreben. Der pilzliche Erreger *Uncinula necator,* auch als *Oidium tuckeri* bezeichnet, gehört zu den Schlauchpilzen (*Ascomycetes*). Bereits kurz nach dem Austrieb der Weinreben bemerkt man an Trieben und Blättern unter- und oberseits ein feines Geflecht von Pilzhyphen, das sich im Laufe des Sommers verstärkt und auch auf die jungen Beeren übergeht. Bei starkem Befall sehen die befallenen Stellen wie mit Mehl bestäubt aus.

Der Pilz lebt nur außen auf der Pflanze, senkt aber Saugorgane in die Oberhautzellen (Abb. 7.5), aus denen er seine Nahrung zieht. Die befallenen Pflanzenzellen sterben bald ab. Bei sehr starkem Auftreten vertrocknen die Blätter und fallen frühzeitig ab. Jung befallene Beeren stellen ihr Wachstum ein. Sind sie etwas größer, sterben auch hier die Oberhautzellen, und bei weiterem Wachstum platzt die Beerenhaut auf. Die Kerne werden sichtbar, das Schadbild wird als Kern- oder Samenbruch bezeichnet. Im Gegensatz zum Falschen Mehltau können die Beeren bis zum Beginn der Reife befallen werden.

Die Vermehrung und Ausbreitung des Pilzes geschieht durch Sporen, den Konidien, die an Konidienträgern aus dem Pilzgeflecht herauswachsen und durch den Wind abgelöst und so verbreitet werden. Die Überwinterung erfolgt entweder als Pilzgeflecht in oder an den Knospen oder als Hauptfruchtform (geschlechtlich entstandene Vermehrungseinheiten), den Kleistothezien. Diese finden sich im Herbst manchmal in Form von winzig kleinen (<0,05 mm) kugelförmigen schwarzen Gebilden hauptsächlich auf der Blattoberseite. Im Frühjahr platzen diese Kleistothezien auf und entlassen mehrere Asci (Sporenschläuche), die je 8 Ascosporen enthalten. Diese Ascosporen keimen vergleichbar mit den Konidien aus und führen zum Neubefall (s. S. 96).

Die Bekämpfung des Echten Mehltaus muss vor und nach der Blüte vorbeugend erfolgen, erfahrungsgemäß bereits nach dem Aufplatzen der Knospen im Fühjahr. Bewährt hat sich hierfür das älteste Pflanzenschutzmittel, der elementare Schwefel. Dieser wird heute in Form von sehr fein gemahlenem Netzschwefel im Handel angeboten. Das bereits zur Bekämpfung des Falschen Mehltaus erwähnte Kupfer-Fettsäuresalz-Präparat Cueva (s. Anhang) ist ebenfalls gegen den Echten Mehltau wirksam und ermöglicht so die gleichzeitige Bekämpfung beider Pflanzenkrankheiten in einem Arbeitsgang.

Der **Grauschimmelpilz** *Botrytis cinerea* (Farbtafeln 14/15) ist ein Wund- und Schwächeparasit, der auf allen Pflanzenteilen leben kann und meist durch Wunden eindringt. Er bildet auf allen möglichen Substraten massenhaft Koni-

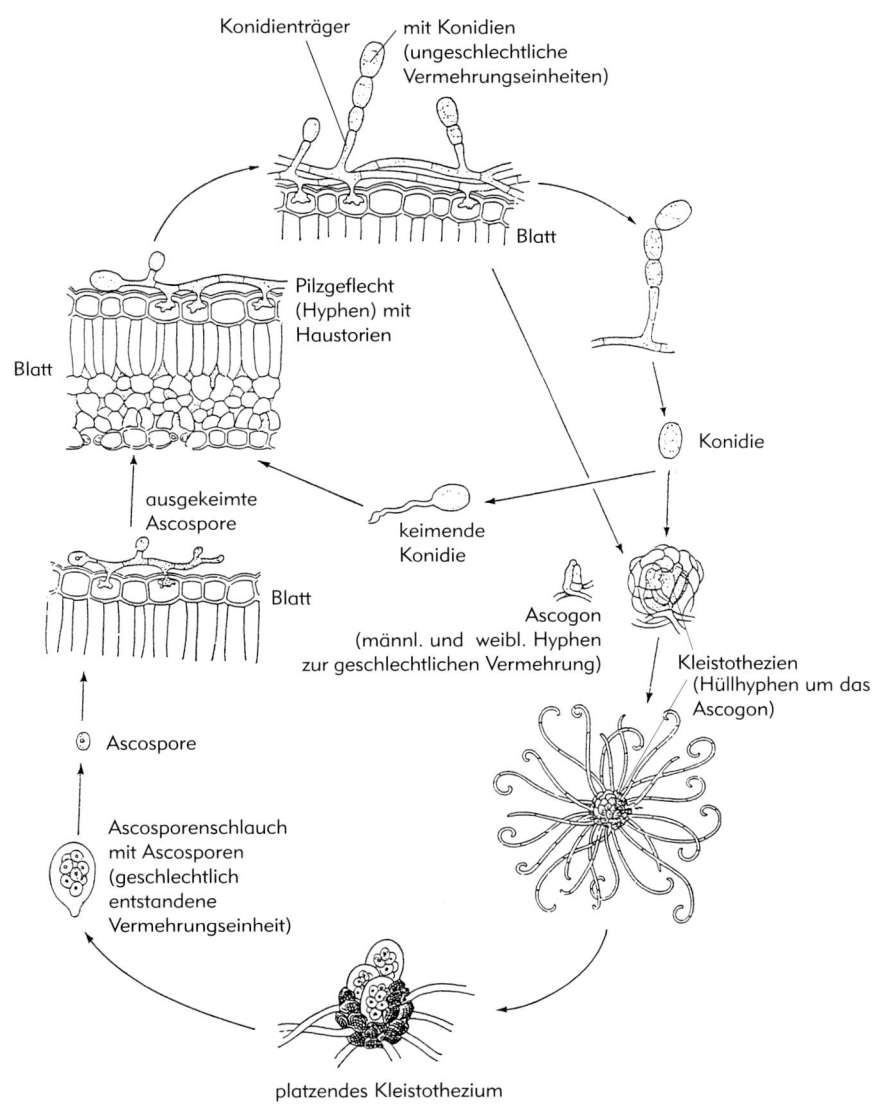

Abb. 7.5: Entwicklungszyklus des Echten Mehltaus (Uncinula necator oder Oidium tuckeri).

dien (Sporen), die dem Pilzbelag die typische graue Färbung geben und für dessen rasche Ausbreitung sorgen. Bei feuchtem und regnerischem Herbstwetter kann dieser Pilz durch Stiel-, Grau- und Sauerfäule der Traube große Ernteausfälle verursachen. Seine Überwinterung erfolgt auf abgestorbenen Pflanzenteilen als Pilzgeflecht oder in Form von festen Dauerorganen, den 1-4 mm großen, schwarzgefärbten Sklerotien. Diese entwickeln bei entsprechender Feuchtigkeit und Wärme wieder zartes Mycel mit Konidienträgern.

Die Bekämpfung dieser Pilzkrankheit war früher unbefriedigend. Mit Hilfe der heute verfügbaren systemisch wirkenden Fungizide (s. Anhang) – diese werden nach der Aufnahme durch die Reben bis in die Blätter, Triebspitzen und Trauben weitergeleitet – ist auch eine wirksame Behandlung von nicht direkt getroffenen, oberhalb der Spritzstelle liegenden Pflanzenteilen möglich (HOFMANN, 2006).

Dieser häufig als Schädling auftretende Pilz kann aber auch eine erhebliche wertsteigernde Wirkung haben, wenn er bei trockenem Herbstwetter bereits reife Weinbeeren befällt und dort die Edelfäule (Abschnitt 2.3) bewirkt. Die aus edelfaulen Trauben gekelterten Weine ergeben besonders hochwertige Weine.

Schwarzholzkrankheit. Diese Rebenkrankheit wird durch Phytoplasmen (zellwandfreie Bakterien) ausgelöst, die als Parasiten im Phloem (Weichbast, siehe Abb. 2,15) wachsen. Überträger ist die auf Brennnesseln lebende Glasflügelzikade *Hyalesthes obsolatus*, die auf der Nahrungssuche auch Triebe der Weinrebe anstichs, um aus dem Phloem zu saugen. Das befallene Rebholz reift nicht aus und stirbt im Winter unter Schwarzfärbung ab. Die Blätter an diesem Holz rollen sich schon im Befallsjahr am Blattrand ein. An den noch vorhandenen Trauben vertrocknen die bitter schmeckenden Weinbeeren.
Zur Einschränkung der Erkrankung sind die befallenen Rebstöcke möglichst kurz zurückzuschneiden. Ein wirksamer Schutz vor Neuinfektionen ist das gründliche Ausrotten und Verbrennen von in Rebennähe befindlichen Brennnesseln. Diese Aktion sollte erst nach der Lese erfolgen, um gleichzeitig die sich an Brennnesseln auf haltenden Larvenstadien des Überträgers zu beseitigen. Der Einsatz von Insektiziden hat sich als nur wenig effektiv erwiesen (KAST, 2009).

Die bereits in geschichtlich frühen Zeiten von den Griechen und Römern als Rebkrankheit beschriebene **Esca-Krankheit** wurde in den nachfolgenden Jahrhunderten in der Fachliteratur nicht mehr beachtet und geriet so nahezu in Vergessenheit. Erst seit ungefähr 100 Jahren wurde diese Rebenkrankheit mit heute sogar zunehmender Tendenz wieder nachgewiesen.
Das äußere Krankheitsbild zeigt an den Blättern gelbbraune (weiße Sorten) oder rote (rote Sorten) Flecke. Ab dem Zeitpunkt des Traubenschlusses ver-

färben dich die Weinbeeren blauschwarz bis violett und vertrocknen. Anschließend vertrocknen auch die Rebblätter, so dass nach einem starken Befall der betreffende Weinstock abstirbt.

Im Innern des Stammholzes eines erkranktern Rebstockes sind schwammige weißliche Zonen zerstörten Holzgewebes zu erkennen. Die Ursache hierfür ist die gleichzeitige Entwicklung von verschiedenen Pilzarten der Gattungen *Phaeomoniella, Phaeoacremonium* und *Fomitiporia*. Die Infektion der Reben mit diesen Pilzen erfolgt nachweislich über die beim Rebschnitt unvermeidbar entstehenden Wunden.

Stark erkrankte Rebstöcke sollten aus dem Bestand restlos entfernt werden. Eine Bekämpfung *dieser* Pilzkrankheit mit Fungiziden ist wegen des verborgenen Zentrums der Infektion technisch nahezu unmöglich. Durch einen starken Rückschnitt kann manchmal aus dem verbliebenen, befallsfreien Teil eine gesunde Rebpflanze regeneriert werden. Grundsätzlich sollten bei den Schnittarbeiten zur Eindämmung der Infektionsgefahr die Baumwunden sofort mit Wundverschluss-Masse verschlossen werden und periodisch eine chemische Sterilisation mit einem aus der medizinischen Praxis bekannten Sterilisationsmittel erfolgen.

Mauke (oder **Grind**, Farbtafel 16) äußert sich durch dunkle krebsartige Wucherungen am Stamm oder auch an den Schenkeln des Weinstockes. Diese Krankheit tritt hauptsächlich im Frühjahr nach harten Wintern in Rebanlagen mit feuchten Böden auf. Durch Frostrisse dringt der mikrobielle Erreger *Agrobacterium vitis* in das Pflanzengewebe ein, vermehrt sich und unterbindet den normalen Saftstrom in der Rebe. Er verursacht durch Abgabe von Wuchsstoffen Wucherungen und z.T. das Absterben des Weinstockes oder zumindest deutliche Mindererträge (Neumann, 2011). Die betroffenen Rebteile sind abzuschneiden oder durch Abkratzen des erkrankten Gewebes und nachträgliches Einpinseln der gesäuberten Partien mit Holzteer oder 1%iger Eisenchelat-Lösung (Eisen-II gebunden an Aminosäuren, z.B. Ferramin) zu behandeln. Die entstandenen Reben-Abfälle sind wegen der bestehenden Gefahr einer Übertragung dieser bakteriellen Erkrankung auf andere Reben unbedingt zu verbrennen (nicht kompostieren!). Die Rebschere und das andere benutzte Werkzeug müssen gut gesäubert und mit einem Desinfektionsmittel (z.B. Formaldehyd-Lösung) entkeimt werden.

Im Weinbau verursachen die Bekämpfung der vorgenannten Schadorganismen und der Frostschutz kostenintensive Aufwendungen. Weltweit bemühen sich Rebenzüchter, neben der Kreuzung von verschiedenen Sorten der Edelrebe *Vitis vinifera* ssp. *sativa* auch durch interspezifische Kreuzung der Edelrebe mit wildlebenden Vitis-Arten, wie *V. labrusca*, *V. riparia*, der extrem frostharten

V. amurensis u.a., weitgehend schädlingsresistente und weniger frostempfindliche Neuzuchten zu erhalten. Diese sollen gleichzeitig die geforderte Resistenz gegen einen Reblausbefall aufweisen und Weine von guter Geschmacksqualität ergeben (Abschnitt 2.1).

Inzwischen gibt es solche interspezifische Neuzuchten, welche diesen Anforderungen genügen. Durch ihren verbreiteten Einsatz im gewerblichen Weinbau ließen sich bei der Schadensbekämpfung erhebliche Mittel einsparen. Außerdem würde die Umwelt wesentlich geringer durch Pflanzenschutzmittel belastet. Beide Faktoren bilden die Grundlage für einen ökonomischen und ökologischen Weinbau. Kompliziert ist jedoch der Nachweis der Resistenz solcher Neuzuchten gegen einen Befall durch die Blattgeneration der Reblaus. Bisher sind in Deutschland, im Gegensatz zur Schweiz, solche neuen Sorten nur bis auf wenige Ausnahmen zugelassen worden, um die Pilzresistenz und Frostverträglichkeit nicht mit dem Auftreten der Reblaus zu erkaufen.

Die zur Bekämpfung von Pflanzenkrankheiten Biozid-Präparate (Schädlings- und Pflanzenschutzmittel) müssen nach neuen pflanzenschutzrechtlichen Vorschriften für die Anwendung im Kleingarten zugelassen sein. Sie werden nur in kleineren Abpackungen vom Garten- und Landhandel, Fachdrogereien sowie von Gartenbaumärkten an den Hobbywinzer abgegeben.

8 Traubenernte

8.1 Reifeprozess

Die Schlussetappe des Weinbaujahres, die Traubenernte, wird eingeleitet durch die beginnende Reife der Weinbeeren. Abhängig von der Rebsorte und der Witterung stellen die Beeren in unseren Breiten ab der zweiten Augusthälfte bis September das Größenwachstum ein. Die Beerenhäute wechseln zunehmend die ursprünglich tiefgrüne Färbung zu sortentypischen hellgrünen, gelblichen bzw. blaurötlichen Farbtönen. Gleichzeitig verlieren die sich bisher hart anfühlenden Weinbeeren immer mehr ihre feste Konsistenz und werden spürbar weicher. Die hierbei in den Weinbeeren ablaufenden biochemischen Veränderungen, wie Abbau der Fruchtsäuren, Zuckerbildung und Biosynthese von sortentypischen Farb- und Aromastoffen sind bereits im Abschnitt 2.3 näher erläutert worden.

Für den Hobbywinzer gilt es nun, sich möglichst täglich um den Zustand seiner Rebanlage zu kümmern. Die Anwendung von Pflanzenschutzmitteln zur Abwehr mikrobieller Infektionen an den Rebblättern und Weintrauben (Abschnitt 7.2.2) sollte mit Rücksicht auf mögliche Rückstände solcher Substanzen an den geernteten Weintrauben unterbleiben. In ordentlich gepflegten Rebanlagen kommen zu diesem Zeitpunkt Pilzkrankheiten ohnehin nur selten vor. In den meisten Fällen genügt es, wenn die oftmals nur vereinzelt befallenen wenigen Blätter, insbesondere von Geiztrieben, herausgeschnitten und vernichtet werden. Die reifenden Weinbeeren locken aber auch zunehmend Vögel an, die mitunter in wenigen Stunden den erwarteten Traubenertrag wesentlich vermindern können. Das Aufstellen von Vogelscheuchen, das Abbrennen von Knallkörpern oder das Abspielen akustischer Schrecklaute sind erfahrungsgemäß nur kurze Zeit wirksam. Das Fernhalten der Vögel wird am besten durch Überspannen des Weinstocks bzw. der gesamten Anlage mit Netzen erreicht. Vor Wespenbefall schützen sogenannte Wespenfallen oder das Einhüllen der reifenden Trauben mit textilen Gazesäckchen (Abschnitt 7.2.1).

Das Fortschreiten des Reifeprozesses kann subjektiv durch periodisches Verkosten von Weinbeeren beobachtet werden. Eine objektive Erfassung ermöglicht die Messung der Dichte des Beerensaftes (= Mostgewicht), ausgedrückt in Grad Oechsle (°Oe) mit Hilfe eines Handrefraktometers (Abschnitt 9.4.1). Um bei solchen Reifeprüfungen ein möglichst sicheres Ergebnis zu erhalten, sind nicht nur eine, sondern stets mehrere (etwa zehn) Beeren zu untersuchen. Diese sind unbedingt aus unterschiedlichen Regionen der Weintraube zu entnehmen. Bekanntlich hat jede Weintraube eine der Sonne zugewandte und eine abgewandte Seite, was auch ein zeitlich unterschiedliches Reifen der Weinbeeren bedingt.

Im gewerblichen Weinbau wird durch periodische Probenahme auch der Rückgang der Fruchtsäuren gemessen (Abschnitt 9.4.2). Für die Hobbywinzer wären derartige Säureprüfungen zwar auch interessant, aber wegen des verhältnismäßig hohen Bedarfs an Traubengut nicht vertretbar.

8.2 Lese

Mit der Lese ist für den Hobbywinzer der Höhepunkt im Weinbaujahr gekommen. Jetzt ist zu erkennen, ob die mit Mühe, Sorgfalt aber auch mit Freude in der Rebanlage verrichteten Arbeiten mit einer ertragreichen Ernte belohnt werden. Wichtig ist hierbei, sich nicht durch wenige, schon gut gereifte Weinbeeren zu einem übereilten Beginn der Lese verlocken zu lassen. Der Lesezeitpunkt sollte möglichst weit bis in den Oktober oder sogar November hinein hinausgezögert werden, falls nicht nennenswerte Ertragsausfälle durch Fäulnis der Trauben, Pilzkrankheiten oder tierische Schädlinge bzw. Schlechtwetter ein solches Warten verbieten. Gerade gegen Ende der Reifeperiode kommt es neben einer Erhöhung der Anteile der verschiedenen Zucker im Saft der Weinbeeren vor allem zur deutlichen Ausbildung der wertbestimmenden sortentypischen Farb-, Geruchs- und Geschmacksstoffe. Bei allen Erwägungen über den Lesezeitpunkt ist grundsätzlich zu beachten, dass eine mangelnde Reife der Weintrauben niemals durch technische Behandlungsmaßnahmen wieder voll ausgeglichen werden kann.

Die Lese sollte nur dann erfolgen, wenn sich die Trauben in einem trockenen Zustand befinden. Bei Regenwetter oder starker Taubildung gelesene Trauben haben einen störend hohen Gehalt an Fremdwasser, was sich immer nachteilig auf die Mostqualität auswirkt. Kühlere Temperaturen während der Lese sind nicht abträglich. Dagegen können durch intensive Sonneneinstrahlung während der Lese erwärmte Trauben bereits bis zum Folgetage in Gärung geraten, wodurch bitterschmeckende Inhaltsstoffe aus den Traubenstielen in den Most gelangen und so dessen Güte und sogar den eventuell hieraus bereiteten Wein qualitativ beeinträchtigen. Man sollte daher bei sonniger, warmer Witterung die Lese nach Möglichkeit auf die kühleren Tagesstunden verschieben.

Die Weintrauben werden mit einer Schere, am besten einer Traubenschere (Abb. 8.1), vom Stock getrennt. Das Abbrechen der Trauben oder Abschneiden mit einem Messer ist nicht zu empfehlen, da es hierbei unvermeidbar Ernteverluste durch abfallende, überwiegend gut ausgereifte Beeren gibt.

Das Lesegut wird in Eimern aus geruchs- und geschmacksfreiem Plastmaterial gesammelt und in diesen zur weiteren Verwertung (Abschnitt 9) gebracht. Die früher üblichen Lesegeschirre aus Holz oder emaillierten bzw. mit Kelterlack ausgestrichenen Metalleimern sind im Gewicht schwerer und weniger beständig.

Abb. 8.1: Traubenschere.

9 Verwertung der Weintrauben

9.1 Verzehr

Für den **Frischverzehr** bestimmte Trauben sollten in möglichst vollreifem Zustand geerntet werden. Falls keine weiteren Verwertungsmöglichkeiten vorgesehen sind, kann man sich täglich hierfür jeweils die am gereiftesten erscheinenden Trauben vom Weinstock abernten. Befinden sich in der Rebanlage Sorten mit unterschiedlichen Reifeterminen, besteht sogar über einige Wochen Freude am Genuss frisch geernteter Weintrauben. Gerade im Frischzustand weisen die Weintrauben die größte Aromafülle und den besten Geschmack auf. Um das Traubenbukett mit seinen bestimmenden Duftstoffen nicht durch Waschen der Trauben zu zerstören, kann sogar darauf verzichtet werden, sofern keine Verschmutzungen wie Ruß, Straßenstaub u.ä. erkennbar sind. Da der Hobbywinzer seine Rebanlage gut kennt und weiß, ob und was für Pflanzenschutzmittel zu welchem Zeitpunkt vor der Ernte ausgebracht wurden, kann er auch einschätzen, ob ein Waschprozess diesbezüglich notwendig ist.

Frisch geerntete Weintrauben können auf flachen Obststiegen in kühlen (<12°C) belüfteten Räumen bis zwei Wochen gelagert werden, ohne dass störende Welkeerscheinungen eintreten. Unter Kühlraumbedingungen (0 bis 2°C) kann eine solche Lagerung bis zu fünf Monaten ausgedehnt werden.

Eine weitere Möglichkeit der Frischhaltung von Weintrauben bis zu vier Wochen besteht darin, diesen je ein 20 bis 30 cm langes Stück der Tragrute zu belassen. Diese werden dann, vergleichbar mit einem Blumenstrauß, in schräg hängende, mit Wasser gefüllte Glasgefäße gesteckt, so dass die Weintrauben frei herunterhängen können.

Vor solchen Einlagerungen müssen die Trauben von angefaulten bzw. verletzten Weinbeeren befreit werden. Keinesfalls dürfen sie gewaschen werden.

Alle diese Formen der Lagerung von Weintrauben können aber nicht die im Verlaufe der Zeit durch im Inneren ablaufende Abbauprozesse und infolge Trocknung eintretenden Qualitätsminderungen verhindern. Es ist daher ratsam, bei erfreulich reichen Traubenernten den nicht sofort zu verzehrenden Anteil des Erntegutes zu Traubensaft und gegebenenfalls hieraus zu Folgeprodukten wie Gelee oder Wein zu verarbeiten.

9.2 Bereitung von Traubensaft

Die Weiterverarbeitung der Weintrauben zu Traubensaft sollte umgehend nach deren Lese erfolgen, möglichst noch am gleichen Tage. Aus dem Lesegut sind verfaulte oder von Schadpilzen befallene Beeren auszusondern und zu vernichten, da diese sonst die Reintönigkeit des gepressten Saftes nachteilig beeinflussen können.

Ein **Waschen** der gelesenen Weintrauben kann meist unterbleiben, es ist bei einer Verarbeitung im technischen Maßstab ebenfalls nicht üblich. Das Waschwasser lässt sich durch die Struktur der Weintrauben nur mit großem technischen, hier kaum vertretbaren Aufwand wieder aus dem Traubengut entfernen. Verwässerte Pressmoste sind im geschmacklichen Ausdruck gemindert.

Unbedingt notwendig ist das **Abbeeren** oder **Entrappen**, d.h. das Abtrennen der Weinbeeren von den Stielen und Rappen (Kämmen) der Weintrauben, da diese grasig- und bitterschmeckende Inhaltsstoffe an den Most abgeben können. Weiterhin müssen zur besseren Saftausbeute die Weinbeeren zerdrückt und aufgerissen werden. Hierbei dürfen aber die Rebkerne nicht beschädigt werden, da sonst unerwünschte bittere Geschmacksstoffe in den Most gelangen. In früheren Zeiten war es hauptsächlich in südlichen Weinbauländern üblich, zum Verrichten solcher Arbeitsgänge die Weintrauben in großen Bottichen mit den nackten Füßen auszutreten. Heute sind hierfür Abbeermaschinen und Traubenmühlen verfügbar.

Der häusliche Traubensaftbereiter besitzt häufiger keine solchen rationellen Hilfsmittel. Er ist daher auf ein Abbeeren der Weintrauben und Zerdrücken der Weinbeeren mit der Hand angewiesen. Eine nützliche Hilfe ist hierbei das Reibebrett (Abb. 9.1), das schon seit alten Zeiten bei der Aufbereitung

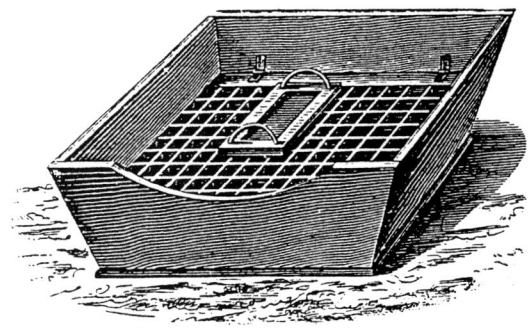

Abb. 9.1: Reibebrett zum Abbeeren und Zerdrücken der Weinbeeren.

von Weintrauben zur **Maischegewinnung** bekannt ist. Bei dieser Vorrichtung werden die Trauben durch Reiben zwischen zwei rauen Flächen zerdrückt. Dieses Reibebrett ist ein viereckiger Holzkasten, dessen Boden ein festes Netz aus nichtrostendem Draht (Maschenweite etwa 8 mm) darstellt. Hierauf werden die Weintrauben mit Hilfe eines mit einem Handgriff versehenen Holzstückes abgebeert und zerquetscht. Man kann sich diese einfache aber wirkungsvolle Vorrichtung selbst bauen.

Bei kleineren Mengen bewältigt man das Abbeeren und Zerdrücken auch mit den Händen oder einem elektrischen Mixer bzw. Passierstab.

Die so aus den aufbereiteten Weinbeeren erhaltene Maische sollte zur besseren Presssaftausbeute noch mindestens zwei Stunden in einem möglichst hohen, abdeckbaren Behältnis belassen bleiben. Während dieser Zeit beginnt in der Maische durch das Wirksamwerden mosteigener Enzyme der Abbau der Pektine (Abschnitt 9.3). Durch Zusatz solcher handelsüblichen Enzympräparate, den Pektinasen oder durch Erwärmen der Maische für die Dauer von 15 Minuten bis auf 50 °C mit nachfolgendem allmählichen Abkühlen wird dieser Prozess deutlich beschleunigt. Durch dieses sogenannte Ziehenlassen der Maische wird diese aufgeschlossen; sie lässt sich später besser abpressen. Außerdem kann so der Most eine größere Menge des in den Zellen des Beerenfleisches lokalisierten Traubenbuketts und der -farbstoffe aufnehmen. Bei Maischen aus Rotweintrauben begünstigt ein zusätzliches Erwärmen der Maische auf 80 °C und ein fünfzehnminütiges Verweilen auf dieser hohen Temperatur eine wesentlich höhere Ausbeute an den hier erwünschten rotblauen Farbstoffen.

Zum **Abtrennen** oder **Keltern** des Traubensaftes von den festen Bestandteilen der Maische gibt es unterschiedliche Möglichkeiten. Am einfachsten, allerdings nicht am ergiebigsten, ist das Einfüllen der Maische (maximal 3 Liter) in einen derben Sack aus Leinen oder synthetischer Textilfaser und anschließendes Ausdrücken des Saftes mit der Hand. Wiederholtes Aufscheitern (Auflockern) des Pressgutes und erneutes Ausdrücken verbessert die Ausbeute eines solchen Pressprozesses.

Effektiver und zeitsparender ist das Ausdrücken des mit Maische gefüllten Presssackes in einer Korbpresse (Abb. 9.2), wie sie in Haushalten als sogenannte Kartoffelpresse (Abb. 9.3) noch zu finden ist. Bei solchen vertikalen Korbpressen, dessen wesentlich größere Vertreter noch heute in gewerblichen Keltereien eingesetzt werden, wird die Maische in einem Presssack oder, falls lose, in den mit einem Presstuch ausgelegten Presskorb eingefüllt, der auf dem Biet ruht. Der auf Grund der Druckwirkung des Stempels aus der Maische abgepresste Saft wird vom Biet aufgefangen und abgeleitet.

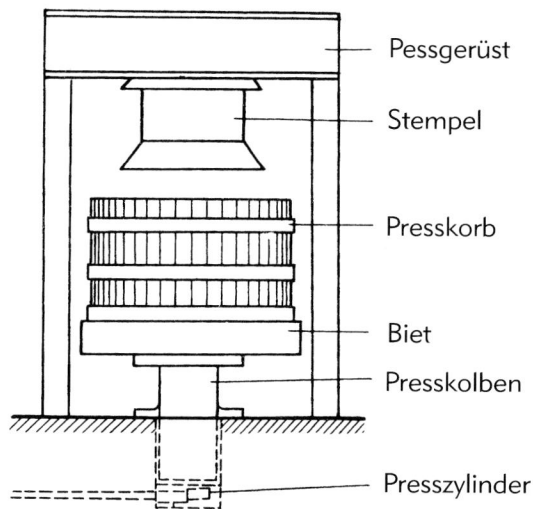 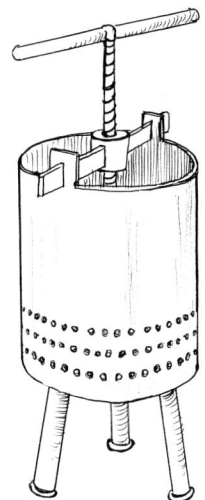

Abb. 9.2: Schematischer Aufbau einer technischen Korbpresse.

Abb. 9.3: Haushaltskorbpresse.

Heute gibt es für Haushaltszwecke verschiedenen Typen von modernen Fruchtschleudern, die für derartige Pressarbeiten zwar gut geeignet aber oft nur für kleinere Volumina ausgelegt sind. Für die Belange des Hobbywinzers eignet sich auch die Wäscheschleuder. In diese wird der mit Maische gefüllte Presssack gewichtsmäßig gut verteilt eingefüllt und so innerhalb von etwa drei bis fünf Minuten bei >600 Umdrehungen/Minute abgepresst.

Bei der Verwendung solcher Wäscheschleudern oder Kartoffelpressen ist es notwendig, falls diese nicht aus rostfreiem Edelstahl gefertigt sind, alle mit dem Pressmost in Verbindung gelangende Metallteile aus Eisen, Kupfer, Zink u.a. mit Kelterlack zu streichen. Kelterlack ist eine für Lebensmittelzwecke zugelassene geruchs- und geschmacksneutrale Speziallackfarbe, die keine Bestandteile an den Most abgibt und die so beschichteten Metallteile vor dem Einwirken von Fruchtsäuren schützt. Anderenfalls bewirkt der Kontakt des Mostes mit Metall eine mitunter deutliche Dunkelfärbung und damit einhergehende Geschmacksveränderung.

Der Einsatz eines Dampfentsafters ist zur Gewinnung von Traubensaft nicht zu empfehlen. Dieses Gerät, das zur Entsaftung säurereicher Gartenfrüchte, wie Johannisbeeren, Sauerkirschen u.ä. zwar gut geeignet ist, liefert bei den säureärmeren Weintrauben nur verwässerte und wegen der durch den Dampf bedingten höhere Temperatureinwirkung bis nahe 100°C oft nur fad schmeckende Säfte.

Die frisch gewonnenen **Traubensäfte** werden in einem möglichst hohen Gefäß passender Größe, beispielsweise Glasballon, gesammelt und etwa zwei bis drei Stunden lang ruhig stehengelassen. In dieser Zeit setzen sich gröbere Mostbestandteile am Gefäßboden ab.

Bei der technischen Traubensaftbereitung wird häufig der gewonnene Saft noch verschiedenen Behandlungen unterzogen, wie Schönung mit Gelatine, Erhöhung der Filtrierbarkeit durch weiteren Zusatz von Pektinasen und Stabilisierung vor späteren, durch ausfallende Eiweiße bedingten Trübungen durch eine Schönung mit der Tonerde Bentonit. Ziel dieser Maßnahmen ist ein von Trübstoffen freier und lagerungsstabiler Traubensaft, der den für Handelsprodukte bestehenden Gütevorschriften entspricht.

Dem Hobbywinzer wird jedoch von derartigen Behandlungen des Traubensaftes abgeraten, da er üblicherweise nicht die apparative Voraussetzung hierfür besitzt. Es wird daher empfohlen, den gekelterten Traubensaft naturtrüb zu belassen und biologisch zu stabilisieren, d.h. zu sterilisieren.

Für eine solches **Haltbarmachen** wird nach eigenen Erfahrungen die folgende Arbeitsweise empfohlen. Der Traubensaft wird in mit Schraubkappen verschließbare 0,75 ml fassende Glasflaschen mit Hilfe eines Schlauches (Abb. 9.4) randvoll abgefüllt.

Selbstverständlich können auch andere Glasflaschen verwendet werden, die mit Korken, Kronenkorken, Kunststoffstopfen oder Gummikappen verschließbar sind. Diese Verschlussarten haben aber alle spezifische Nachteile, die sie daher weniger geeignet machen.

Bei der Flaschenfüllung ist darauf zu achten, dass die Flasche leicht schräg geneigt wird und so der Traubensaft an der Innenwand einfließt. Auf diese Weise wird die hierbei sonst auftretende störende Schaumbildung wesentlich verringert. Anschließend werden die gefüllten, aber noch nicht verschlossenen Flaschen im Wasserbad auf 75 °C erwärmt. Hierzu eignet sich besonders gut ein mit

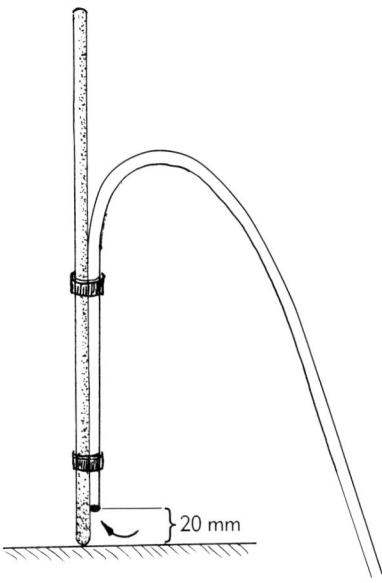

Abb. 9.4: An einem Holzstab befestigter Gummischlauch zum sicheren Abhebern der Flüssigkeit vom Bodensatz.

Temperaturregelung ausgestatteter, elektrisch beheizbarer Einkochautomat. Sobald die Solltemperatur von 75 °C erreicht worden ist, werden die infolge der Erwärmung ausgefällten und aus der Flaschenmündung herausgetrieben Feststoffe entfernt, die Flaschen erforderlichenfalls noch mit Traubensaft voll aufgefüllt und mit Kunststoffeinlagen ausgestatteten, metallenen Schraubkappen, die vorher in heißem Wasser keimarm gemacht worden waren, fest zugeschraubt. Anschließend werden die so behandelten Saftflaschen zur abschließenden Hitzesterilisation noch 30 Minuten bei einer Temperatur von 75 °C gehalten. Nach der begonnenen Abkühlung werden die noch um 50 °C warmen Flaschen dem Wasserbad entnommen, die Schraubverschlüsse auf festen Sitz überprüft und die Flaschen waagerecht eng gepackt bis zur völligen Abkühlung gelagert. Auf diese Weise wird mit hoher Sicherheit eine Sterilisation und somit biologische Stabilisierung des Traubensaftes erreicht. Nach dem Abkühlen sind die Flaschen stehend zu lagern. Im Verlaufe der Lagerung können Feststoffe ausgeschieden werden, die eine mehr oder weniger starke Trübung hervorrufen. Diese setzen sich aber innerhalb einer Woche am Flaschenboden ab. Solche Bodenbeläge beeinträchtigen nur das Aussehen des Traubensaftes; auf dessen Geruch und Geschmack haben sie jedoch keine nachteiligen Auswirkungen. Durch vorsichtiges Dekantieren, d.h. Abgießen des überstehenden Traubensaftes vom Bodensatz, kann man so fast immer im Trinkglas ein weitgehend blankes Getränk erhalten.

Eine weitere Möglichkeit der Haltbarmachung ist die **Gefrierlagerung** in der Tiefkühltruhe. Hierfür wird der weitgehend von Feststoffen befreite Traubensaft zu Partien von je etwa 1 Liter in stabile Gefrierbeutel aus Kunststofffolie gefüllt, wobei wegen der Volumenausdehnung beim Gefrieren noch ein genügend großer Steigraum (>10 %) zu belassen ist. Die verschlossenen Beutel werden bei Temperaturen unter -10 °C eingefroren und so gelagert. Zum Gebrauch werden die Gefrierbeutel bei Zimmertemperatur oder durch Einlegen in warmes Wasser (<40 °C) aufgetaut.

Aus frischem Traubensaft kann auch ein aromatisches **Traubengelee** bereitet werden. Hierfür eignen sich säurereiche Traubensäfte besonders gut. Der Traubensaft wird entsprechend der Angaben des Herstellers mit Gelierzucker (1:2 oder 1:3) innig vermischt und etwa 15 Minuten unter ständigem Rühren gekocht bis die Gelierprobe günstig ausfällt. Das noch heiße Gelee wird in verschließbare Glasgefäße abgefüllt.

Aus frischer Traubenmaische kann zwar auch eine **Traubenmarmelade** gekocht werden. Eine solche Zubereitung findet aber wegen der in ihr enthaltenen oft störend großen Rebkerne allgemein nur wendig Zuspruch. Diese Nachteil entfällt bei kleinkernigen oder kernlosen Tafeltrauben.

9.3 Inhaltsstoffe des Traubensaftes

Wie es für Pflanzensäfte typisch ist, hat das **Wasser** mit 70 bis 78% den mengenmäßig größten Anteil an der Zusammensetzung des Traubensaftes. Moste unausgereifter Trauben weisen stets einen verhältnismäßig höheren Wassergehalt auf als die von gut ausgereiften Weinbeeren. Außerdem bewirkt eine feuchte Witterung während des Beerenwachstums und der Reife einen erhöhten Wassergehalt in solchen Presssäften. In den Säften der Beeren von Keltertraubensorten, wie Riesling, Traminer u.a., ist normalerweise weniger Wasser enthalten als in solchen frühreifender Sorten vergleichbaren Reifegrades. Zu letzteren zählen vor allem auch die Tafeltrauben (Tabelle 1, S. 39f.).

Unter den **gelösten Substanzen** stehen die **Kohlenhydrate**, insbesondere die **Zuckerstoffe**, anteilmäßig an erster Stelle. In deutschen Traubenmosten schwankt der Zuckergehalt abhängig von der Sorte und dem Reifezustand zwischen 100 und 250 g/l; Moste edelfauler Beeren können sogar Werte bis 450 g/l aufweisen. Die bedeutendsten Vertreter dieser Stoffgruppe sind die beiden Hexosen **Glucose** (Traubenzucker) und **Fructose** (Fruchtzucker). Das mengenmäßige Vorliegen dieser beiden Zuckerstoffe hängt vom Reifegrad der betreffenden Weinbeeren ab. Zu Beginn der Traubenreife wird bevorzugt Glucose und gegen Ende der Reifephase vorwiegend Fructose in die Weinbeeren eingelagert. Daher dominiert in den aus weniger gereiften Trauben gekelterten Säften die Glucose, während in den Mosten ausgereifter Trauben beide Hexosen zu annähernd gleichen Anteilen vorliegen. In überreifen Weinbeeren ist die Fructose, sie schmeckt um etwa das Dreifache süßer als Glucose, mengenmäßig wesentlich stärker vertreten als Glucose. Beide Zuckerarten sind wertbestimmend für die Qualität eines Traubenmostes; denn sie sind die Ausgangssubstanzen für die alkoholische Gärung bei der Weinbereitung.

Die **Pentosen**, das sind Monosacharide mit nur fünf Kohlenstoffatomen im Molekül, kommen im Traubenmost in Mengen bis zu 2 g/l vor. Die häufigsten Vertreter dieser Gruppe in der Mostzusammensetzung sind die Xylose (Holzzucker), die Rhamnose und die Arabinose. Im Gegensatz zu den Hexosen werden die Pentosen von den Weinhefen und den anderen im Most und Wein vorkommenden Mikroorganismen nicht umgesetzt. Sie werden daher auch als unvergärbare Zucker bezeichnet.

Die **Pektine** sind Makromoleküle, deren Baustein hauptsächlich Galakturonsäure ist. Sie kommen im Traubenmost gewöhnlich in Mengen von 0,75 bis 2,3 g/l vor. Auf Grund ihrer langkettigen Molekülstruktur bedingen sie die Viskosität (Zähigkeit) der Traubenmoste, wodurch deren Filtrierbarkeit erheblich beeinträchtigt wird. Bei der gärungslosen Verarbeitung von Mosten zu blank filtrierten Traubensäften ist es daher erforderlich, durch Zusatz von geeigneten Enzymen, den Pektinasen, die Pektinmoleküle in kleinere, die Viskosität nicht wesentlich erhöhende Molekülbruchstücke zu spalten (Abschnitt 9.2).

Die **Nichtkohlenhydrate** werden quantitativ am stärksten durch verschiedene organische und mineralische **Säuren** vertreten. Der Gesamtsäuregehalt schwankt in verhältnismäßig weiten Grenzen, da er außer von der Traubensorte auch wesentlich vom Reifegrad der Weinbeeren abhängt. Die einzelnen Säuren sind stets entsprechend ihrer Dissoziation zu einem bestimmten Anteil an basische Mineralstoffe, wie Kalium, Calcium, Magnesium u.a., in Form saurer oder basischer Salze gebunden. Ferner liegt ein allerdings nur geringfügiger Anteil der Säuren als Bestandteil des Traubenbuketts in esterartiger Bindung vor. Das Ausmaß der freien Säuren bedingt die Wasserstoffionenkonzentration (pH-Wert) und somit auch den charakteristischen sauren Geschmack des Mostes.

Die beiden wichtigsten organischen Säuren im Traubensaft sind die **Äpfelsäure** und die **Weinsäure**. Zu bemerken ist, dass diese beiden Fruchtsäuren im Verlaufe der Reife der Weinbeeren in einem unterschiedlichen Maße abgebaut werden (Abschnitt 2.3). So erfährt die Äpfelsäure hierbei stets eine stärkere Verminderung als die Weinsäure. Demzufolge findet sich in den Mosten nicht voll ausgereifter Trauben überwiegend Äpfelsäure, wogegen in den Presssäften vollreifer Beeren der Weinsäureanteil oft dem der Äpfelsäure überwiegt. Weiterhin bilden frühreifende Rebsorten genetisch bedingt in den Weinbeeren bis zum Abschluss der Reife bevorzugt Äpfelsäure bei stets nur verhältnismäßig geringeren Mengen an Weinsäure. Statistisch wird für deutsche gekelterte Traubenmoste der mittlere Gesamtgehalt an Äpfelsäure mit 3 bis 20 g/l und an Weinsäure mit 2 bis 10 g/l angegeben.

Außer den genannten Fruchtsäuren kommt noch eine bisher nicht genau bekannte Anzahl weiterer Säuren in allerdings wesentlich geringeren Mengen vor. Hierzu zählen die **Citronen-, Bernstein-, Glucon-, Chinasäure** sowie einige aromatische Carbonsäuren, wie **Benzoe-, Vanillin-, p-Cumarsäure** u.a.

Mit Wasserdampf extrahierbare, sogenannte **flüchtige Säuren**, dürfen in gesunden Mosten nur in Spuren, hauptsächlich als Bestandteile von Bukettstoffen, vorkommen (insgesamt <0,8 g/l). Hierzu gehören im wesentlichen die **Ameisen-, Essig-, Milch-** und **Propionsäure**.

Außerdem liegen im Most noch verschiedene Mineralsäuren in Form von Salzen vor. Hierzu gehören **Salz-, Schwefel-, Salpeter-, Phospor-, Borsäure** u.a.. In der Gesamtheit machen diese anorganischen Säuren jedoch nur etwa 1 g/l aus. Diese Säuren werden von den Weinhefen zu einem beträchtlichen Anteil als Nährstoffe verwertet.

Zu den **Mineralstoffen**, auch **Aschebestandteile** bezeichnet, gehören mehrere Metalle und andere Elemente wie **Phosphor, Schwefel, Chlor, Bor** und **Silizium**, die in kationischer oder anionischer Form im Most vorliegen. Diese werden von den Rebwurzeln mit dem Bodenwasser aufgenommen und gelangen mit dem Saftstrom zu den verschiedenen Organen der Rebe (Abschnitt 2.2) und somit auch in die Weinbeeren.

Die Konzentration an Mineralstoffen in Traubenmosten ist deutlich unterschiedlich. Sie sind abhängig von der Traubensorte aber auch von der chemischen Zusammensetzung des Bodens der Rebanlage, dem bei der Kelterung angewandten Pressdruck und vor allem vom Reifegrad der Trauben. Im Verlaufe der Traubenreife erhöht sich in den Weinbeeren die Konzentration an Mineralstoffen, insbesondere an Alkali- und Erdalkalimetallen. Bei trockener Witterung während der Reifephase erhöht sich der relative Mineralstoffgehalt als Folge einer stärkeren Wasserverdunstung aus den Weinbeeren. Mengenmäßig dominiert das Kalium mit bis zu 80% der Gesamtmenge an Aschebestandteilen, was etwa 0,8 bis 2,0 g/l entspricht. Die übrigen Alkali- und Erdalkalimetalle liegen dagegen nur in beträchtlich geringeren Mengen vor. Zu den **Spurenelementen**, deren Konzentration sich nur auf wenige mg/l beläuft, zählen hauptsächlich **Eisen, Kupfer, Aluminium, Mangan** und **Zink**. Diese Elemente sind zum Teil von Natur aus Bestandteile von Mostenzymen. Sie können aber auch von Resten aus Schädlingsbekämpfungsmitteln stammen oder bei der Traubenverarbeitung aus metallischen Geräten gelöst worden sein.

Als **Stickstoffverbindungen** kommen im Most mehrere solcher Stoffgruppen vor, die sich in ihren chemischen und physikalischen Eigenschaften unterscheiden. Wesentliche solcher Verbindungen sind die

Ammoniumverbindungen:	Ammoniumsalze der Fruchtsäuren und anorganischen Säuren;
Aminosäuren:	Lysin, Alanin, Histidin, Asparaginsäure, Glutaminsäure u.a.;
Säureamide:	Asparagin, Glutamin u.a.;

Proteine:	Albumine, Peptide;
Enzyme:	Oxidasen, Invertasen, Pektinasen, Proteasen, Phosphatasen u.a.;
Biowirkstoffe:	Purine, Resveratrol u.a.

Ferner gibt es noch stickstoffhaltige Verbindungen unter den Farb- und Bukettstoffen.

Die Proteine, Enzyme und Biowirkstoffe sind im Most kolloidal gelöst; die übrigen Stickstoffverbindungen bilden echte Lösungen.

Die Konzentration der Stickstoffverbindungen im Most schwankt zwischen 0,2 und 1,4 g/l, berechnet als Gesamtstickstoff. Die Höhe des Stickstoffgehaltes ist neben der Sorteneigentümlichkeit vor allem vom Reifegrad der Trauben abhängig. Mit zunehmender Reife nimmt der Stickstoffanteil in den Weinbeeren ab.

Im Most findet sich entsprechend der Rebsorte und des Reifegrades der Trauben eine Vielzahl von **Farbstoffen**. Die wichtigsten hiervon sind

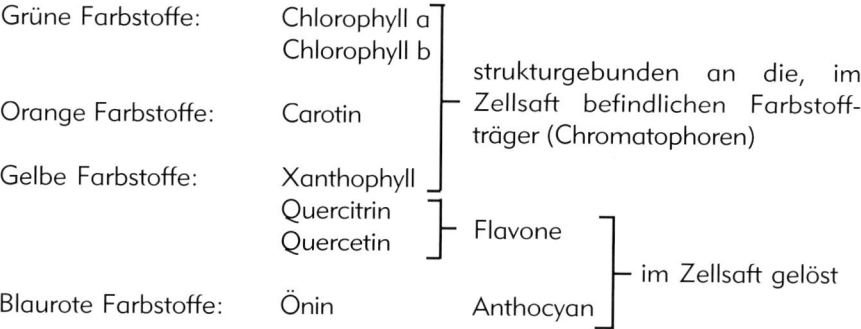

In unreifen Weinbeeren überwiegen die grünen Chlorophyll-Farbstoffe. Erst in der Reifephase werden die übrigen Farbstoffe zunehmend eingelagert, was äußerlich an der gelblichen bzw. blaurötlichen Verfärbung der Weinbeeren zu erkennen ist.

Während die meisten Farbstoffe in den verschiedenen Geweben der Weinbeeren vorkommen, findet sich der für die Rotwein-Traubensorten charakteristische Farbstoff Önin, von einigen Ausnahmen abgesehen (Färbertrauben, Hybriden), nur in der Beerenschale. Um diesen blauroten Farbstoff hinreichend freizusetzen, müssen die Maischen solcher Trauben durch Enzyme oder Erwärmen bzw. Angären (Abschnitte 9.2 und 10.3) aufgeschlossen werden.

Viele Farbstoffe werden bei Anwesenheit von Sauerstoff durch Oxidasen zu meistens braun bis dunkelbraun gefärbten Stoffen oxidiert. Hierauf beruht das Braunwerden der Moste, aber auch der Weine, beim Stehen bei ungehinderter Lufteinwirkung. Während der alkoholischen Gärung werden solche oxidierten Farbstoffe durch die Lebenstätigkeit der Weinhefen weitgehend reduziert, so dass sie wieder in ihren ursprünglichen Farbtönen vorliegen.

Die **Gerbstoffe**, auch **Önotannine** genannt, kommen fast nur in den Stielen und Kämmen der Trauben sowie in den Beerenkernen vor. Ihr Gehalt verringert sich mit zunehmender Traubenreife. Die Art der Kelterung beeinflusst die Konzentration an Gerbstoffen im Most. Wird die Maische entrappter Beeren unter Vermeidung eines hohen Druckes abgepresst, gelangen nur Spuren (<1 g/l) von Gerbstoffen in den Pressmost. Chemisch gesehen sind diese Gerbstoffe Verbindungen aus verschiedenen Zuckern mit aromatischen Hydroxysäuren, wie Gallussäure. Hinsichtlich der chemischen Struktur bestehen Beziehungen zu den Flavon- und Anthocyanfarbstoffen. Die Gerbstoffe bilden mit Proteinen in Wasser und Alkohol unlösliche Niederschläge, was für die Selbstklärung von Mosten und Weinen bedeutsam ist.

Die **Bukettstoffe**, die nur in sehr geringen Mengen von häufig <1 mg/l vorkommen, bestimmen wesentlich den Geruch des Mostes bzw. Weines. Ihre genaue Stoffkenntnis konnte erst in letzter Zeit nach Erarbeitung moderner physikalischer und chemischer Analysenverfahren wesentlich erweitert werden. Wichtige Vertreter dieser Stoffgruppe sind die Alkane (einwertige, gesättigte Kohlenwasserstoffe) und Alkanole (Kohlenwasserstoffe mit OH-Gruppe) sowie die Ester verschiedener Alkanole mit Säuren. Beteiligt an der Ausbildung des Buketts sind auch Terpene (ungesättigte Kohlenwasserstoffverbindungen) und Abbauprodukte von Stickstoffverbindungen.

Von den **Vitaminen** kommt das **Vitamin C** (Ascorbinsäure) nur in Mengen bis zu 0,1 g/l im Most vor. Diese Menge ist im Vergleich mit anderen bekannten Beeren-Säften gering. Die **Vitamine der B-Gruppe**, wie Nicotinsäureamid, Biotin, Pyridoxin und Pantothensäure sind nur in unbedeutenden Spuren nachweisbar. Der Gehalt an **Vitamin A** ist mit 0,25 bis 0,5 g/l ebenfalls verhältnismäßig gering. Das **Vitamin P**, ein Gemisch verschiedener Flavonfarbstoffe und Rutin, kommt dagegen in bedeutend höheren Konzentrationen bis zu 10 g/l vor. Wegen seiner günstigen Wirkung auf die Dichtigkeit von kapillaren Blutgefäßen wird es auch als Permeabilitäts-Vitamin bezeichnet. Es unterstützt die Wirkung des Vitamins C bei der therapeutischen Behandlung von Blutungen. Zusammenfassend sind die Traubenmoste, ausgenommen das Vitamin P, keine hervorzuhebenden Träger von ernährungsphysiologisch wichtigen Vitaminen.

Im Traubenmost sind noch verschiedene Wachse und Öle als sogenannte nicht gelöste Substanzen suspendiert bzw. emulgiert.

Die **Wachse**, hauptsächlich das Vitin, stammen vom sogenannten Reif der Trauben, dem Wachsüberzug der Weinbeeren. Beim Keltern können bis zu 1 g/l von solchen Stoffen mit in den Most gelangen. Sie haben aber keinen spürbaren Einfluss auf die Mostqualität.

Die bitterschmeckenden **Öle** dürfen in guten Traubensäften nur in Spuren (<0,1 g/l) vorkommen. Sie stammen hauptsächlich aus den Traubenkernen, in denen sie zu etwa 10 % enthalten sein können. Um den störenden Ölgehalt im Most möglichst niedrig zu halten, darf beim Keltern der Pressdruck nicht so stark bemessen werden, dass die Beerenkerne mit ausgepresst werden (Abschnitt 9.2).

Die Weintraube und somit auch der Traubensaft enthält die vorgenannten für den menschlichen Organismus wertvollen Energielieferanten, wie Traubenzucker, sowie die Vitalität steigernde Mineralstoffe und biologische Wirkstoffe, wie das Stilben-Derivat Resveratrol. Sie werden daher schon seit alters her als Kurmittel zur Entschlackung des Körpers verwendet. Sie können auch bei Gicht und rheumatischen Erkrankungen Erleichterung bringen und bei Nieren- und Blasenbeschwerden sowie bei Erkrankungen der Leber und der Galle hilfreich wirken.

9.4 Mostuntersuchung

Zur näheren Charakterisierung des aus den Weinbeeren gepressten Saftes, umgangssprachlich überwiegend als Most bezeichnet, sind neben den mit den Sinnen wahrnehmbaren sensorischen Merkmalen Aussehen, Geruch und Geschmack (Abschnitt 11) auch der Gehalt an Zuckerstoffen und an Fruchtsäuren qualitätsbestimmende Eigenschaften. Für die Bestimmung dieser beiden Mostkomponenten sind Untersuchungsverfahren bekannt, die vom interessierten Hobbywinzer ohne nennenswerten Aufwand erlernt und auch ausgeführt werden können.

9.4.1 Bestimmung des Mostgewichtes

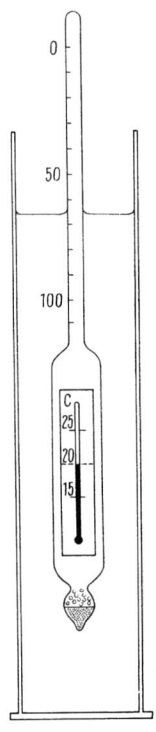

Eine für praktische Belange ausreichende Orientierung über die Höhe des Zuckergehaltes liefert die Bestimmung des Mostgewichtes. Hierbei handelt es sich um eine Dichtebestimmung mittels einer in den Most eintauchenden speziellen Senkspindel (Aräometer), die nach dessen Erfinder, dem Pforzheimer Goldschmied F. OECHSLE, auch **Mostwaage** nach OECHSLE bezeichnet wird. Diese gläserne Senkspindel ist am unteren Ende mit Bleikügelchen oder früher mit Quecksilber beschwert und läuft in einen langen Hals aus, der die Oechslegrad-Skala trägt (Abb. 9.5).

Reines Wasser hat bei +4°C definitionsgemäß die Dichte bzw. das spezifische Gewicht von 1,000 g/cm³. Da im Most noch viele weitere Stoffe, hauptsächlich Zucker, gelöst sind, ist dessen spezifisches Gewicht höher als das von Wasser, also >1,000 g/cm³. Die Oechslegrade sind eine verkürzte Schreibweise für die Dichtewerte, indem nur die hinter dem Komma stehenden Dezimalstellen des Messwertes angegeben werden. Hat beispielsweise ein Most die Dichte von 1,085 g/cm³, so entspricht dieser Wert 85°Oe oder bei einem Dichtewert 1,112 g/cm³ = 112°Oe.

Bei der Errechnung des ungefähren Zuckergehaltes aus den Oechsle-Gradwerten muss der Säuregehalt des betreffenden Mostes mit berücksichtigt werden. Der Säuregehalt ist ja mengenmäßig gleich nach dem Zuckergehalt zu nennen und hat somit gerade in unreifen Trauben einen bestim-

Abb. 9.5: Mostwaage nach OECHSLE, frei schwimmend in der Messlösung.

menden Einfluss auf das Mostgewicht. Diesen Umstand berücksichtigen die nachstehenden Formeln zur annähernden Errechnung des Zuckergehaltes von Mosten, berechnet als Glucose, aus dem Mostgewicht:

Traubenmost >80 °OE: $\quad \dfrac{°\text{Oechsle}}{0{,}4} - 40 = \text{g/l Glucose}$

Beispiel: $\quad \dfrac{120\,°\text{Oe}}{0{,}4} - 40 = 260 \text{ g/l Glucose}$

Traubenmost <80 °OE: $\quad \dfrac{°\text{Oechsle}}{0{,}4} - 20 = \text{g/l Glucose}$

Beispiel: $\quad \dfrac{65\,°\text{Oe}}{0{,}4} - 20 = 142{,}5 \text{ g/l Glucose}$

Zum Messen des Mostgewichts wird die erforderliche Menge an frischem Most über ein Leinentuch (um Kerne und Beerenfleischreste zurückzuhalten) in einen senkrecht stehenden Glaszylinder hinreichender Größe eingefüllt. Dann wird die Mostwaage vorsichtig in den Most eingeführt, bis sie frei schwimmt und weder die Zylinderwandung noch den Gefäßboden berührt. Anschließend wird der Teilstrich abgelesen, bis zu dem die Senkspindel in den Most eintaucht (Abb. 9.6) abgelesen.

Die Mostwaage ist für eine bestimmte Temperatur geeicht. Erfolgt die Messung bei der angegebenen Eichtemperatur, kann der abgelesene Wert ohne Umrechnung verwendet werden. Hat der Most bei der Messung eine andere Temperatur als die Eichtemperatur, muss der Messwert korrigiert werden, weil die Temperatur einen Einfluss auf die Dichte hat. Bei Temperaturabweichungen sind dem abge-

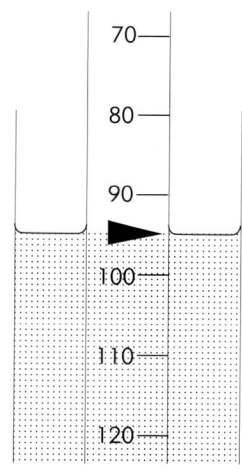

Abb. 9.6: Ablesen der Oechslegrade auf der Höhe des Flüssigkeitsspiegels (Meniskus wird nicht mit berücksichtigt).

lesenen Wert je 1°C Übertemperatur 0,2°Oe zuzählen und analog je 1°C Untertemperatur 0,2°Oe abzuziehen. Erst dann kann die o.g. Formel verwendet werden.

Zu beachten ist, dass eine korrekte Bestimmung des Mostgewichtes nur in frisch gepressten Mosten, die noch keine Gärungserscheinungen erkennen lassen, erfolgen kann. Bei bereits eingetretener alkoholischen Gärung ist schon ein Anteil der Zuckerstoffe abgebaut; außerdem verringert das inzwischen im Most gelöste Kohlendioxid die spezifische Dichte. Beides führt zu fehlerhaften Messungen.

Zur Durchführung der vorstehenden Bestimmung des Mostgewichtes ist ein verhältnismäßig hoher Materialaufwand erforderlich. Daher ist diese Methode eigentlich nur zur Mostgewichtbestimmung während der Kelterung der Weintrauben anwendbar und für periodische Messung zur Verfolgung der Traubenreife nur bedingt geeignet.

Wesentlich einfacher und weniger aufwendig erfolgt die Bestimmung des Mostgewichtes auf optischem Wege mit einem Refraktometer. Dieses Messverfahren nutzt die gesetzmäßigen Beziehungen, die zwischen der Dichte von Pflanzenpresssäften und deren Lichtbrechung bestehen. Durch Beobachten der Grenze der Totalreflexion können im Fernrohr des Refraktometers die gemessenen Oechslegrade direkt abgelesen werden.

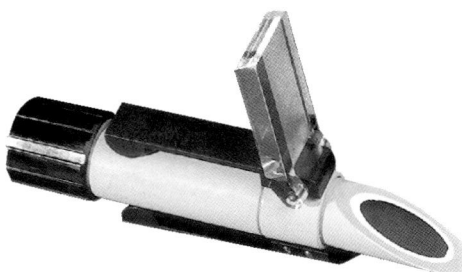

Abb. 9.7: Handrefraktometer.

Für die Belange des Weinbaus sind spezielle handliche Taschenrefraktometer (Abb. 9.7 und 9.8) verfügbar. Zur Messung werden nach dem Hochklappen der Beleuchtungsplatte wenige Tropfen Presssaft (aus Weinbeeren oder vom gekelterten Most) auf die horizontal gehaltene Messfläche gebracht. Dann wird die

Abb. 9.8: Benutzung des Refraktometers.

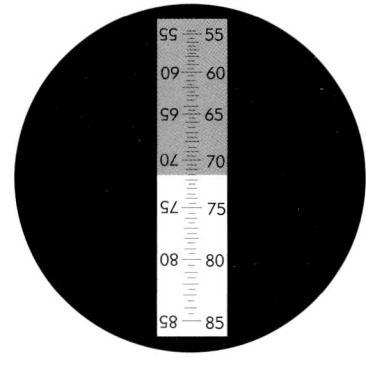

Abb. 9.9: Gesichtsfeld des Hand-Zucker-Refraktometers. Die Skala zeigt die Öchslegrade an.

Beleuchtungsplatte zugeklappt. Wichtig ist, dass die gesamte Messfläche mit der Probe benetzt ist. Das Messgerät wird anschließend auf eine möglichst diffuse, helle Lichtquelle gerichtet. Beim Blick in das Okular wird die Helldunkel-Grenze sichtbar und lässt anhand einer Skala den Oechslegradwert direkt ablesen (Abb. 9.9). Unmittelbar vorher ist bei der vorliegenden Temperatur das Refraktometer mit reinem Wasser auf 0°Oe zu justieren.

Bei harmonisch schmeckenden Trauben bzw. Traubensäfte liegt das Mostgewicht im Bereich zwischen 60-90°Oe.

9.4.2 Bestimmung der freien Säure

Die mengenmäßige chemische Bestimmung der einzelnen im Traubenmost vorliegenden Fruchtsäuren kann normalerweise vom Hobbywinzer selbst nicht durchgeführt werden, die diese zu aufwendig ist und entsprechende analytische Fachkenntnisse voraussetzt. Für praktische Belange genügt aber bereits die Kenntnis über den Gehalt an freien, nicht an im Most ebenfalls vorliegende Mineralstoffe u.ä. gebundenen Säuren. Von der Höhe des Gehalts an freien Säuren hängt der pH-Wert, das ist der Säuregrad, und somit der saure Geschmack des Mostes ab.

Die Bestimmungsmethodik für freie Säuren beruht auf der Gegebenheit, dass Säuren und Laugen gemäß folgender Reaktionsgleichung miteinander reagieren:
Säure + Lauge $\longrightarrow$ Salz + Wasser.

Auf Grund dieser chemischen Reaktion kann mit einer Lauge bekannten Gehalts (Maßlösung) eine unbekannte Konzentration an freier Säure bestimmt werden. Daher wird die Gesamtmenge an freier Säure auch titrierbare Säure genannt. Die gelegentlich noch anzutreffende Bezeichnung von Gesamtsäure anstelle von freier oder titrierbarer Säure ist demnach falsch; denn unter dem Begriff Gesamtsäure ist die Gesamtheit sowohl der frei vorliegenden als auch der an basische Mineralstoffe u.ä. gebundenen Säuren zu verstehen. Die gebundenen Säuren werden aber bei der hier beschriebenen Titration mit Lauge nicht mit erfasst.

Um den Endpunkt der Titration, d.h. den Neutralisationspunkt mit dem Wert von pH 7, zu bestimmen, werden geeignete pH-Indikatoren benutzt. Hierbei handelt es sich um lösliche Farbstoffgemische, die in Abhängigkeit von der herrschenden Azidität, ihre Färbung charakteristisch ändern. Für solche Bestimmungen haben sich pH-Indikatorstreifen (Abb 9.10 oben) bewährt. Das sind schmale Papierstreifen, in deren Mitte der pH-Indikator aufgebracht ist. Abhängig vom pH-Wert der Testlösung nimmt dieser eine charakteristische Färbung an. Gleichzeitig auf diesem Papierstreifen aufgedruckte Farbtöne für bestimmte pH-Werte ermöglichen das Ablesen des aktuellen pH-Wertes der Testlösung.

Als Maßlösung wird eine 0,33 N Natronlauge verwendet. Diese Lauge enthält 13,333 g/l Natriumhydroxid in Wasser gelöst. Natronlauge wird zur Selbstherstellung der Maßlösung handelsüblich in Ampullen angeboten. Es ist aber dem weniger Geübten zu empfehlen, die Maßlösung aus einer Apotheke zu beziehen. Natronlauge ist nur begrenzt haltbar, da sie mit dem Kohlendioxid der Luft zu Natriumbicarbonat reagiert, was in Form weißer Flocken ausfällt. Hierdurch ändert sich der Laugentiter, also der Gehalt dieser Maßlösung.

Zur Bestimmung der freien (titrierbaren) Säure (Abb. 9.10) werden genau 25 ml eines Mostes bzw. Weines (Wein durch kurzes Aufkochen vom Kohlendioxid befreien und wieder abgekühlen!) mit einer Vollpipette in ein 100 ml fassendes Becherglas oder Erlenmeyerkolben gefüllt. Unter ständigem Schwenken des Mostes bzw. Weines (=Vorlage) wird aus einer Bürette oder einer 5 bzw. 10 ml fassenden Kolben-

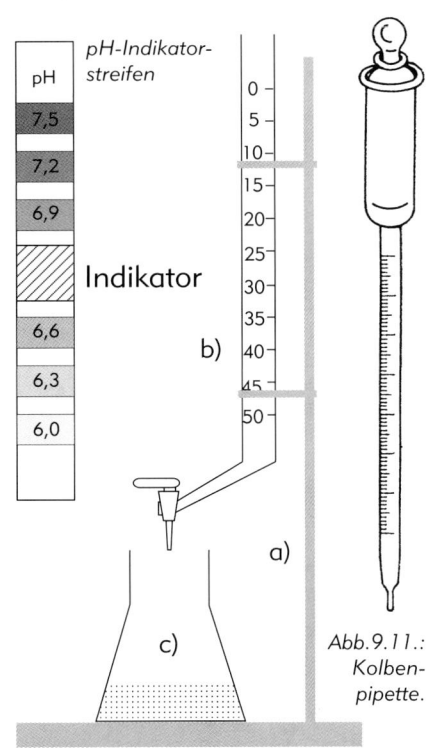

Abb.9.11.: Kolbenpipette.

Abb. 9.10: Titriereinrichtung
a) Stativ
b) Bürette
c) Vorlagegefäß

pipette (1/10 ml graduiert, Abb. 9.11.) langsam Maßlösung zugegeben. Verändert sich die Farbe der Vorlage durch weineigene Farbstoffe deutlich - bei Weißwein in dunkleres Gelb oder bräunlich, bei Rotwein Richtung Blau-Schwarz - ist Vorsicht geboten. Durch Tüpfeln auf den Indikator-Teststreifen wird der pH-Wert geprüft. Dieser liegt jetzt etwa bei pH 5. Nun wird die Maßlösung nur noch tropfenweise zugegeben und nach gründlichem Schwenken jeweils gemessen bis der Wert pH 7 (Neutralisationspunkt) erreicht ist. Zur Absicherung des erhaltenen Messergebnisses ist eine Wiederholung der Titration anzuraten.

Nach dem Gebrauch sind die benutzten Laborgeräte umgehend gründlich mit Wasser zu reinigen und mit destilliertem Wasser nachzuspülen, da sie durch die Natronlauge sonst schnell verkleben. Die Geräte für die o.g. Bestimmung können über Optikergeschäfte, Fachdrogerien und Apotheken vom Laborfachhandel bezogen werden.

Der Verbrauch an 0,33 N Natronlauge bei einer Vorlage von 25 ml Most bzw. Wein entspricht der Menge an freier (titrierbarer Säure) in g/l, berechnet als Weinsäure. Werden beispielsweise 11,6 ml 0,33 N Natronlauge verbraucht, so hat die untersuchte Lösung einen Gehalt an freier (titrierbarer) Säure von 11,6 g/l, was auch als 11,6 ‰ angegeben werden kann, berechnet als Weinsäure. Es ist dies nicht so zu verstehen, als ob in einem Liter 11,6 g freie Weinsäure vorhanden wären; die Gesamtmenge der verschiedenen einzelnen freien Säuren entspricht der Konzentration von 11,6 g/l Weinsäure.
Harmonisch schmeckende Moste liegen im Bereich zwischen 6 und 12 g/l freie Säure, gerechnet als Weinsäure.

9.4.3 Güte des Mostes

Mit Hilfe der so erhaltenen Werte zum Mostgewicht und des Gehalts an freier Säure lassen sich Hinweise zum Reifegrad eines Traubensaftes ableiten. Für die Ermittlung des Reifefaktors R für Moste mit einem Gehalt an freier Säure >6 g/l wurde folgende Formel vorgeschlagen:

$$R = \frac{\text{Mostgewicht in °Oe} \times 10}{\text{Titrierbare Säure in g/l}}$$

Nach dem errechneten Reifefaktor R werden charakterisiert:

R > 100:   Hochwertige Moste
R = 50 bis 100:   Durchschnittliche Moste
R < 50:   Geringwertige Moste.

10 Weinbereitung

Für den Hobbywinzer endet der Weinbauzyklus eigentlich mit der Lese der Weintrauben. Viele unter ihnen treibt aber die Neugier zu erfahren, ob die selbst geernteten Trauben sich überhaupt für die Verarbeitung zu Traubenwein eignen. Welche interessanten Beobachtungen bieten die unterschiedlichen Gärverfahren für Weißwein- und Rotweintraubensorten, welche Erkenntnisse können während des Weinausbaus gesammelt werden? Es muss jedoch darauf hingewiesen werden, dass es dem Hobbywinzer sicherlich nicht gelingen wird, aus seinem eigenen Traubengut in eigener Regie einen Traubenwein zu bereiten, der sich bezüglich der Qualität mit bekannten Spitzenweinen vergleichen lässt. Trotzdem kann ein solches Eigenerzeugnis Freude über das Gelungene bereiten und für weitere eigene Versuche auf diesem mehr als tausendjährigen Gebiet der technischen Mikrobiologie begeistern. Ein Gewinn bleibt auf alle Fälle, das Miterleben des Werdens des eigenen Weines von der Rebe bis zum Glase. Einen guten Wein kann mit ein wenig Erfahrung jeder Hobbywinzer bereiten.

10.1 Göransatz für Weiß- und Roseeweine

Als Ausgangsmaterial wird im allgemeinen frisch gekelterter Traubensaft verwendet. Dieser wird dann spontan, d.h. mit der mosteigenen Hefeflora, vergoren. Der Traubenmost ist normalerweise ein ideales Substrat für die Weinhefen, das alle für deren Entwicklung notwendige Nährstoffe hinreichend enthält. Die Gärung wird bei Temperaturen um 20°C innerhalb von 2 Tagen durch deutliche Entwicklung von im Most aufsteigenden Kohlendioxidbläschen erkennbar. Dieser Gärprozess kann durch den Einsatz von handelsüblichen Reinzuchthefen noch wesentlich sicherer eingeleitet werden. Bei bereits hitzesterilisierten Traubensäften müssen diese unbedingt verwendet werden. Zweckmäßig ist, diese in Flüssigkeit suspendierte oder als Trockenprodukt käuflich erworbene Reinzuchthefen bereits etwa 2 Tage vor dem beabsichtigen Termin des Gäransatzes anzuziehen, also zu vermehren. Hierzu wird die Reinzuchthefe in etwa 200 ml eines bereits hitzesterilisierten oder frisch gepressten und einminütig aufgekochten Traubensaftes übertragen. Dieser Hefeansatz wird in einer Glasflasche (300-500 ml), mit einem Wattestopfen verschlossen, bei 20 bis 30°C bebrütet. Meist ist schon nach zwei Tagen eine deutliche Vermehrung der Hefe sichtbar und die Suspension kann zum Beimpfen von bis zu 20 l Traubensaft eingesetzt werden.

Die eigentlichen Weinhefen sind Varietäten der Art *Saccharomyces cerevisiae* var. *ellipsoideus*. Sie sind in der Natur weit verbreitet und finden sich vor allem auf zuckerhaltigen Früchten, besonders auch auf den Schalen der Weinbeeren. Bei der Kelterung gelangen die Hefen mit in den Pressmost. Dank ihrer Fähigkeit zur Alkoholbildung und sich auch beim Fehlen von Luftsauerstoff zu vermehren, können die erwünschten Weinhefen im gärenden Most im Konkurrenzkampf mit den übrigen, meist weinschädigenden Mikroorganismen wie Schimmelpilzen, Kahmhefen, Essigbakterien u.a. die Überhand gewinnen. Bei solchen Hefezellen handelt es sich abhängig vom Entwicklungszustand meistens um ovale blasenförmige Gebilde mit mittleren Durchmessern von 4 µm bis 14 µm. Die Hefezelle wird von einer verhältnismäßig dünnen elastischen Zellwand umgeben. Diese aus Proteinen, Fetten und langkettigen Zuckern bestehende Wand ist für in Wasser gelöste niedermolekulare Stoffe wie Zucker, Alkohole und Mineralstoffe durchlässig.

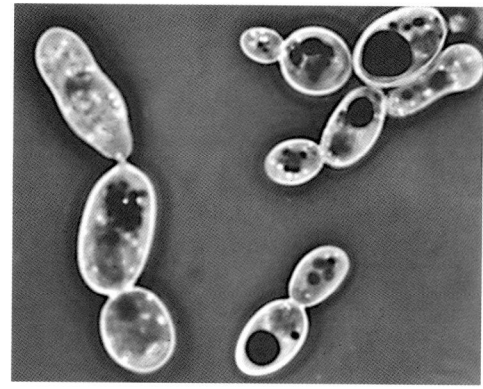

Abb. 10.1: Sprossende Weinhefen der Art Saccharomyces cerevisiae var. ellipsoideus.

Im gärenden Most erfolgt die Vermehrung der Weinhefen durch Sprossung (Abb. 10.1). Hierbei bildet sich an einer Stelle der Hefezellwand vorerst eine kleine, mit Protoplasma gefüllte Ausbuchtung, die Sprossknospe. Der Zellkern wandert zur Sprossknospe und teilt sich. Die eine Hälfte des geteilten Zellkerns wandert in die Sprossknospe, während die andere Hälfte in der Mutterzelle verbleibt. Die so entstandene Tochterzelle wächst heran und teilt sich schließlich als selbstständiges Individuum ab. Der gesamte Vermehrungszyklus dauert zwei bis fünf Stunden. Im angärenden Most können die Sprossungen in so dichter Folge geschehen, dass die Tochterzelle bereits vor dem völligen Abschnüren von der Mutterzelle wieder eine Sprossknospe bildet. Dadurch entstehen Sprossverbände aus mehreren Hefezellen verschiedenen Alters.

Vor dem Einleiten der Gärung müssen jedoch, um einen haltbaren und harmonisch schmeckenden Wein bereiten zu können, noch der Gehalt an Zucker und Säure im Ausgangsmost bestimmt werden (Abschnitt 9.4).

Der Zuckergehalt, gemessen als **Mostgewicht**, sollte im Bereich zwischen 60°Oe bis 100°Oe liegen. Aus solchen Mosten erhaltene Weine können nach vollständiger Vergärung ungefähre Alkoholgehalte um 60 g/l bis 100 g/l, umgerechnet etwa 7,5 %Vol. bis 12,5 %Vol., aufweisen. Traubensäfte mit Mostgewichten unter 60°Oe liefern zu alkoholarme, häufig wenig stabile Weine. Sie sollten daher durch Zusatz von Zucker so aufgebessert werden, dass deren Mostgewichte dann in dem vorstehend angegebenen Bereich liegen. Um das Mostgewicht um 1°Oe zu erhöhen sind für 10 Liter Traubensaft 24 g Zucker erforderlich. Eine solche durch **Zuckerzusatz** zu erreichende Verbesserung des Mostes sollte jedoch höchstens 30°Oe betragen bzw. das Mostgewicht die Grenze von 100°Oe nicht überschreiten. Anderenfalls kann der infolge des übermäßigen Zuckerzusatzes bewirkte erhöhte Alkoholgehalt sich nicht harmonisch in das Geschmacksbild des betreffenden Weines einfügen. Solcher Wein wirkt plump mit einem oft störenden brandigen Geschmack.

Der Gehalt an **titrierbarer Säure** ist mit 6,0 g/l bis 12,0 g/l günstig für die Bereitung eines geschmacklich harmonischen, haltbaren Weines. In den allerdings nur seltenen Fällen, in denen Traubensäfte weniger als 6 g/l titrierbare Säure aufweisen, sind zur **Erhöhung dieses Säuregehalts** um 1 g/l je 0,9 g Zitronensäure zuzusetzen. Erfahrungsgemäß dürfte für die praktischen Belange für 10 Liter eines solchen säurearmen Mostes ein Zusatz von etwa 30 g Zitronensäure oder Weinsäure hinreichend sein, um eine befriedigende Weinqualität zu erreichen.

Traubenpresssäfte mit einem Gehalt über 12 g/l titrierbarer Säure verkosten sich als zu sauer. In einem solchen Falle kann durch eine **Kalkentsäuerung** die titrierbare Säure bis auf diesen vorgenannten Wert erniedrigt werden. Zum Absenken dieses Säurewertes um 1g/l sind 0,67 g Calciumcarbonat (kohlensaurer Kalk) pro Liter Most erforderlich, d.h. etwa 6,7 g/10 Liter. Das pulverförmige Calciumcarbonat, zu beziehen in Drogerien oder Apotheken, wird dem zu behandelnden Most innig untergemischt. Hierbei ist zu beachten, dass es als Folge der Reaktion des Calciumcarbonats mit der Weinsäure zum kurzzeitigen Aufschäumen durch das freigesetzte Kohlendioxid kommt (Abschnitt 10.4.5). Eine solche Mostentsäuerung sollte aber nur bei extrem unharmonisch sauer schmeckenden Mosten angewendet werden.

Eine **Schwefelung** (S. 130f.) des Mostes ist nicht unbedingt erforderlich. Sie wird aber empfohlen, da hierdurch neben der sauerstoffbindenden und somit die Mostfarbstoffe schonenden Wirkung noch eine erwünschte Auslese unter der Vielzahl der vorliegenden verschiedenen Gärungserreger erfolgt. Für die Weinbereitung geringwertige Hefearten mit nur schwachem

Gärvermögen, die beim Umsetzen der Zucker neben Alkohol und Kohlendioxid noch geschmacksbeeinträchtigende Stoffe bilden, können in ihrer Entwicklung gehemmt werden. Dagegen können sich die erwünschten Weinhefen ungehinderter entwickeln. Zu einer Mostschwefelung genügt der Zusatz von 50 mg Schwefeldioxid/l Traubensaft, was einem Zusatz von 1 g Kaliummetabisulfit/10 Liter entspricht. Die notwendige Menge an Kaliummetabisulfit ist in etwa 250 ml Traubensaft zu lösen und der übrigen Mostpartie gut unterzumischen.

10.2 Gäransatz für Rotweine

Im Unterschied zu den Weißweinen und den nur blassroten Roseeweinen (auch als Weißherbst bezeichnet) sind für die Qualität eines Rotweines noch die roten Farbstoffe der gefärbten Traubensorten entscheidend. Diese wertbestimmenden Farbstoffe sind jedoch bei den meisten Rotweintraubensorten nicht im Beerenfleisch, sondern in den Beerenschalen, auch Hülsen genannt, lokalisiert (Abschnitt 2.3). Bei den vorn dargestellten Kelterverfahren gelangen nur geringe Anteile dieser Farbstoffe in den Traubensaft. Es ist also eine Extraktion der Farbstoffe aus den Zellen der Beerenschalen erforderlich. Hierzu erfolgt die Vergärung bereits auf der Maische. Der hierbei gebildete Alkohol tötet die Zellen der Beerenschale ab, so dass die roten Farbstoffe in das Substrat übertreten können.

Zur praktischen Durchführung der Maischegärung wird vorerst eine zum Festellen des Mostgewichtes und der titrierbaren Säure repräsentative Probe der Maische entnommen und durch Filtrieren von den Feststoffen befreit. Die notwendigen Korrekturen des Säuregehalts, die Mostschwefelung (S. 129f.) und der Zusatz von vermehrter Reinzuchthefe sind noch vor Eintritt der Gärung vorzunehmen. Eine erforderliche Zuckerung wird erst nach erfolgtem Abpressen der vergorenen Maische durchgeführt.

Zur Vergärung wird die so vorbereitete Maische in ein Gefäß aus Steingut oder einen Topf (Gärtopf) gefüllt und zum Fernhalten von Fruchtfliegen mit einem losen Deckel oder Leinentuch abgedeckt. Der Gäransatz ist bei Temperaturen um 20°C zu lagern und täglich mindestens zweimal gründlich durchzurühren, damit eine möglichst gleichmäßige Vergärung der Maischeinhaltsstoffe erfolgen kann und das Entstehen von Kahmhäuten mit Essigbakterien unterbunden wird. Nach etwa 5 bis 6 Tagen ist der Gärprozess weitgehend abgeschlossen und die Maische kann abgepresst werden. Der so erhaltenen **Wirzwein**, das ist der von der Maische abgepresste junge Rotwein, wird erforderlichenfalls noch mit Zucker versetzt. Hierbei wird die berechnete Zuckermenge in einem entnommenen Anteil von etwa 3 Liter des Wirzweines gelöst. Da dieser Jungwein noch weitgehend mit Kohlendioxid gesättigt ist und es somit zum Aufschäumen kommt, muss für diese Arbeiten ein hinreichend großes Gefäß verwendet werden.

10.3   Gärführung

Das seit Jahrhunderten übliche Behältnis zur Vergärung des Traubenpresssaftes, zur Reifung und Lagerung des Weines ist das **Holzfass**. Dieses wird in Deutschland überwiegend aus Eichenholz, in südlicheren Weinbauländern auch aus Kastanien- oder Lärchenholz gefertigt. Dem Hobbywinzer wird aber die Verwendung von Holzfässern bei der Weinbereitung abgeraten. So ist die Pflege solcher Fässer mit erheblichem Aufwand verbunden, um ein Austrocknen, Verschimmeln oder Stichig-Werden bzw. das Aufkommen sonstiger Veränderungen im Fassholz zu verhindern, die den Weingeschmack beeinträchtigen. Weiterhin stehen dem Hobbywinzer nur verhältnismäßig geringe Traubenmengen aus eigener Ernte zur Verfügung, so dass für ihn nur Fässer bis zu maximal 50 Liter Inhalt in Betracht kommen. Im Vergleich mit den in Weinkellereien vorhandenen Stück- und Doppelstückfässern (1200 bzw. 2400 Liter Fassungsvermögen) ist bei Fässern <50 Liter die Fassoberfläche im Verhältnis zum Fassinhalt ungünstig groß, was zu unerwünscht starkem Verdunsten des eingelagerten Weines führt. Die stärkerwandigen hölzernen Bierfässer sind für diese Verwendung ebenfalls nicht zu empfehlen, da deren vollständige Reinigung von Rückständen aus der vorherigen Bierlagerung für die Laien unvertretbar aufwendig bzw. nicht möglich ist.

Bei dem aus Frankreich stammenden Barrique-Verfahren erfolgt die typische Vergärung und Lagerung in rohen Eichenholzfässern von häufg nur von 225 Litern Inhalt. Hierbei soll der Wein Aromastoffe und Gerbstoffe aus dem Faßholz zu seiner geschmacklichen Abrundung aufnehmen. Eine solche Behandlung soll hauptsächlich bei Rotweinen geschmacklioch gute Erzeugnisse gelingen lassen. Da diese Barrique-Fässer wegen der Auslaugung nur wenige Male genutzt werden können, sind aus Kostengründen solche Verfahren entwickelt worden, den Holzteffekt durch Zusatz von Eichenholzspänen u.ä. zum Wein nachzuahmen.

Der Barrique-Ausbau eines Weines erfordert Wissen, Erfahrung und Sorgfalt. Er wird daher den Hobbywinzern nicht zur Nachahmung empfohlen.

Dem Hobbywinzer werden daher für die Weinbereitung zylinderförmige Glasflaschen mit einem Inhalt von 10 bis 15 Litern und einem Durchmesser der Halsmündungen von maximal 50 mm vorgeschlagen. Derartige Glasbehälter sind verhältnismäßig bruchsicher und lassen sich noch gut handhaben. Solche Flaschen werden mit passenden, möglichst konischen Korken verschlossen, die zentral je ein Loch zur Aufnahme des Gärverschlusses, wie Gärröhrchen oder Gärtrichter (Abb. 10.2), aufweisen.

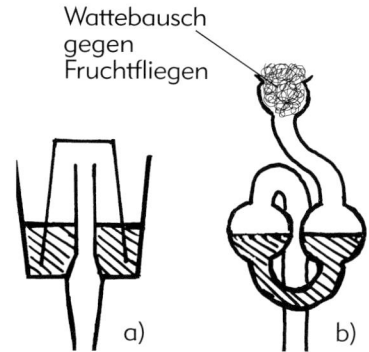

Abb. 10.2: Gärverschlüsse:
a) Gärtrichter, b) Gährröhrchen

In solche Gärbehälter wird der gegebenenfalls aufgezuckerte Traubensaft oder der rote angegorene Wirzwein eingefüllt und mit einem Gärverschluss versehen. Hierbei ist im Behältnis noch ein Steigraum von etwa 10% des Gesamtvolumens zu belassen, um einem Überschäumen des werdenden Weines während der stürmischen Gärung vorzubeugen. Gleichzeitig ist noch ein weiterer Anteil des gleichen bzw. geeigneten Mostes oder Wirzweines, der etwa 20% des Hauptgäransatzes entspricht, unter den gleichen Bedingungen in einem Behältnis passender Größe getrennt zu vergären. Dieser so erhaltene Beifüllwein dient später zum Auffüllen des Hauptgäransatzes nach Beendigung der alkoholischen Gärung und nach den Hefe- und Schönungsabstichen, um die eingetretenen Flüssigkeitsverluste wieder auszugleichen.

Bei Temperaturen zwischen 22 und 27 °C finden die für die Weinbereitung wichtigen Hefen die günstigsten Lebensbedingungen vor. Höhere bzw. niedrigere Temperaturen verzögern die Intensität der Gärung und deren Geschwindigkeit.

In der ersten Phase im Ablauf der Gärung kommt es zu einer raschen Vermehrung der Hefe durch Sprossung, wobei die Hefezellen einen Großteil des im Most gelösten Sauerstoffs aufnehmen. Wird dann eine bestimmte Sauerstoffkonzentration im Most unterschritten, stellen die Hefen ihren Stoffwechsel um und nutzen die vorliegenden Zucker energetisch, indem sie diese zu Kohlendioxid und Ethylalkohol (Ethanol) abbauen. Dieser Vorgang äußert sich häufig schon zwei bis drei Tage nach der Einlagerung in das Gärgebinde durch eine starke Kohlendioxidentwicklung und wird im Höhepunkt seiner Ausbildung als stürmische Gärung bezeichnet. Dem schließt sich je nach dem ursprünglichen Zuckergehalt im Most noch die ein- bis zweiwöchige Nachgärung an. Hier nimmt die Entwicklung von Kohlendioxid deutlich ab und kommt schließlich völlig zum Erliegen. Die Ursache hierfür liegt einerseits im Schwinden des Zuckervorrats, andererseits hemmt der entstehende Gärungsalkohol zunehmend die Lebenstätigkeit der Hefen. Insgesamt sind für die gesamte Gärungsphase zwei bis vier Wochen anzunehmen.

Aus dem ursprünglichen Mostgewicht lässt sich der bei vollständiger Vergärung des Mostes zu erwartende Alkoholgehalt des betreffenden Weines errechnen. Das Mostgewicht gemessen in Oechslegrad ergibt den ungefähren Gehalt in g/l Alkohol. Die Multiplikation dieses Gewichtswertes mit dem Faktor 0,127 ergibt die im Handel für alkoholische Getränke übliche Angabe in Volumenprozent Alkohol:

$1 \, Oe° $ entspricht $\sim 1 \, g/l$ Alkohol
g/l Alkohol $\times 0,127$ entspricht $\sim$ Volumen-% Alkohol

Für präzise Berechnungen sind einschlägige Tabellenwerke erforderlich (VOGT u.a., 1984).

10.4 Weinausbau

Sobald die Gärphase endet, beginnt die Phase des Weinausbaus, die über die zukünftige Qualität des Weines entscheidet.
Bisher hat das über dem gärenden Most lagernde Kohlendioxid die abträglichen Einwirkungen des Sauerstoffs aus der Luft abgewehrt. Dieser Schutz lässt aber nun zunehmend nach. Der Gärbehälter ist daher umgehend mit dem gleichzeitig angesetzten Beifüllwein randvoll aufzufüllen und sicher abzudichten. Der Korken wird wieder mit einem Wasser gefüllten Gärverschluss versehen.

Während dieser Arbeiten bietet sich auch ein erstes Verkosten des jungen Weines an, wobei Informationen zu dessen Qualität erhalten werden. Wird der verkostete Jungwein als unharmonisch sauer empfunden, ist ein gründliches Aufrühren des Bodensatzes (u.a. Hefe und Weinbakterien) angeraten. Hierdurch kann der durch bestimmte Weinbakterien bewirkte biologische Säureabbau (Abschnitt 10.4.1) gefördert werden.

Wenn geschmacklich noch ein gut erkennbarer Zuckerrest festzustellen ist, kann die Gärung noch nicht im möglichen Ausmaße erfolgt sein. Der Hobbywinzer sollte wegen seiner begrenzten technischen Möglichkeiten und der notwendigen biologischen Stabilität seiner selbsterzeugten Weine nur solche mit einem möglichst geringen vergärbaren Zuckerrest, also trockene Weine, bereiten. Auch in diesem Falle kann das Aufrühren der Hefe und, falls möglich, das teilweise Vermischen mit einem anderen noch in Gärung befindlichen Jungwein bzw. der Zusatz eines mit Reinzuchthefe angesetzten gärenden Traubensaftes noch ein vollständiges Vergären des biologisch verwertbaren Zuckerrestes bewirken. Förderlich ist auch das Erwärmen des Jungweines auf etwa 20 °C.

Festgestellte Fehler im Geruch bzw. Geschmack erfordern dagegen den umgehenden Abstich, d.h. Abtrennen des beanstandeten Jungweines von der Hefe. Günstig kann in einem solchen Falle eine Hefeschönung (Abschnitt 10.4.4) mit Hefe aus einem einwandfreien Jungwein entsprechender Sorte sein. Auf alle Fälle ist ein solcher fehlerbehafteter Jungwein mit 1,5 g Kaliummetabisulfit/10 Liter nachzuschwefeln und vorerst spundvoll weiterzulagern. Häufig vermindert sich der ursprünglich festgestellte vermeintliche Fehler während der Lagerung von selbst.

Bei sehr säurearmen Jungweinen ist ebenfalls ein zeitiger Abstich von der Hefe günstig. Im Allgemeinen ist jedoch ein so früher Hefeabstich nicht notwendig. Vorteilhaft ist, wenn so lange gewartet werden kann, bis sich die Hefe zu einem festen Depot abgesetzt und der darüber stehende Jungwein sich schon weitgehend geklärt hat.

Der Hefeabstich muss aber unbedingt innerhalb der ersten drei Monate, gerechnet ab Gärbeginn, erfolgen. Anderenfalls kann die abgesetzte Hefe in Zersetzung übergehen, was sich nachteilig auf die Weinqualität auswirkt. Ein unnötig früher Abstich ist wiederum nicht angebracht. Vom jungen, gesunden Hefetrub (abgesetzte Hefe) werden nämlich für das Weinbukett förderliche Stoffe an den Wein abgegeben.

Der von dem Hefedepot abgestochene Jungwein ist generell mit 1,0 g Kaliummetabisulfit/10 Liter Wein nachzuschwefeln und nach erfolgtem Zusatz von Beifüllwein wieder spundvoll möglichst abgedunkelt bei Temperaturen <20 °C frostsicher weiter zu lagern.

Das Werden eines Weines wird während dessen Ausbau noch von mehreren physikochemischen und biochemischen sowie biologischen Prozessen bestimmt, die in den folgenden Abschnitten behandelt werden.

10.4.1 Säureabbau

Wesentliche Veränderungen erfahren im Verlaufe des Weinausbaus die ursprünglich im Most vorhandenen Konzentrationen an Weinsäure und Äpfelsäure, ferner die Mineralstoffe, insbesondere Kalium und Calcium.

Der Presssaft der Weinbeeren ist häufig, besonders bei reifen Jahrgängen, eine gesättigte Lösung des sauren Kaliumsalzes der Weinsäure, dem Kaliumbitartrat oder Kaliumhydrogentartrat. Durch die stete Zunahme des Alkoholgehaltes im Gärmedium verringert sich die Löslichkeit dieses Kaliumbitartrats, so dass sich ein bestimmter Anteil dieses Kaliumsalzes kristallin als sogenannter **Weinstein** ausscheidet. Weiterhin wird durch die während der Wintermonate eintretende Abkühlung des Weines die Löslichkeit dieses sauren Kaliumsalzes der Weinsäure weiter herabgesetzt, so dass es zu erneuten Weinsteinausscheidungen kommt. Infolge dieses, auch **chemischer Säureabbau** genannten, physikochemischen Prozesses geht im betreffenden Wein der Gehalt an Weinsäure zurück. An dieser Säureverminderung, die sich auch in einem Rückgang an titrierbarer Säure anzeigt, sind Mikroorganismen nicht unmittelbar beteiligt. Nennenswerte Änderungen des pH-Wertes und somit auch des sauren Geschmacks des Weines als Folge der Weinsteinausscheidung sind im Allgemeinen nicht feststellbar, da mit der Weinsäure auch ein entsprechender Anteil mineralischer Inhaltsstoffe, vor allem Kalium, als basisch reagierende Bestandteile mit abgeschieden werden.

Nach Abschluss der alkoholischen Gärung, noch vor dem Hefeabstich aber auch später, kann sich eine erneute, allerdings schwächere Kohlendioxidbildung im jungen Wein bemerkbar machen, die häufig auch als Nachgärung bezeichnet wird. Dieser biologische Vorgang, der keine alkoholische Gärung ist und sich auch zu späteren Zeitpunkten, bevorzugt im Mai und Juni, aber auch in auf Flaschen gefüllten Weinen wiederholen kann, ist der **biologische Säureabbau**. Hierbei wird durch bestimmte, zu den mikrobiellen

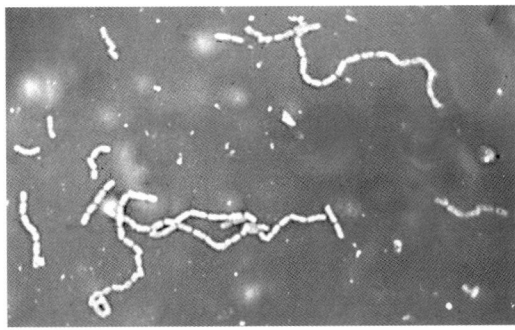

Abb. 10.3:
Kulturen von Leuconostoc oenos in einem säureabbauenden Wein.

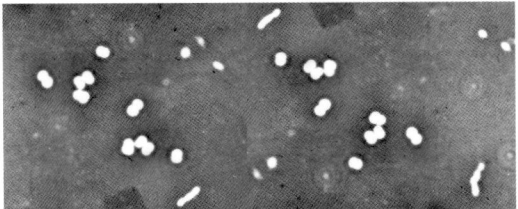

Abb. 10.4:
Kulturen von Pediococcus cerevisiae in einem säureabbauenden Wein.

Milchsäurebildnern zählenden Bakterien der Gattungen *Leuconostoc* und *Pediococcus* (2-3 μm, Abb. 10.3 und 10.4) die im Wein vorhandene Äpfelsäure zu Milchsäure und Kohlendioxid abgebaut. Es wird also die sauer schmeckende zweibasische Äpfelsäure gespalten in die geschmacklich weniger sauer empfundene einbasische Milchsäure und in das überwiegend gasförmig entweichende Kohlendioxid. Dieser biologische Prozess bewirkt in der Regel eine Verschiebung der Weinazidität um 0,2 bis 0,5 pH-Einheiten. Eine solche zwar nur geringfügige Änderung, üblicherweise vom ursprünglichen pH-Wert pH 3,1-3,4 auf pH 3,5-3,8, ist jedoch geschmacklich deutlich wahrnehmbar, da das Empfinden der menschlichen Zunge für saure Geschmacksreize weitgehend vom pH-Wert abhängt. Nach erfolgtem biologischen Säureabbau verkosten sich daher solche Weine stets geschmacklich milder als vordem. In bestimmten, von Natur aus säurearmen Weinen, vor allem in solchen mit verhältnismäßig hohem Gehalten an Kalium und Magnesium in der Weinasche, kann mitunter innerhalb einer Jahresfrist der Säuregehalt extrem vermindert werden. Solche Weine verlieren infolge hierdurch begünstigter weiterer biochemischer Prozesse geschmacklich wesentlich an Wert. Warme Lagerung des reifenden Jungweines aber auch von Flaschenweinen bei Temperaturen >20°C fördert diesen biologischen Säureabbau. Eine bewusste Lenkung dieses bakteriellen Abbaus der Äpfelsäure ist für den Hobbywinzer schwierig, da für ihn die, den Prozess beherrschenden Faktoren gewöhnlich nicht erfassbar sind. Beruhigend ist jedoch, dass die aus dem eigenen Weinbau im Garten stammenden Trauben überwiegend solche Weine liefern, in denen der biologische Abbau der Äpfelsäure spontan eintreten wird. Weiterhin schützen eine hinreichende Schwefelung und kühle Lagerung der Flaschenweine (<15°C) diese mit hoher Sicherheit vor einem störenden übermäßigen Säureabbau.

10.4.2 Bukettausbildung

Für die Bukettausbildung des Weines konnten bisher verschiedene Ester, Aldehyde und Ketone als Geruchs- und Geschmacksstoffe erkannt werden. Die Vielzahl der meist nur in sehr geringen Konzentrationen vorliegenden Stoffe mit z.T. komplizierter Struktur sind bis heute noch nicht befriedigend erfasst und identifiziert worden.

Bekannt ist, dass sich das Bukett eines ausgebauten Weines aus Geruchs- und Geschmacksstoffen zusammensetzt, die
- von der Weinbeere stammen (**Sorten-** und **Lagebukett**)
- während der alkoholischen Gärung gebildet werden (**Gärungsbukett**),

- im Verlaufe der Lagerung durch Oxidationsprozesse, Abbau und Umwandlung von Stickstoffverbindungen oder Veresterungen entstanden sind (**Lagerungsbukett**).

Die Bukettausbildung kann durch richtig bemessene Schwefelung (Abschnitt 10.4.3), Weinschönung (Abschnitt 10.4.4) und möglichst geringe mechanische Belastung (z.B. durch Umfüllen) des lagernden Weines unterstützt werden. Bei der Ausbildung des Weinbuketts handelt es sich um einen komplizierten organisch-chemischen Prozess, der nur verhältnismäßig langsam von statten geht. Es ist daher nicht möglich, durch einen zeitlich beschleunigten Weinausbau hinsichtlich der Bukettausbildung befriedigende Weine zu erhalten. Man muss mit einer Zeitdauer von mindestens einem Jahr rechnen.

10.4.3 Schwefelung

Im Most und Wein ist für die Entwicklung von Mikroorganismen, die Bildung von Geruchs- und Geschmacksstoffen sowie für das farbliche Aussehen ein bestimmtes Verhältnis von oxidierend und reduzierend wirkenden Inhaltsstoffen verantwortlich. Das Verhältnis von deren Aktivitäten wird als **Redoxpotential**, häufig ausgedrückt als **rH-Wert**, bezeichnet. Zur näheren Erläuterung dieses physikochemischen Begriffes wird auf Fachlexika verwiesen. Definitionsgemäß entsprechen die Werte rH 0 dem Reduktionsvermögen von atomarem Wasserstoff von 1 at und rH 42,5 demjenigen von atomarem Sauerstoff von 1 at. Zum Verständnis ist es für praktische Belange hinreichend zu wissen, dass die rH-Werte das Wasserstoff/Sauerstoff-Verhältnis im Most und Wein ausdrücken. Je höher der rH-Wert ist, desto größer ist die Menge des in der Lösung verfügbaren Sauerstoffs.

Beim Keltern der Weintrauben kommt es zwangsläufig, da die Luft hierbei nicht ausgeschaltet werden kann, zu einer Sauerstoffaufnahme des Pressmostes und somit auch zu einer Erhöhung von dessen Redoxpotential auf Werte rH>20. Die anschließende Hefeentwicklung mit der nachfolgenden alkoholischen Gärung sind Sauerstoff verbrauchende, also reduktive Prozesse, die ein Absinken des Redoxpotentials auf Werte rH<17 bewirken. Bei den für eine ordnungsgemäße Weinbehandlung unerlässlichen Abstich- und Schönungsarbeiten bis hin zur Flaschenfüllung sind oxidative Einwirkungen der Luft auf den Wein nicht vermeidbar.

Die Weinfarbstoffe sind gleichzeitig Redoxindikatoren, d.h. ihre Farbtönung wird vom rH-Wert im Medium bestimmt. Die gelbgrünliche Färbung von Weißweinen verändert sich mit ansteigenden rH-Werten über sattgelb zu bräunlichgelb bis braun. Bei Rotweinen erfolgt der entsprechende Farbwechsel von rubinrot zu braunrot. Die Ausbildung von Bukettstoffen des Weines hängt ebenfalls von dessen Redoxpotential ab. Für den Wein vom Hobbywinzer ist in dieser Hinsicht der Bereich von rH 17 bis rH 20 als optimal anzustreben.

Als Mittel zur gezielten Steuerung des Redoxpotentials im Wein dient schon seit alters her die **schweflige Säure**. Diese ist ein mäßig starkes Reduktionsmittel. Sie vermag Sauerstoff aus dem Medium aufzunehmen, was ein Absenken des rH-Wertes bewirkt, wobei sie selbst zu Schwefelsäure oxidiert wird. Die schweflige Säure ist gasförmig als Schwefeldioxid und als wässrige Lösung bzw. als pulverförmiges Kaliumsalz verfügbar. Dem Hobbywinzer wird aber nur die Verwendung des Salzes in Form von **Kaliummetabisulfit** empfohlen.

Kaliumpyrosulfit wird in saurer Lösung (Most bzw. Wein) unter Freisetzung von Schwefeldioxid zersetzt. Aus 100 Masseteilen Kaliummetabisulfit werden annähernd 50 Masseteile Schwefeldioxid frei. Das Salz wird in Form von Tabletten zu je 1 bzw. 10 g gehandelt. Es ist in gut verschließbaren Glasgefäßen (keine Metallgefäße!) trocken und kühl zu lagern. Anderenfalls kann schon vorzeitige Zersetzung eintreten und keine genau bemessene Dosierung mehr erfolgen. Zur Schwefelung wird die entsprechende Menge an Kaliumpyrosulfit in etwa 100 ml Most bzw. Wein restlos gelöst und umgehend der zu behandelnden Partie intensiv untergemischt.

Durch Schwefelung der Maische und des Mostes werden unerwünschte, weniger gärkräftige Hefearten und -rassen, die auf höhere rH-Werte angewiesen sind, in der Entwicklung gehemmt. Es kommt so hauptsächlich zur Ausbildung einer Flora von erwünschten *Saccharomyces*-Hefen. Neben dieser selektiven Wirkung auf die Gärungsorganismen bindet die vorliegende freie schweflige Säure die während des Gärungsprozesses mit entstehenden Aldehyde zu aldehydschwefliger Säure. Dieser Prozess ist für den Weingeschmack förderlich. Weiterhin wird bei Anwesenheit von freier schwefliger Säure im gärenden Most die Bildung von Glycerol günstig beeinflusst, wodurch der Wein extraktreicher und vollmundiger wird.

Die in den einzelnen Abschnitten angegebenen Mengen von Kaliummetabisulfit zur Behandlung von je 1g/10 Liter sind nach eigenen Erfahrungen im Allgemeinen ausreichend zur Schwefelung der selbstbereiteten Weine aus Erträgen des Hobbyweinbaus. Sie gewährleisten mit hoher Wahrscheinlichkeit für die so geschwefelten Weine rH-Werte, die im genannten Optimalbereich liegen. Überschwefelung, welche den Genuss und die Bekömmlichkeit solcher Weine beeinträchtigen könnten, ist nicht zu befürchten.

Eine genaue Ermittlung der benötigten Schwefelung setzt entsprechende chemisch-analytische Einrichtungen und Kenntnisse voraus. Einen allerdings nur groben, aber für praktische Belange genügenden Hinweis liefert die **Rahnprobe**. Hierzu wird eine Weinprobe aus der Mitte des Lagerbehälters entnommen, in ein farbloses Weinglas gefüllt und an der Luft stehen gelassen. Kommt es bereits nach 6 Stunden zu einer deutlichen braunen Verfärbung der Probe ist eine Schwefelung mit 1,5 g Kaliummetabisulfit/10 Liter vorzunehmen. Dunkelt der Wein aber erst nach 24-stündigem Stehen merklich nach, genügt eine Nachschwefelung mit 1 g/10 Liter. Verändert der Wein nach über siebentägigem Stehen an der Luft seine Farbe nicht erkennbar, ist keine Nachschwefelung nötig.

Als weiteres natürliches Reduktionsmittel ist die **L-Ascorbinsäure** (Vitamin C) zur Weinbehandlung zugelassen. Die Ascorbinsäure bindet den im Wein gelösten Sauerstoff ab und wird hierbei zu Dehydroascorbinsäure oxidiert. Es kommt also zu einer Erniedrigung des Redoxpotentials im Wein. Bei Überdosierung kann der für den Genuss optimale Bereich der rH-Werte unterschritten werden, wodurch sich solche Weine als wenig ausdrucksvoll verkosten. Weiterhin ist die Ascorbinsäure hinsichtlich der Bukettausbildung im Wein kein vollwertiger Ersatz der schwefligen Säure und ist nicht keimhemmend.

10.4.4 Weinklärung und -schönung

Der von der Kelter fließende Pressmost ist durch kleine Gewebeteilchen aus den Weinbeeren, die durch mechanischen Abrieb entstehen, mehr oder weniger getrübt.
Mit Beginn der alkoholischen Gärung wirken die wachsenden Hefen als mikrobiologische Trübungsstoffe, die gleichzeitig von sich bildenden Weinsteinkristallen begleitet werden. Solche dispergierten Stoffe setzen sich nach dem Aufhören der Kohlendioxidbildung zu einem meist kompakten Belag am Gefäßboden ab und werden mit dem Abstich vom Hefetrub weitgehend entfernt. Als Ursache von späteren Weintrübungen sind sie daher bedeutungslos.

Während des Weinausbaus laufen eine Vielzahl von kolloidchemischen Prozessen ab. Insbesondere Eiweißverbindungen, höhermolekulare Kohlenhydrate und Gerbstoffe, die im Jungwein als klare kolloidale Lösungen (Sole) vorliegen, gehen später durch Alterung in den Gel-Zustand über und flocken in Form winziger Trübungsteilchen aus. Weiterhin kann es zu chemischen Reaktionen zwischen den vorgenannten Kolloiden kommen, aus denen neue Trübungsteilchen resultieren.

Von einem handelsüblichen Wein wird gefordert, dass dieser völlig blank ist und somit keinerlei Trübungsteilchen erkennen lässt. Weinkellereien verfügen über entsprechende Vorrichtungen, wie Separatoren und Filter, um nach entsprechenden weinklärenden Vorbehandlungen, wie Wärmebehandlung oder gezielte Schönung mit erlaubten Kolloidlösungen (Gelatine, Tannin bzw. Kieselsol), die Trübungsstoffe aus dem flaschenreifen Wein abzutrennen. Solcher Hilfsmittel kann sich der Hobbywinzer häufig nicht bedienen. Trotzdem kann er seinen bereits ausgebauten, aber noch nicht völlig blanken, kellerhellen Wein durch **Schönung** weitgehend von störenden Trübungsstoffen befreien. Die hierzu verwendeten Einsatzstoffe müssen chemisch rein sein. Erhältlich sind sie in Apotheken oder Fachdrogerien. Wenn im zu behandelnden Wein Kohlendioxid-Bläschen aufsteigen, befindet sich dieser in einer Nachgärung oder im biologischen Säureabbau. Zu einem solchen Zeitpunkt kann eine Schönung des betreffenden Weines nicht durchgeführt werden, da sich infolge des Gasauftriebs der Schönungstrub (Trub=Trübungsteilchen) nur zögernd absetzen kann.

Bei der **Tannin/Gelatine-Schönung** werden pro 10 Liter Wein in getrennten, mit je 50 ml Wasser gefüllten Gefäßen 0,5 g Tannin (Gerbstoff) und 0,5 g Gelatine (Eiweiß) rückstandslos gelöst. Beim Lösen der Gelatine darf die Wassertemperatur nicht über 30 °C ansteigen, da sonst deren Flockungseigenschaft gemindert wird. Anschließend wird die Tanninlösung im Wein gut untergerührt und darauf in gleicher Weise die Gelatinelösung. Innerhalb der ersten vier Stunden ist durch Reaktion des elektrisch negativ geladenen Tannins mit der positiv geladene Gelatine eine starke Trübung im Wein entstanden, die sich innerhalb der folgenden zwei Tage als flockige Trübung absetzt. Bei ordnungsgemäßem Ablauf der Schönung hat sich der Schönungstrub als dichtes Geläger (abgesetzte Trübungsteilchenmasse) abgesetzt, der überstehende Wein ist verhältnismäßig blank. Dieser Wein wird mittels eines Schlauches vorsichtig, ohne den Bodensatz aufzuwirbeln, in ein Gefäß passender Größe abgezogen (Abb. 9.4, Abschnitt 9.2). Anschließend wird der verbliebene Schönungstrub in eine möglichst schlanke Glasflasche gefüllt, verkorkt und ruhig stehen gelassen. Nach etwa einer Woche hat sich der Schönungstrub erneut so gut abgesetzt, dass der überstehende klare Wein entnommen und der übrigen geklärten Weinpartie zugesetzt werden kann. Der verbleibende Schönungstrub wird verworfen. Um das bei diesen Umfüllmanipulationen zwangsläufig erfolgende Belüften des Weines zu kompensieren, ist eine Nachschwefelung mit Kaliumpyrosulfit (1g/10 Liter) erforderlich.

Ähnlich ist die **Kieselsol/Gelatine-Schönung** durchzuführen. Hierbei wird anstelle des Tannins das ebenfalls elektrisch negativ geladene Kieselsol, eine polykondensierte kolloidale Lösung von Kieselsäure, eingesetzt. Falls vom

Hersteller dieses Sols keine anderen Werte angegeben werden, sind für 10 Liter Wein 5 ml Kieselsol unterzumischen und anschließend noch 0,5 g in Wasser gelöste Gelatine zuzugeben. Die weitere Verfahrensweise ist die gleiche, wie vorstehend unter der Schönung mit Tannin und Gelatine beschrieben.

Bei bereits auf Flaschen gefüllten Weißweinen kann es zu nachträglichen störenden Ausscheidungen von sogenannten thermolabilen Eiweißen kommen. Dieser Erscheinung kann durch eine **Bentonit-Schönung** vorgebeugt werden. Bentonit ist ein hochquellfähiges elektrisch negativ geladenes Tonmineral, ein komplexes Aluminiumsilikat der Montmorillonit-Gruppe. Es vermag positiv geladene Eiweißverbindungen zu adsorbieren und so aus dem Wein mit auszuscheiden. Für Rotweine ist diese Schönung wegen der hierbei ebenfalls erfolgenden Adsorption von roten Farbstoffen nicht geeignet.

Die Erforderlichkeit einer Bentonitschönung wird durch den **Wärmetest** festgestellt. Hierzu wird eine Probe von etwa 50 ml des betreffenden Weines zur Abtrennung von eventuell noch vorhandenen Trübungen über einen Papierfilter (mittlere Härte) in eine kleine farblose Glasflasche abgefüllt und 12 Stunden bei einer Temperatur von 50 bis 60 °C in einem Wärmeschrank oder Wasserbad gehalten und anschließend im Kühlschrank auf ca. 6 °C abgekühlt. Nach 24 Stunden kann die Probe beurteilt werden. Wird infolge der Wärmebehandlung im Wein ein feinflockiger Niederschlag nachweisbar, ist eine Bentonitbehandlung mit 3 g/10 Liter Wein zu empfehlen. Die abgewogene Bentonitmenge wird mit etwa 50 ml heißem Wasser übergossen und so 4 Stunden angequollen. Dann wird das überstehende Wasser abgegossen und die wässrige Bentonitsuspension dem Wein untergemischt. Nach 4 bis 6 Tagen kann der Wein vom Bentonittrub abgezogen werden. Neue Erfahrungen über die Bentonitschönung teilt Schmidt (2007) mit.

Die **Hefe-Schönung** dient im Gegensatz zu den vorgenannten Schönungsarten nicht der Klärung eines Weines von Trübstoffen. Vielmehr können Hefezellen, die in ihrer Gesamtheit eine riesige Oberfläche besitzen, braune Farbstoffe aus hochfarbenen Weinen adsorbieren und zusätzlich in merklichem Maße unerwünschte Geruchs- und Geschmacksstoffe selektiv beseitigen. Hinzu kommt noch die starke reduzierende Wirkung, die sogar eine starke Schwefelung ersetzen kann. Man kann allerdings nur ein frisches Hefegeläger eines gesunden, möglichst geschmacksstofffreien Weines verwenden. Ein solches steht allerdings nur im Herbst wenige Wochen nach der Traubenverarbeitung zur Verfügung. Zu anderen Jahreszeiten muss man sich durch Vergären von Traubensaft mit Reinzuchthefe diese Hefemenge heranziehen. Zum Behandeln von 10 Liter Wein genügen bereits 500 ml einer möglichst dicht bewachsenen Hefesuspension von gelbbräunlichem, milchigem Aussehen. Diese wird dem zu behandelnden Wein gut untergemischt. Sobald sich die zugesetzte Hefe am Gefäßboden abgesetzt hat, ist der darüber liegende Wein abzuziehen. Erforderlichenfalls ist dieser mit einer nachfolgenden Tannin/Gelatine-Schönung noch zu klären.

Durch eine **Kohle-Schönung** können ebenfalls störende Geruchs- und Geschmacksstoffe aus dem Wein adsorbiert werden. Hierzu werden 1 bis 6 g Aktivkohle/10 Liter Wein (bereits durch Schönung vorgeklärt) zugesetzt. Nach etwa drei Tagen ist der Wein vom Kohletrub zu trennen. Bei einer solchen Behandlung werden jedoch auch qualitätsbestimmende Bukett- und Farbstoffe von der Aktivkohle gebunden.

10.4.5 Weinentsäuerung

Verkostet sich nach etwa neunmonatiger Lagerzeit ein Wein noch als zu einseitig sauer und beträgt der Wert an titrierbarer Säure noch >10 g/l, ist dessen **Kalkentsäuerung** zum Erreichen seiner Geschmacksharmonie zu empfehlen. Zum Ausfällen von 1 g/l Weinsäure, das entspricht 1g/l titrierbarer Säure, sind 0,67 g Calciumcarbonat erforderlich. Das zugesetzte reine Calciumcarbonat (kohlensaurer Kalk) reagiert im Wein mit der Weinsäure unter Freisetzung von gasförmigem Kohlendioxid und Bildung von Wasser zu Calciumtartrat. Dieses unlösliche Calciumsalz der Weinsäure setzt sich – vergleichbar mit Weinstein – am Boden des Lagergefäßes kristallin ab.

Die berechnete Menge an Calciumcarbonat wird portionsweise in einer kleinen Weinmenge, etwa 100 ml, suspendiert und der übrigen Weinpartie unter Umrühren tropfenweise beigemischt, dass eine stärkere Entbindung von Kohlendioxid und damit die Schaumbildung möglichst unterdrückt werden. Um Verluste durch Überlaufen zu vermeiden, empfiehlt es sich, vor der Zugabe des Calciumcarbonats etwa 10% der gesamten Weinmenge zeitweise aus dem spundvollen Lagergefäß zu nehmen. Bei einer eventuellen Schaumbildung ist dann genügend Steigraum vorhanden. Anschließend wird die abgetrennte Weinmenge wieder zurück gegeben. Weiterhin soll der zu entsäuernde Wein möglichst kühl (<10°C) sein, um so eine weitgehende Ausscheidung des Calciumtartrats zu erzielen und Kristalltrübungen in Flaschenweinen vorzubeugen. So kann sich auch das hierbei freigesetzte, auf den Weingeschmack auffrischend wirkende Kohlendioxid besser im Wein lösen.

Das Ausmaß der Kalkentsäuerung sollte höchstens 3 g/l titrierbare Säure betragen. Die Kalkentsäuerung kann auch bereits im Most durchgeführt werden. Aus eigenen Erfahrungen wird eine Mostentsäuerung dem Hobbywinzer jedoch abgeraten, da dieser häufig das Ausmaß des im Jungwein später ablaufenden biologischen Säureabbaus (Abschnitt 10.4.1) nicht mit Sicherheit abzuschätzen vermag. Es könnten sonst zu säureschwache, pappig schmeckende Weine das Ergebnis sein.

10.5 Weinfehler und -krankheiten

Jeder Wein ist ständig der Gefahr ausgesetzt, durch Weinfehler und -krankheiten in seiner Qualität bleibend beeinträchtigt zu werden. Die Behandlung so befallener Weine kann häufig diese Schädigung nicht wieder befriedigend beheben. Solche nachteiligen Veränderungen des Weines sind nur durch sauberes und gewissenhaftes Arbeiten während der Kelterung, des Ausbaus und der Lagerung zu vermeiden. Im Folgenden kann nur auf die den Hobbywinzer besonders betreffenden Weinfehler und -krankheiten eingegangen werden.

Weinmängel sind der vorstehenden Kategorie nicht zuzuordnen. Sie sind häufig auf die geringe Qualität der verarbeiteten Trauben, beispielsweise Unreife, zurück zu führen. Sie sind von Natur aus bedingt. Abminderung ist durch Zuckerung des Mostes (Abschnitt 10.1), Kalkentsäuerung (Abschnitt 10.4.5) oder Verschnitt (Vermischen) mit geeigneten anderen Weinen zu erreichen.

Weinfehler sind nachteilige Veränderungen im Wein, die als Folge von physikochemischen (Ausfällungen), chemischen Prozessen (Umsetzungen) oder Aufnahme weinfremder Stoffe eintreten.

Weinsteintrübungen sowie **Calciumtartrattrübungen** (Abschnitt 10.4.5) von Flaschenweinen sind bei selbsterzeugten Weinen nicht als Weinfehler zu betrachten, da sich diese Kristalle am Flaschenboden absetzen und keine negativen Folgen für den Weingeschmack haben.

Eiweißtrübungen beeinträchtigen bei Flaschenweine deren Aussehen. Sie sind auf Ausscheidungen thermolabiler Eiweißstoffe (Abschnitt 10.4.4) zurückzuführen. Solche Flaschenweine sind stehend zu lagern, wodurch sich die Trübungsteilchen am Flaschenboden absetzen. Vorbeugend ist eine Schönung mit Bentonit möglich.

Das **Braunwerden** der Weine. Es äußert sich in einer allmählich stärker werdenden Verfärbung nach braunen Farbtönen, wenn der Wein an der Luft steht. Gleichzeitig besitzen solche Weine einen an gedörrtes Obst erinnernden **Luftgeschmack**. Diese Fehler können durch eine Schwefelung mit 1,5 g Kaliummetabisulfit/10 Liter Wein oder eine Hefeschönung abgeschwächt werden.

Ein übelriechender **Schwefelböckser** entsteht, wenn die Weinhefe elementaren Schwefel, der aus Pflanzenschutzmittelresten oder durch Einbrennen der Fässer mit Schwefel in den Wein gelangt ist, zu Schwefelwasserstoff reduziert. Dieser Fehler kann durch kräftiges Belüften des Weines, wie mehrmaliges Ablassen über eine Brause bzw. Aufquirlen in einem flachen Gefäß und anschließende Nachschwefelung mit 3 g Kaliummetabisulfit/10 Liter Wein deutlich abgeschwächt werden. Falls noch erforderlich, wird eine Hefeschönung angeraten.

Der bittere **Rappengeschmack** von Weißweinen tritt ein, wenn deren nicht entrappte Maische vor dem Abpressen in Gärung übergeht. Minderung kann eine Gelatineschönung (3 g Gelatine/10 Liter Wein) bewirken.

Schimmelgeschmack wird hervorgerufen, wenn der Wein mit verschimmelten Schläuchen oder Fässern in Berührung gekommen ist. Es ist kein brauchbares Verfahren bekannt, diesen Fehler zu beheben.

Störenden **Lösungsmittelgeruch** kann der Wein annehmen, wenn die Kellerluft durch Malerarbeiten mit Lösungsmittel angereichert worden ist oder die Trauben aus frisch mit Holzschutzmitteln imprägnierten Rebpfählen oder Transportstiegen Dämpfe aufgenommen haben. Solche Weine sind meistens als verdorben anzusehen. Eine allerdings nicht befriedigende Abhilfe kann in diesen Fällen eine Schönung mit bis zu 6 g Aktivkohle/10 Liter Wein schaffen (Abschnitt 10.4.4).

Gummigeschmack tritt auf, wenn Schlauchleitungen und Gefäßstopfen verwendet werden, deren Gummimaterial nicht von Lebensmittelqualität ist. Sämtliche mit dem Wein in Berührung kommende Gummimaterialien sind vor der erstmaligen Benutzung mit neutraler Reinigungslauge zu spülen und anschließend gründlich zu wässern. Eine Abschwächung des störenden Gummigeschmacks kann nur durch eine Hefeschönung oder eine kräftige Kohleschönung (4 g Aktivkohle/10 Liter geklärter Wein) und nachfolgenden Verschnitt des so behandelten Weines mit geeigneten anderen Weinen erreicht werden. Besser sind geruch- und geschmacklose Silikonmaterialien von Lebensmittelqualität.

Weinkrankheiten werden ausschließlich von Mikroorganismen verursacht. Diese trüben den befallenen Wein und rufen durch Zersetzung bestimmter Weinbestandteile und durch Bildung unerwünschter Stoffwechselprodukte nachteilige Veränderungen im Wein hervor.

Das **Nachgären** oder die **Hefetrübung** kann nur in restsüßen Weinen auftreten und ist insbesondere bei Flaschenweinen schwerwiegend. Es handelt sich hierbei nicht um eine Weinkrankheit, sondern es wird ein für die Weinentwicklung typischer Prozess spontan fortgesetzt. Trotzdem tritt eine Verzögerung im Ausbau der Weine ein. Solche Weine sind durch mehrmaliges Ablassen in einen Eimer zu belüften. Günstig ist ein erneuter Zusatz von Reinzuchthefe um ein völliges Durchgären des Weines zu erreichen. Dem Hobbywinzer wird daher dringend angeraten, die Gärung zügig und bis zum völligen Abbau der vergärbaren Zucker ablaufen zu lassen (Abschnitt 10.1). Damit wird eine ausreichende biologische Stabilität des selbstbereiteten Weines erreicht und ein Nachgären sowie Hefetrübungen mit hoher Sicherheit vermieden.

Decken von **Kahmhefen** können nur in alkoholarmen und nicht hinreichend geschwefelten Weinen entstehen, die in nicht spundvollen Behältnissen gelagert werden. Die Stoffwechselprodukte der Kahmhefen verleihen dem Wein einen bitterlichen, kratzenden Geschmack. Sich von der Kahmhaut lösende Partikel trüben den Wein hartnäckig. Befindet sich diese Krankheit noch im Anfangsstadium, kann der betroffene Wein durch Nachschwefelung mit 1,5 g Kaliummetabisulfit/10 Liter Wein und spundvolles Einlagern noch erfolgreich behandelt werden. Stärker kahmige Weine sind verdorben.

Mit den Kahmhefen vergesellschaftet sind häufig Essigbakterien, die Erreger des **Essigstichs**. Diese zur Gattung *Acetobacter* gehörenden Bakterien setzen den Weinalkohol bei Gegenwart von Sauerstoff zu Essigsäure um. Je nach Gehalt an dieser flüchtigen Säure werden die Weine unterteilt in stichgefährdet und stichig. Essigstichige Weine sind nicht mehr genießbar und höchstens noch zur Essigbereitung geeignet.

Damit kranke Weine nicht zu einer ständigen Infektionsquelle im Keller des Hobbywinzers werden, sind sie nach dem Feststellen der Weinkrankheit umgehend zu behandeln. Wichtig ist, dass sämtliche mit kranken Weinen in Berührung gekommene Kellergerätschaften mit alkalischer Reinigungslauge gründlich gesäubert werden. Keinesfalls dürfen kranke Weine als Beifüllweine verwendet werden.
Verdorbene Weine sind schnellstmöglich vom übrigen Weinlager zu entfernen.

10.6 Weinabfüllung

Das Abfüllen des Weines auf Flaschen ist die abschließende Stufe der Weinbereitung. Der hierzu bestimmte Wein muss abfüllreif, d.h. flaschenreif sein. Hierunter ist zu verstehen, dass der Wein die für seinen Ausbau und Stabilität notwendigen Behandlungen erfahren und vor allem auch sensorisch, also im Aussehen, Geruch und Geschmack den Erwartungen entspricht. Um diesen Forderungen besser nachzukommen, sollte der Hobbywinzer seine Weine bis auf einen Rest von maximal 4 g/l an nicht vergärbaren Zuckern vergären lassen. Der zur Abfüllung kommende Wein muss frei sein von erkennbaren biologisch (Hefen, Bakterien) und chemisch (Eiweißausscheidungen, Schönungsreste) bedingten Trübungen. Fehlerhafte oder kranke Weine sind nicht zur Flaschenfüllung geeignet. Sie bedürfen erst einer entsprechenden Nachbehandlung (Abschnitt 10.5) oder sollten einer anderen Verwendung zugeführt bzw. verworfen werden.

Vor der Abfüllung sollte eine Rahnprobe des Weines (Abschnitt 10.4.3) vorgenommen werden. Je nach Ergebnis ist der Wein mit Kaliummetabisulfit nachzuschwefeln. Im Zweifelsfalle sollten 1 g Kaliummetabisulfit/10 Liter Wein zugesetzt werden.

Als **Weinflaschen** sind solche mit einem Inhalt von 750 ml zu empfehlen, die mit Korken oder, noch rationeller, mit Schraubkappen verschlossen werden können. Die Flaschen aus farblosem oder gefärbtem Glas müssen mit haushaltsüblichen alkalischen Reinigungsmitteln gründlich von anhaftenden Verunreinigungen gesäubert, anschließend mehrmals mit kaltem Wasser gespült und getrocknet werden.

Da die **Naturkorken**, bedingt durch ihre poröse Struktur, leicht mit weinschädigenden Mikroorganismen infiziert sein können, müssen sie vor der Verwendung keimarm gemacht werden. Hierzu werden die Korken zuerst zwei Stunden in schwach fließendem Kaltwasser, dann noch 30 Minuten bei 65-70°C in Warmwasser eingeweicht und abschließend mit einem sauberen Leinentuch abgetrocknet. Bei dieser Vorbehandlung darf die Temperatur von 70°C nicht überschritten werden, da sonst für die Elastizität verantwortliche Korkbestandteile geschädigt werden.

Neuerdings werden von immer mehr Weinkellereien **Kunstoffstopfen**, die den üblichen Naturkorken sehr ähnlich sehen (Abb. 10.5), zum Verschließen von Weinflaschen verwendet. Diese Stopfen sind hauptsächlich aus Polyethylen und Kunstkautschuken (Elastomeren und Mischpolymerisaten) hergestellt. Sie

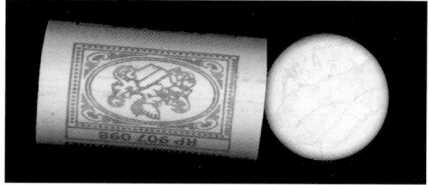

Abb. 10.5: Weinkorken aus Kunststoff.

sind geschmacklich neutral, geruchlos, sicher zu entkeimen und dank ihrer Weichheit gut zu verarbeitende Verschlüsse für Weinflaschen (JUNG, 2007).

Schraubkappen- und Anrollkappenverschlüsse sind in etwa 70°C warmen Wasser zu säubern und zu entkeimen.

Beim **Flaschenfüllen**, was am günstigsten mit einem Silikonschlauch erfolgt, ist unter dem noch einzubringenden Flaschenverschluss noch ein Steigraum von mindestens 2 ml zu belassen, damit Volumenänderungen bei Temperaturwechsel besser kompensiert werden können. Unmittelbar nach der Füllung sind die Flaschen zu verschließen und zu etikettieren.

Die Lagerung der gefüllten Weinflaschen sollte bei mit Naturkorken verschlossenen Flaschen liegend und bei denen mit einem Schraubverschluss aufrecht stehend erfolgen. Innerhalb der ersten acht Wochen der Lagerung empfiehlt sich eine wöchentliche Sichtkontrolle.

Die vom Hobbywinzer selbst bereiteten Traubenweine sind keine Handelsware. Sie in den Verkehr zu bringen und zu verarbeiten ist gemäß Weingesetz (§27) nicht erlaubt.

11. Verkostung von Traubensäften und Weinen

Heute ist zwar eine Vielzahl von chemischen und biologischen Untersuchungsverfahren zur näheren Charakterisierung der Zusammensetzung und Güte von Traubensäften und Weinen verfügbar. Trotzdem ist die mit Hilfe der Sinnesorgane vorgenommene sensorische Beurteilung, das ist die Verkostung oder Degustation, unerlässlich. Gerade die Feinheiten im Geruch und Geschmack solcher Getränke, aber auch die durch Fehler und Krankheiten hervorgerufenen Beeinträchtigungen lassen sich meistens nur durch eine solche Sinnenprobe ermitteln.

11.1 Durchführung der Verkostung

Es werden also bei der Verkostung der Gesichtssinn, der Geruchssinn, der Geschmackssinn und in gewissem Maße noch der Tastsinn beansprucht.

Diese Erfordernisse setzen voraus, dass der Verkoster (Degustator) in einer gesunden, einwandfreien Verfassung ist und so seine Sinnesorgane voll wirksam werden können. Das Lebensalter spielt hierbei keine entscheidende Rolle. Weiterhin bestehen zwischen Rauchern und Nichtrauchern hinsichtlich des Beurteilungsvermögens keine gesicherten Unterschiede, vorausgesetzt, dass unmittelbar vor und während der Verkostung nicht geraucht wird. Die Fähigkeit zum Beurteilen ist in den späten Vormittagsstunden am besten ausgeprägt, weniger dagegen am frühen Morgen, unmittelbar nach dem Mittagessen und in späten Abendstunden.

Eine ordnungsgemäße Verkostung stellt auch Anforderungen an den Probierraum. Dieser soll durch indirektes natürliches Licht ausreichend beleuchtet sein. Direkte Sonneneinstrahlung oder künstliches Licht sowie gefärbte Fenstergläser beeinträchtigen die korrekte Farbbeurteilung. Aus gleichem Grunde sollte der Raum in hellen, unaufdringlichen Farben gehalten sein. Wichtig ist auch, dass die Luft im Probierraum frei von jeglichen Fremdgerüchen ist. Eine Raumtemperatur zwischen 18 bis 21°C ist optimal für die Durchführung der Verkostung.

Für die Verkostung eignen sich am besten nach oben verengende Stielgläser aus farblosem, dünnem, ungeschliffenem Glas (Abb. 11.1). In solchen oben verengten Gläsern verweilen die beim Schwenken freigesetzten gasförmigen Duftstoffe längere Zeit im Glas und können so besser erfasst werden. Gleiches trifft auch für die Beurteilung der Zähigkeit von Weinen zu. Ungeeignet sind dagegen sich noch oben erweiternde Kelchgläser oder dickwandige Pressgläser, farbige oder Überfanggläser sowie mit Schliffmustern verzierte Gläser.

Abb. 11.1: Zur Weinverkostung geeignete Gläser.

Für eine vergleichende Verkostung, insbesondere mit mehreren Teilnehmern, sind im Aussehen einheitliche Gläser zu verwenden, da das Verkosten desselben Getränkes in Gläsern von unterschiedlicher Form zu voneinander abweichenden Beurteilungen führen kann.

Die **Probierordnung** regelt den Ablauf der Verkostung. Sie ist eine wirksame Hilfe, wenn interessierte Hobbywinzer gemeinsam ihre Erzeugnisse vergleichen wollen, um so Anregungen für die zukünftigen Beschäftigungen im Weinbau und der Weinbereitung zu erhalten. So kann festgelegt werden, ob die Verkoster nähere Informationen über die bisherige Behandlung und wichtige chemisch-analytische Daten des betreffenden Getränks im Voraus erhalten oder nur die Sorte und der Jahrgang bekannt gegeben werden. Die Reihenfolge der Proben ist ebenfalls vorher zu bestimmen. Zu beginnen ist mit weißen Traubensäften bzw. Weißweinen, denen roseefarbene und dann rote folgen. Zwischen den einzelnen Probedurchgängen werden Weißbrotschnitten und Mineralwasser gereicht, damit die Verkoster die Geschmacksorgane neutralisieren können.

11.2 Beurteilung

Sofort nach dem Eingießen des Traubensaftes oder Weines in das Probierglas wird dessen **Aussehen** beurteilt. Hierbei bietet sich zuerst die Möglichkeit, die **Farbe** zu bestimmen. Es ist hierbei festzustellen, ob der weiße Traubensaft oder Weißwein die anzustrebende grünlichgelbe Farbe besitzt bzw. dunkelgelb oder sogar bräunlich aussieht. Bei Rotweinen ist die Farbbeurteilung besonders wichtig, weil bei diesen die Farbtiefe und die Farbtönung die bedeutenden Faktoren für die Wertbeurteilung sind.
Anschließend wird die **Klarheit** des Getränkes beurteilt. Bei handelsüblichen auf Flaschen abgefüllten Traubensäften (ausgenommen naturtrübe) und Weinen dürfen keinerlei Trübungen zu erkennen sein, d.h., sie müssen glanzhell sein. Der Hobbywinzer kann aber schon stolz darauf sein, wenn es ihm bei den oft doch nur begrenzten technischen Möglichkeiten gelingt, ein von Trübungen weitgehend blankes, also kellerhelles, Erzeugnis hervorzubringen.

Der **Geruch** ist ein weiterer wesentlicher Beurteilungsfaktor. Beim Prüfen wird die Nase dicht über das gefüllte Glas gehalten, das während der Probe, um die Duftstoffe besser freizusetzen, vorsichtig geschwenkt wird. Der erste Geruchseindruck scheint für die Empfindung am wirksamsten zu sein. Zu dessen Bestätigung wiederholt man beim Proben das Einatmen bei geschlossenem Munde mehrmals schnell hintereinander und entscheidet sich rasch. Bei diesem Schnüffeln verdünnt sich die Luft in den Nebenhöhlen der Nase. Da sich die unterschiedliche Dichte nachher wieder ausgleicht, streichen die duftenden Gase nunmehr über die gesamte Riechorganfläche hinweg. Die Grundqualitäten des Geruchs sind durch Übergänge vielfach miteinander verbunden. Sie können auf die Begriffe „würzig", „blumig", „fruchtig", „harzig", „brenzlig" und „faulig" zurückgeführt werden. Es ist aber schwierig, die Geruchsempfindung als Eigenschaftswörter zu definieren und die erfassten Begriffe sprachlich allgemeinverständlich auszudrücken. Es werden dafür Vergleiche herangezogen. So kann beispielsweise ein Wein blumig wie eine Rose oder würzig wie eine Nelke sein. Solche Duftstoffe rufen meistens nicht nur Geruchsempfindungen hervor, sondern beeinflussen auch andere Sinnesorgane, hauptsächlich die des Geschmackssinnes.

Der **Geschmack** ist der wesentlichste Beurteilungsfaktor. Beim Verkosten von Traubensäften und Weinen ist zwischen den geschmacklichen Grundqualitäten „süß", „sauer", „salzig" und „bitter" sowie der Vielzahl von möglichen Nuancierungen, wie „süß-sauer", „bitter-süß" u.a. zu unterscheiden.

Das Hauptorgan für den Geschmack ist die Zunge, auf der die geschmacklichen Empfindungssensoren lokalisiert sind. Für die Geschmacksempfindung sind außerdem noch der hintere Gaumen und in erheblich geringerem Maße die Mundschleimhaut sowie die Lippen bedeutsam. Das Sauere wird hauptsächlich nur vom Zungenrand empfunden. Herb und bitter werden nur auf der hinteren Zungenmitte wahrgenommen. Die Zungenspitze ist für süß maßgebend, während die Mitte der Zungenfläche in einem Oval weitgehend geschmacksunempfindlich ist. Da bei Traubensäften und Weinen die einzelnen Geschmacksrichtungen fast immer mehr oder weniger miteinander verbunden sind, ist es nicht möglich, nur reine Geschmacksempfindung, wie „süß", „sauer", „bitter" u.a. wahrzunehmen. Es kann aber beim Verkosten verhältnismäßig leicht festgestellt werden, ob das betreffende Getränk sauer, süß, herb oder bitter schmeckt, ob es warm oder kalt bzw. dünn oder dickflüssig ist. Weiterhin verspürt die Zunge das Prickeln des Kohlendioxids sowie die adstringierende, die Mundschleimhaut typisch zusammenziehende Wirkung der Gerbsäure. Alle diese einzelnen, mit den Sinnen erfassten Eindrücke vereinen sich zu einem Geschmacksbild, das den verkosteten Wein charakterisiert. Der interessierte Hobbywinzer bemüht sich zu erkennen, welche Einzelkomponenten das geschmackliche Gesamtbild bestimmen. Dies gilt insbesondere für nicht genügend harmonische Weine, wenn festgestellt werden soll, etwas im Gesamtgeschmack fehlt oder überwiegt. Im Ergebnis dessen können dann Behandlungsmaßnahmen erwogen werden, die zu einer besseren Geschmacksharmonie des betreffenden Weines führen.

Die erste Geschmacksempfindung hat der Verkoster unmittelbar, nachdem das Getränk die vordere Zungenpartie berührt. Diese wird daher als „Eingang" oder „Spitze" bezeichnet. Während nachfolgend sich die Probe über die Zunge zum Gaumen bewegt, wird die „Mitte" empfunden. Beim Hinunterschlucken wird dann noch der „Abgang" mit dem hinteren Teil der Zunge und dem weichen Gaumen wahrgenommen. Hauptsächlich bei Weinen wird es als gute Eigenschaft empfunden, wenn sie noch einige Zeit im Munde geschmacklich angenehm wahrnehmbar sind. D.h., wenn sie einen lang anhaltenden Abgang haben. Häufig sind allerdings auch fehlerhafte oder kranke Traubensäfte und Weine im Abgang nachhaltig störend. Ein solcher „Schwanz" wird jedoch nicht als angenehm empfunden.

Die geschmackliche Wahrnehmung wird aber auch durch gleichzeitige andere Sinneseindrücke, wie Sehen, Riechen und Tasten, beeinflusst. So werden trübe, fehlfarbige oder im Geruch nur wenig ausgeprägte Getränke fast immer geschmacklich weniger gut als eigentlich zutreffend bewertet.

Weiterhin ist es schwierig, die beim Verkosten empfundenen geschmacklichen sowie auch die übrigen Sinneseindrücke verständlich mit Worten auszudrücken. Hierfür haben sich aber aus der Verkoster-Praxis eine nahezu unüberschaubare Anzahl von Fachausdrücken herausgebildet (Abschnitt 11.4).

11.3 Bewertung

Hier haben die Verkoster die Aufgabe, den Gesamteindruck des Traubensaftes oder Weines bestimmende Komponenten wertmäßig zu erfassen. Aufbauend auf solchen Taxierungen werden für die gewerbsmäßig bereiteten und für den Handel bestimmten Weine – nicht für die Weine von Hobbywinzern – die Weinpreise festgesetzt. Hierfür gibt es auch offiziell vorgeschriebene Bewertungsschemata. Diese haben alle gemeinsam, dass sie erlauben, die einzelnen Beurteilungsmerkmale für die Farbe, die Klarheit, den Geruch und den Geschmack mit bestimmten Punktzahlen auszudrücken. Die Gesamtzahl der in den einzelnen Beurteilungsgruppen sensorisch ermittelten Punkte drückt die Qualität des geprüften Getränkes aus. Die für offizielle Getränketaxierungen verwendeten Bewertungsschemata sind kompliziert. Sie benutzen für die verschiedenen Beurteilungsgruppen zusätzlich noch Wichtungsfaktoren, verlangen von den Prüfern bestimmte fachliche und sensorische Fähigkeiten sowie eine festgesetzte Anzahl von Prüfern, um statistisch gesicherte Mittelwerte aus der Verkostung zu erhalten.

Der Hobbywinzer wird in der Regel diesen Anforderungen nicht genügen können. Trotzdem wird er erfahren wollen, wie seine selbsterzeugten Traubensäfte und Weine qualitätsmäßig zu bewerten sind. Interessant ist auch der qualitative Vergleich mit den Erzeugnissen anderer Hobbyweinbauern oder handelsüblichen Traubensäften und Weinen. Zur Einführung in diese Problematik werden die auf eigenen Erfahrungen beruhenden beiden Bewertungsschemata für Traubensäfte bzw. Weine (Tabellen 5, 6) angegeben. Diese sind zwar nicht identisch mit den offiziellen Bewertungsschemata, sie dürften aber dem Hobbywinzer dennoch eine Unterstützung bei seinen qualitativen Bewertungen sein.

Tabelle 5: Bewertungsschema für Traubensäfte

Merkmal	Eigenschaft	Punktzahl
Farbe	*Weiße Säfte* grünlichgelb, hellgelb, voll sortentypisch	2
	Roseefarbene Säfte rosa, gelblichrosa, voll sortentypisch	2
	Rote Säfte kräftig rot, voll sortentypisch	2

	Weiße Säfte farbarm, leicht bräunlich, sortentypisch	1
	Roseefarbene Säfte mattrosa, leicht bräunlich, sortentypisch	1
	Rote Säfte hellrot, braunstichig, sortentypisch	1
	mißfarben, braun, nicht sortentypisch	0
Klarheit	glanzhell, keine Schwebeteilchen erkennbar; bei naturtrüben Säften erkennbare homogene, nicht absetzende Trübung	2
	deutlich getrübt, Schwebeteilchen setzen sich ab	1
	stark getrübt, grobflockige Ausfällungen	0
Geruch	vollaromatisch, duftend, harmonisch, fruchtig, voll sortentypisch	4
	aromatisch, reintönig, etwas zurückhaltend, sortentypisch	3
	wenig aromatisch, unreif, grasig, kaum sortentypisch	2
	unsauber, ausdruckslos, essigstichig, gärig, nicht sortentypisch	1
	starker Fremdgeruch, stark essigstichig	0
Geschmack	vollaromatisch, sehr harmonisch, voll sortentypisch	12
	aromatisch, harmonisch, reintönig, sortentypisch	10
	sauber, ausgeglichen im Säure/Zuckerverhältnis, noch sortentypisch	8
	schwach aromatisch, zu süß, zu sauer, plump, kaum sortentypisch	6
	ausdrucksarm, zu dünn, nicht sortentypisch	4
	unrein, fremdartig, gärig, essigstichig, überschwefelt, nicht sortentypisch	2
	ungenießbar	0

Tabelle 6: Bewertungsschema für Weiß-, Rosee- und Rotweine

Merkmal	Eigenschaft	Punktzahl
Farbe	*Weißwein* grünlichgelb, weingelb, hellgelb, voll sortentypisch	2
	Roseewein kräftig rosa, voll sortentypisch	2
	Rotwein feurigrot, dunkelrot, rotviolett, voll sortentypisch	2
	Weißwein zu hell, zu dunkel, noch sortentypisch	1
	Roseewein mattrosa, leicht braunstichig, noch sortentypisch	1
	Rotwein hellfarbig, farbarm, leicht braunstichig, noch sortentypisch	1
	mißfarben, braun, nicht sortentypisch	0
Klarheit	glanzhell, keine Schwebeteilchen erkennbar	2
	leicht getrübt, Schwebeteilchen erkennbar	1
	stark getrübt, nicht durchsichtig	0
Geruch	vollweinig, vollaromatisch, duftend, harmonisch, voll sortentypisch	4
	weinig, aromatisch, reintönig, sortentypisch	3
	schwach weinig, wenig aromatisch, gering harmonisch, schwach böcksernd, leicht schweflig, kaum sortentypisch	2
	unrein, ausdruckslos, überschwefelt, stichig, gärig	1
	fremdartig, stark böcksernd, stark stichig	0

Geschmack	vollaromatisch, vollweinig, sehr harmonisch, hoch entwickelt, körperreich, edel, voll sortentypisch	12
	aromatisch, weinig, harmonisch, fein, entwickelt, reintönig, sortentypisch	10
	süffig, lieblich, gefällig, sauber, noch sortentypisch	8
	nicht ganz harmonisch, Säure zu schwach oder zu stark, schwach aromatisch, kaum sortentypisch	6
	wenig weinig, ausdrucksarm, wenig harmonisch, leicht überschwefelt, nicht sortentypisch	4
	unrein, fremdartig, hefig, gärig, stichig, nicht sortentypisch	2
	ungenießbar	0

Nach diesen Bewertungsschemata können insgesamt bis zu 20 Punkte erreicht werden. Der Tabelle 7 können die den einzelnen Gesamtpunktzahlen zugeordneten Qualitätsstufen entnommen werden.

Tabelle 7: Qualitätsstufen für Traubensäfte und Weine

Prädikat	Gesamtpunktzahl	Voraussetzungen (Mindestpunktzahl)
Ausgezeichnet	19 bis 20	Geruch 4 Geschmack 12
Sehr gut	17 bis 18	Geruch 4 Geschmack 10
Gut	14 bis 16	Geruch 3 Geschmack 8
Befriedigend	10 bis 13	Geruch 2 Geschmack 8

Ausreichend	6 bis 9	Geruch 1 Geschmack 2
Mangelhaft	<6	-

Traubensäfte oder Weine, die in einer der Bewertungsgruppen 0 Punkte erhalten, sind ungenießbar.

11.4 Fachausdrücke für Traubensäfte und Weine

Bekanntlich ist es schwierig, beim Verkosten auftretende Empfindungen sprachlich treffend auszudrücken. Es haben sich daher, hauptsächlich im Weinfach, spezifische Sprachformulierungen herausgebildet, die besondere Begriffe umreißen, aber im allgemeinen Gebrauch unserer Umgangssprache nicht üblich sind oder eine andere Bedeutung haben. Nachstehend ist eine Auswahl derartiger Bezeichnungen zusammengestellt.

Abgebaut	Der Wein hat infolge der langen Lagerung die Säure zu stark gemildert, wodurch er an Frische verloren hat.
Alt	Harmonisierende Inhaltsstoffe, wie Kohlendioxid, fehlen im Wein.
Angenehm	Zwar kleiner, aber hinreichend harmonischer Traubensaft oder Wein.
Ansprechend	Reizt durch besondere Eigenarten zum Genuss.
Aromatisch	Duftend und gut entwickelt und vor allem nicht aufdringlicher Gehalt an Würz- und Duftstoffen.
Ausdruckslos	Keine besonderen geruchlichen und geschmacklichen Eigenschaften; regt nicht zum Trinken an.
Ausgebaut	Harmonisch und angenehm im Bukett; voll ausgereift.
Blumig	Enthält schöne Duftstoffe, die an verschiedene Blumendüfte erinnern, wie Reseda.
Böcksernd	Übler Geruch nach Schwefelwasserstoff (faulige Eier).

Brandig	Weine mit unharmonisch hohem Alkoholgehalt.
Bukettreich	Gut ausgeprägter Geruch und Geschmack; Steigerung von *blumig*.
Charaktervoll	Weine von mittlerer bis guter Qualität; Sorten-, Lagen- und Jahrgangscharakter kommen gut zum Ausdruck
Dick	Säurearme, schwerer flüssige, jedoch nicht zähe, Weine von mittlerer Qualität.
Duftend	Ähnlich wie *blumig*, strömt angenehme, andere Stoffe, wie Muskatnote oder Vanillin, als Düfte aus.
Dumpf	Unklarer, unsauberer, aber noch nicht fehlerhafter Ausdruck.
Dünn	Die Säure und die übrigen Inhaltsstoffe kommen nur schwach zu Geltung.
Edel	Reife Weine mit feinen, blumigen Eigenschaften.
Elegant	Wein, der weder durch hohen Alkoholgehalt noch hervordringenden Körper auffällt, sondern in Flüchtigkeit und Flüssigsein mit den Geschmacks- und Duftstoffen harmoniert.
Entwickelt	Sachgemäß ausgebauter Wein, der noch nicht voll harmonisch zu sein braucht.
Essigstichig	Aus mit Essigbakterien befallenen Trauben gekelterter Traubensaft oder mit solchen Bakterien infizierter Wein; mit unharmonischem Essiggeruch und -geschmack.
Extraktreich	Verschiedene Stoffe, wie Glycerin, organische Säuren, Salze, Stickstoffverbindungen sind in verhältnismäßig hoher Konzentration gelöst enthalten.
Fad	Getränk ohne den erforderlichen Säuregehalt und die rechte Fruchtigkeit; spricht den Genießenden nicht an.

Fett	Alkoholreicher, aber harmonischer Wein, der unmittelbar anregt.
Firn	Länger gelagerter Wein wird infolge einer enzymatischen Oxidation braun, verliert sein ursprüngliches Bukett und riecht nach Backpflaumen.
Fremdartig	Getränk hat einen störenden Fremdgeruch, wie Gummi, Schimmel, Moder u.a.
Fruchtig	Geschmack ist mit dem einer bestimmten Fruchtart zu vergleichen, wie Pfirsich, Mandel, Ananas.
Gärig	Infolge eingetretener alkoholischer Gärung ist durch den hohen Gehalt an Kohlendioxid das ursprüngliche Fruchtbukett überdeckt und kaum wahrnehmbar.
Gefällig	Nicht ausgesprochen harmonisch, spricht aber im Geruch und Geschmack trotzdem an.
Glanzhell	Kristallklar und keinerlei Trübungen erkennbar.
Glatt	Mild und harmonisch, aber durch übermäßige Behandlung, wie Filtrieren und Umpumpen, etwas ausdruckslos geworden; Erholung durch Lagerung aber möglich.
Harmonisch	Sämtliche geschmacksbestimmenden Inhaltsstoffe stehen im Einklang; keine Komponente wirkt aufdringlich.
Hart	Übermaß an Säure bei Mangel an Bukettstoffen.
Hefig	An Backhefe erinnernder Geschmack; tritt bei zu lange auf dem Hefetrub liegenden Weinen auf.
Herb	Häufig bei Rotweinen, in denen die Süße und die Säure gegenüber dem Gerbstoffgehalt etwas zurücktreten; nicht zu verwechseln mit *sauer*.
Kellerhell	Getränk ist nicht filtriert und enthält daher noch wenige Trübungspartikel, die sich aber nicht absetzen.

Kernig	Körperreicher, kräftiger Wein mit betonter Säure und einer schwachen, nicht störenden Gerbstoffnote.
Klar	Einzuordnen zwischen *kellerhell* und *glanzhell*.
Körperreich	Extraktreicher, voller Wein mit harmonischem kräftigem Alkoholgehalt
Kurz	Getränk hat beim Verkosten keinen empfindbaren Abgang.
Lahm	Getränk hat keine geschmackliche Besonderheit.
Leicht	Wein mit nur geringem Alkohol- und Extraktgehalt; als Bowlewein aber gefragt.
Lieblich	Angenehmer, harmonischer Wein, bei dem man die Säure und den Alkohol kaum merkt.
Pappig	Traubensäfte und Weine, die infolge überstarker Kalkentsäuerung keine Weinsäure mehr enthalten.
Pikant	Getränk mit sehr feiner Säure im sonst harmonischen Gesamtbild.
Plump	Wenig anregender alkohol- und extraktreicher Wein mit zu geringem Säuregehalt.
Prickelnd	Infolge hohen Gehalts an Kohlendioxid ist der Wein stark *spritzig*. Er wirkt dadurch häufig unfertig, da das Prickeln oft das Anzeichen von gerade im Wein ablaufenden biologischen Vorgängen ist, wie Nachgärung oder biologischer Säureabbau.
Rassig	Wein, der nicht nur ausgeprägte Duft- und Geschmacksstoffe in harmonischer Zusammensetzung aufweist, sondern bei dem eine kräftige Säure den Geschmackseindruck nachhaltend bestimmt.
Reintönig	Getränk ist frei von störend bemerkbaren Geruchs- und Geschmacksstoffen.

Rezent	Frischer, kräftiger, kerniger Wein mit angenehmer Note.
Samtig	Milder Rotwein, der neben einer schönen Farbe auch extraktreich ist, so dass der Alkohol nicht hervortritt; es entsteht eine über die Zunge streichende Empfindung, als wenn man mit dem Finger über Samt fährt.
Sauber	Getränk, an dem nichts zu beanstanden ist.
Schal	Wein hat keine Frische und kein Kohlendioxid und lässt hierdurch auch eine Harmonie der übrigen Inhaltsstoffe vermissen; Folge von aufrechter Lagerung in halbvoller Flasche.
Schön	Einwandfreies Getränk von harmonischer Art.
Schwer	Alkoholreicher Wein mit hohem Extraktgehalt.
Sortentypisch	Die Rebsorte, Art und Charakter des Getränkes sind eindeutig zu erkennen.
Spritzig	Erfrischender Wein mit etwas erhöhtem Gehalt an Kohlendioxid, der aber noch nicht *prickelnd* wirkt.
Stichig	Deutlich erkennbarer Geruch nach Essigsäure oder Milchsäure bzw. Andeutung einer unerwünschten Verfärbung.
Süffig	Anregender, gut bekömmlicher, leichter Wein; als Schoppenwein gefragt.
Süß	Geschmack von Traubenmosten und Weinen mit hohem Zuckergehalt. Eine zu starke Süße kann die übrigen wertvollen Geschmacksstoffe überdecken.
Trestrig	Krautiger, grasigherber Beigeschmack von Traubensäften und Weinen, wenn deren Trauben nicht entrappt bzw. die Maische zu spät abgekeltert wurde.
Trocken	Völlig durchgegorener Wein, der keine Restsüße aufweist.

Überschwefelt	Störend hoher stechender Geruch und Geschmack nach Schwefeldioxid infolge zu starker Schwefelung.
Unrein	Getränk weist oft nicht näher zu bestimmende Störkomponenten im Geruch und Geschmack auf.
Weich	Zu säurearme Traubensäfte und Weine, die demzufolge nur wenig harmonisch sind.
Weinig	Wein enthält neben der Säure auch alle übrigen Inhaltsstoffe harmonisch vereint.
Würzig	Traubensäfte und Weine aus würzig schmeckenden Traubensorten wie Muskateller, Gewürztraminer u.ä.
Zäh	Häufig säurearmer, von schleimbildenden Milchsäurebakterien befallener Wein mit erhöhter Viskosität; schmeckt fad.
Zart	Alkoholarmer, harmonischer Wein mit dezenter Säure; im Geschmack sind Spitze, Mitte und Abgang ausgeglichen.

Zum Erkennen und Beurteilen von Wein mit den einzelnen Kompenenten liefert DARTING (2009) in seinem Buchtitel „Sensorik" ausführliche Informationen.

12 Verzeichnis der benutzten und weiterführenden Literatur

Ambrosi, H.: Weinlexikon, Niederhausen (Taunus): Verlagsgruppe Falken/Mosaik 2001

Ambrosi, H.; Mildenberger, G.: Saale-Unstrut, In: *Ambrosi, H; Breuer, B.*: Deutsche Vinothek Herford: Verlag Busse und Seewald 1995

Anonym: Rebschutzmittel-Verzeichnis (Fungizide, Insektizide, Akarizide, Herbizide), Deutsches Weinbau Jahrbuch 2011, S. 250-257. Stuttgart: Verlag Eugen Ulmer KG 2010

Anonym: Weinverordnung in de Fassung der Bekanntmachung vom 21. April 2009 (BGBL I S. 827), die zuletzt durch Artikel 1 der Verordnung vom 30. September 2010 (BAnz. 7 2010, Nr. 150) geändert worden ist

Anonym: Reblausverordnung vom 27. Juli 1988 (BGBL I S,1203), die zuletzt durch Artikel 3 §10 des Gesetzes vom 13. Dezember 2007 geändert worden ist.

Becker, H.; Steinmetz, V.: Neue Erkenntnisse zur Rebenentwicklung und Traubenreife in sehr verschiedenen Klimabedingungen. Deutsches Weinbau Jahrbuch 2008, S. 61-65. Stuttgart: Eugen Ulmer Verlag KG 2007

Blaich, R.: Arbeiten in Weinberg, Begrünung (Vorlesung Weinbau I Teil 3). Hohenheim: Universität Hohenheim 2000

Bocker, H.: Untersuchungen über die Bedeutung mineralischer Faktoren für den biologischen Säureabbau im Wein. Zentralblatt für Baktriologie II, 118, S. 294-264. Jena: Gustav Fischer-Verlag 1964

Bocker, H.: Wein und Sekt. Lehrbriefreihe für das Ingenieur-Fernstudium. Berlin: Staatliches Getränkekontor 1978

Böcher, O.: Der Wein und die Bibel. Grünstadt: Sommer-Verlag 1996

Börner, C.: Die Reblaus. In: Weinbaulexikon. Berlin: Verlagsbuchhandlung Paul Parey 1930

Burkert, J.; Geßner, M.: Most und Wein säuern. Rebe und Wein 2010, Heft 10, S. 22-24. Stuttgart: Verlag Eugen Ulmer GmbH KG 2010

Caló, A.; Cernilli, D.; Lanati, D.; Martelli, G.; Sabelicco, M.; Scienza, A.; Vacarini. G.: Alles rund um den Wein (Übersetzung von C. *Schöninger*) Klagenfurth: Neuer Kaiser Verlag 2002

Christoffel, K.: Bacchus – Der Freund des Eros. Schriften zur Weingeschichte Nr. 64, Wiesbaden: Gesellschaft zur Geschichte des Weines 1983.

Clarke, O.: Knaurs Großes Lexikon der Weine: Rebsorten, Weine, Anbaugebiete und Erzeuger aus aller Welt. Übersetzung aus dem Englischen von Günther Kirchberger. München: Verlagsanstalt Th. Knaur Nachf. 1994

Columella, L. I. M.: Antike Landwirtschaft (Übersetzung von K. Arens). Berlin: Akademieverlag 1972

Darting, M.: Sensorik – für Praktiker und Genießer. Stuttgart: Verlag Eugen Ulmer KG 2009

Dittrich, H. H.: Mikrobiologie des Weines, 3. Auflage. Stuttgart: Vertlag Eugen Ulmer KG 2006

Dippel, H.: Weinlexikon. Frankfurt (Main): Taschenbuchverlag Fischer 1997

Dorminé, A.: Wein. Köln: Könemann-Verlagsgesellschaft 2000

Drissner, J.; Bachnann, I.; Frei, A.; Naomi, A.; Porret.; Schneider, K.; Gafner, J.: Weltweiter Klimawandel und der Einfluss auf die Weinbereitung aus Sicht der Mikroorganismen: Deutsches Weinbau Jahrbuch 2009, S. 200-205. Stuttgart: Verlag Eugen Dietrich KG 2008

Eder, R.: Weinanalyse im eigenen Betrieb: Qualitätsparameter. Stuttgart: Verlag Eugen Ulmer KG 2007

Ehrlich, D.: Das Rebensorten ABC, 5. Auflage. München: Gräfe und Unzer Verlag 2008

Emmerich, R.: Von Säufern und Hetären. Blick 2009/2. Würzburg: Universität 2009

Fader, W.: Wein im Garten. München: BLV-Verlagsgesellschaft 2000

Gilge, E.; Köhler, H. J.; Herrmann, J.V.: Traubeninhaltsstoffe und Sensorik. Deutsches Weinbau-Jahrbuch 2008, S. 86-193. Stuttgart: Verlag Eugen Ulmer KG 2007

Götz, W.: Wein und Kultur. Stuttgart: Seewald Verlag 1979

Gollmick, F.: Krankheiten und Schädlinge der Weinrebe. In: Klinkowski, M.; Mühle, E.; Reimuth, E.: Phytopathologie und Pflanzenschutz, Band III, 2. Auflage. Berlin: Akademie-Verlag 1976

Gollmick, F.; Bocker, H.; Grünzel, H.: Das Weinbuch 6. Auflage. Leipzig: Fachbuchverlag 1991

Grünzel, H.:Studien zur Differenzierung des Falschen Mehltaus der Weinreben (*Peronospora viticola* de Bary). Phytopathologische Zeitschrift 30, S. 149-194. 1960

Gurr-Hirtsch, F .; Hachenberger, R.: Frauen und Wein. Schriften zur Weingeschichte Nr. 109, Wiesbaden: Gesellschaft für Geschichte des Weins 1994

Gussek, K.-D.: BI-Lexikon – Der Wein. Leipzig: Bibliographisches Institut 1990

Gussek, K.-D.: Vom Wein der Liebe einen Tropfen. Leizig: Verlag Faber & Faber 2000.

Gussek, K.-D.: Berühmte europäische Weintrinker. Jena-Quedlinburg: Verlag Dr. Bussert & Stadler 2009

Hamann, R.: Geschichte der Kunst, Band 1, S. 516. Berlin: Akademie-Verlag 1957

Hillebrand, W.; Lott, H.; Pfaff, F.R.: Taschenbuch der Rebsorten. München: Fachverlag Fraud 2007

Hoffmann, K.: Weinkunde in Stichworten, 2. Auflage. Düsseldorf: Verlag Ferdinand Hirth 1970

Hoffmann, U.: Botrytis cinerea – eine Herausforderung für den biologischen Weinbau. Deutsches Weinbau Jahrbuch 2007, S. 67-75. Stuttgart: Verlag Eugen Ulmer KG 2006

Huber, L.; Pornek, A.: Die Biologie der Reblaus: Stand 2010. Deutsches Weinbau Jahrbuch 2010, S. 160-168. Stuttgart: Verlag Eugen Ulmer KG 2009

Johnson, H.: Der Große Weinatlas, 24. Auflage. Berlin: Hallwag AG 2002

Johnson, H.: Der Große Johnson, 19. Auflage. München: Hallwag Unternehmen, Gräfe u. Unzer Verlag 2009

Joseph, R.; Ranf, M.: Wein. London: Dorlin & Kinsler Ltd. 2002

Jung, R.: Kork und die Alternativen zum Verschließen. Rebe & Wein, Heft 1, Sonderbeilage S. 4-11, 2007

Kast, W. K.; Rupp, D.; Tränkle, W.: Statistische Beziehungen zwischen Witterungsdaten und dem Auftreten von Schädlingen. II Phomopsis, Peronospora und tierische Schädlinge. Deutsches Weinbau Jahrbuch 2007, S. 82-93. Stuttgart: Verlag Eugen Ulmer KG

Kreiskott, H.: Der Wein – eine Arznei von der Antike bis zur Gegenwart. Schriften zur Weingeschichte Nr. 66. Wiesbaden: Gesellschaft zur Geschichte des Weins 1983

Liebau, K.F.: Heilkräfte der Natur. Stuttgart: Reader´s Digest Verlag Das Beste GmbH 1993

Mildenberger, G.: Weinbau und Rebenzüchtung im Osten Deutschlands. Deutsches Weinbau Jahrbuch 1992, S. 8-21. Waldkirch (Breisgau): Waldkircher Verlagsgesellschaft 1991

Mildenberger, G.: Weinbau im Saale-Unstrut-Gebiet – gestern und heute. Deutsches Weinbau Jahrbuch 1994, S. 17-29. Waldkirch (Breisgau): Waldkircher Verlagsgesellschaft mbH 1994

Mohr, H.D.: Farbatlas: Krankheiten, Schädlinge und Nützlinge an der Weinrebe. Stuttgart: Verlag Eugen Ulmer KG 1995

Nack, Ch.: Der Weinstock im Garten. München: Augustus Verlag 2002

Neumann, L.: Die Reblaus lebt. Rebe & Wein 2010, Heft 1. Stuttgart: Verlag Eugen Ulmer KG 2010

Neumann, L.: Frostschäden und Mauke in Junganlagen – Heimtückischem Bakterium auf der Spur. Rebe u. Wein, Heft 2, S. 14-16. Stuttgart: Verlag Eugen Ulmer KG 2011

Perseke-Oekelmann, C.: Klimawechsel in Deutschland aus agrarmeteorologischer Sicht. Deutsches Weinbau Jahrbuch 2009. S. 140-145. Stuttgart: Verlag Eugen Ulmer KG 2008

Palladius, R.T.: Opus Agriculturae. Berlin: Akademie-Verlag 1958

Robinson, J.: Das Oxford Weinlexicon. München: Gräfe u. Unzer Verlag 2007

Priewe, J.: Wein, 6. Auflage. München: Verlag Zabert Sandmann 2010

Rupp, D.; Kast, W.K.: Veränderungen bei Phänologie und Reifebedingungen der Rebe als Folge des Klimatrends. Deutsches Weinbau Jahrbuch 2010, S. 105-112. Stuttgart: Verlag Eugen Ulmer KG 2009

Schäller, G.: Ergebnisse der Rebenunterlagenzüchtung mit *Vitis cinerea* Arnold. Berlin: Der Züchter 35, S. 412-421, 1965

Schär, W.: Alkoholische Getränke. 7. Auflage. Leipzig: Fachbuchverlag 1983

Schanderl, H.: Mikrobiologie des Weines und des Mostes. Stuttgart: Verlag Eugen Ulmer 1959

Selz, Z.: Summerer und Akkader. München: Verlag C.H. Beck Wissen 2005

Sigler, J.: Zeiten des Klimawechsels: Von der Süß- zur Sauerreserve. Deutsches Weinbau Jahrbuch 2010, S. 98-104. Stuttgart: Verlag Eugen Ulmer KG 2009

Thiele, K.: Vom Weinbau an der Elbe. In: Wissen und Leben, Heft 3, S. 733-738. Leipzig: Urania-Verlag 1958

Thiele, K.: Weinbau. 2. Auflage. Berlin: Deutscher Landwirtschaftsverlag 1968

Thiele, K.: Trauben am Hausspalier, 8. Auflage. Berlin: Deutscher Landwirtschaftsverlag 1989

Thoma, K.H.: Standardsorten und Neuzüchtungen von Keltertrauben- und Unterlagsrebsorten. Deutsches Weinbau Jahrbuch 2011, S. 239-244. Stuttgart: Verlag Eugen Ulmer KG 2010

Thoma, K.H.: Keltertraubensorten in Deutschland. Deutsches Weinbau Jahrbuch 2011. Stuttgart: Verlag Eugen Ulmer KG 2010

Troost, G.: Die Technologie des Weines. Stuttgart: Verlag Eugen Ulmer 1961

Troost, G.: Die Keltern – Zur Geschichte der Keltertechnik. Schriften zur Weingeschichte Nr. 97. Wiesbaden: Gesellschaft zur Geschichte des Weines. 1990

Ulrich, G.: Hobbywinzer. 3. Auflage. Stuttgart: Verlag Eugen Ulmer KG 2006

Vogt, E.: Weinchemie und Weinanalyse. Stuttgart: Verlag Eugen Ulmer 1958

Vogt, E.: Weinbau. Stuttgart: Verlag Eugen Ulmer 1960

Vogt, E.; Jacob, L.; Lemperle, E.; Weiss, E.: Der Wein. 9. Auflage. Stuttgart: Verlag Eugen Ulmer 1984

Weinhold, R.: Vivat Bacchus – Eine Kulturgeschichte des Weines und des Weinbaus. Leipzig: Edition 1975

Winnewisser, S.: Gesund und vital durch Weintrauben. Stuttgart: Trias-Verlag 1999

Worm, N.: Täglich Wein – Gesünder leben mit Wein und mediterraner Ernährung. Bern: Hallwag AG 1999

Bildquellenverzeichnis

Analytik GmbH, Jena: 9.7, 9.8.

Archiv Institut für Phytopathologie Naumburg (Saale): 2.1, 2.2, 2.3, 2.4, 2.5, 2.7, 4.2, 4.3, 4.5, 4.6, 4.7, 4.8, 7.2
Farbtafeln 2, 3, 4l, 5, 6, 7o, 11, 14

Baumjohann Fotoagentur Hameln: Farbtafeln 1, 4r, 7u, 9r,10, 12, 13, 15

Dr. Harald Bocker, Jena: 1.2, 1.5, 1.6, 1.7, 1.8, 2.13, 2.14, 2.15, 2.16, 2.17, 2.18, 10.1, 10.3, 10.4

Dr. habil. Friedrich Gollmick, Naumburg (Saale): 7.5

Dr. Hermann Grünzel, Magdeburg: 7.4

Hegi, G.: Illustrierte Flora von Mitteleuropa, Bd. V/1, München: Lehmann-Verlag 1921: 2.6

Dr. Kerstin Ramm, Thalbürgel: 1.1, 2.12, 3.1, 4.1, 4.4, 5.1, 5.2, 5.3, 5.4, 5.5, 5.6, 5.7, 5.8, 5.9, 5.10, 5.11, 5.12, 5.13, 5.14, 5.15, 5.16, 5.17, 5.18, 5.19, 5.20, 5.21, 6.1, 7.1, 8.1, 9.1, 9.3, 9.4, 9.5, 9.6, 9.9, 9.10, 9.11, 10.2, 11.1
Farbtafeln 8, 9, 16

13   Register

Abbeeren 103
Abfalllaub 74
Abschwemmen 77
Absenken von Rebtrieben 43
Acetobacter 138
Adventivknospen 71
Agrobacterium vitis 98
Akkader 8
Alkohol 121
Alkoholgehalt-Errechnung 125
Aktivkohle 135, 137
Ameisensäure 109
Amerikaner-Reben 88
Amethyst 14
Aminosäuren 110
Ammoniumsulfat 83
Ammoniumverbindungen 110
Ampelographie 38
Ampelopsis 7
Äpfelsäure 32, 108, 128
Amseln 92
Anrollkappen 139
Arabinose 108

Aromastoffe 31, 129
Aschebestandteile 109
Ascorbinsäure s. L-Ascobinsäure
Assimilation 30, 71, 85
Assimilationsprodukte 27
Atmung 30, 74
Ausbrechen 71f.
Ausdünnen 62
Auswahl der Nährstoffe 30
Auszeilen 46
Bacchanal 15
Bacchus 15, 42
Barrique-Verfahren 124
Bast 26, 27
Bastard 43
Baum-Erziehung 49
Beerenreife 31f.
Beifüllwein 125
Beipflanzen 75, 76
Bentonit-Schönung 136
Benzoesäure 109
Beregnung 85
Bernsteinsäure 109

Bestäubung 24
Beurteilung von Traubensäften und Weinen 142f.
Bewertung von Traubensäften 144f.
Bewertung von Weinen 146f.
Bianca 42
Bibel 15f.
Biosynthese 33
Biowirkstoffe 111
Biozide 99
Blattanlage 22
Blattdüngung 29, 82
Blattfallkrankheit 92f.
Blattgallen 88
Blattspreite 21
Blaudünger 83
Blauer Portugieser 42
Blauer Trollinger 42
Blühphase 28
Blüte 23
Blütenanlage 22
Blütenstand 23
Bluten der Weinreben 30
Bockerziehung 70
Bodenansprüche 37f.
Bodenazidität 37, 82
Bodenbearbeitung 75f.
Bodenbedeckung 63, 77
Bodenbegrünung 77f.
Bodendüngung 29, 78
Bodenfauna 77
Bodenflora 77
Bodengare 77
Bodenlockerung 76
Bodenpartikel 29
Bodenstruktur 46, 82
Bodenuntersuchung 80f.
Bodenwasser 29
Bogrebe 59f., 67, 70
Bor 79
Borke 26, 27
Bormangel 23, 87
Botrytis cinerea 33, 91, 95
Bouvier 42
Braunwerden 111, 136

Bukettausbildung 31, 129
Bukettstoffe 31, 111
Calcium 29, 79
Calciumcarbonat 135
Calciummangel 87
Calciumtartrattrübung 136
Champion 42
Chlorate 76
Chlorophyll 20, 85
Chloroplast 21, 23
Chlorose 85f.
Christianisierung 10
Citronensäure 109
Columella 9
Cueva 94, 97
Cysia ambiguella 90
Dactylosphaera vitifolii 89
Dampfentsafter 105
Degustation 140
Dekantieren 107
Dichte des Beerensaftes 100
Dickenwachstum, sekundäres 26
Dionysos 14
Dolomit-Düngekalk 83
Doldenrebe 7
Doppeltriebe 71
Dornfelder 25, 42
Drahtrahmen 12, 36
Duft 24
Düngemittelbedarf 83
Düngergaben-Berechnung 82
Düngung 78f.
Durchrieseln s. Verrieseln
Echter Mehltau 9
Edelfäule 33, 96
Edelreiswurzeln 63
Einzelpfahlkultur 49f.
Eisen 29, 85, 110
Eisenchelat 86
Eisenmangelchlorose 85
Eiweißtrübung 136
Entgeizen 73
Entrappen 103
Entspitzen 73
Enzyme 111, 118

Epidermis 21, 26
Erdbedeckung 64
Erderwärmung 35
Erhaltungszüchtung 80
Erntetermin 33
Ersatzholz 58, 59
Ersatzzapfen 64, 72
Esca-Krankheit 97
Erziehungsformen 62f.
Essigsäure 109
Essigstich 138
Fachausdrücke für Traubensäfte und Weine 148f.
Falscher Mehltau 11, 92f.
Farbstoffe 111
Färbertrauben 25
Felsenrebe 44
Ferramin 99
Festigungsgewebe 27
Fette 113
Flaschenfüllung 138f.
Frischverzehr, Trauben 102
Frostanfälligkeit 65
Frosteinwirkung 84f.
Frosthärte 41, 42
Frostschaden 19
Fruchtknoten 25
Fruchtsäuren 31, 33
Fruchtschleuder 105
Fruchtzucker 25, 108
Fructose 108
Frühschoppen 15
Fundatrix 88f.
Fungizide 65, 94f., 97
Gäransatz, Rotweine 123f.
Gäransatz, Weiß- und Roseeweine 120f.
Gärführung 124f.
Gärtopf 125
Gärung, alkoholische 122f.
Gärungsbukett 129
Gärverschluss 125
Gartenerde 37, 47
Gartenkompost 75
Gasaustausch 27, 31
Gassenbreite 46, 51

Gefrierlagerung 107
Geizbildung 64, 72, 74
Geiztrieb 64
Gelatine 106
Gelatineschönung 106, 133
Gelzustand 132
Gerbstoff 112
Gescheín 23
Geruch 142
Gläser zur Verkostung 141
Glasgärbehälter 125
Glucose 31, 108
Glycerin 131
Glyphosate 76
Grauschimmelpilz 95f.
Griechen 9, 14
Grind 98
Grünschnitt 62
Gummigeschmack 137
Gutedel 42
Handrefraktometer 100, 116
Hagelschlag 85
Haltbarmachen 106
Harmonia axyridis 91
Hartbastbündel 26
Hasen 92
Haupttrieb 63
Hautgewebe 26
Hefeabstich 127
Hefeschönung 134, 137
Heften 72f.
Herbizide 76
Herbizidschädigungen 87
Herodot 14
Heuwurm 90f.
Hochkultur 51f.
Holzfass 124
Holzreife 73, 85
Holzschutzmittel 52
Holzteil 26
Homer 9, 13
Horaz 9
Hornspäne 79
Humus 37, 77
Hyolesthes obsoletus 97

Hybriden-Reben 19, 88
Indikator-Teststreifen 118
Infektion, pilzlich 19
Insektizide 92
Internodium 19
Interzellularräume 21, 25
Jahrestemperatur, mittlere 34
Jungrebstock 62f.
Jungfernrebe 7
Kahlstelle 60, 61f.
Kahmhefen 120, 138
Kalium 29, 31, 65, 78, 81
Kaliumbitartrat 127f.
Kaliummetabisulfit 123, 131
Kalkammonsalpeter 83
Kalkchlorose 85f.
Kalkentsäuerung 122, 135
Kalkrebe 44
Kalkstickstoff 83
Kalizium s. Calcium
Kambium 26, 27
Kaninchen 92
Käppchen 23
Karolinger 10
Kartoffelpresse 105
Kartonagenrebe 48
Kaukasus-Rebe 7
Kelterlack 101, 105
Keltern 104f.
Keltertraubensorten 41, 42
Kieselsol 133
Klarheit 142
Klima 34f.
Klimagrenze 12
Klosterweinberge 10
Knospenanlage 22, 57
Knospenschuppenblätter 22
Knoten 19
Kobalt 79
Kohlendioxid 30, 123, 124
Kohlenhydrate 108f.
Kohlenstoff 78
Kohleschönung 137
Kolloide 133
Kompost 47

Konidie 94, 97
Königin der Weingärten 42
Konkurrenzgetränke 11
Kopferziehung 70
Korbpresse 105
Korken 139
Kordon-Erziehung, senkrecht 65f.
Kordon-Erziehung, waagerecht 67f.
Krankheiten, nichtparasitär 84f.
Krankheiten, parasitär 87f.
Kräuselmilbe 91
Kreidezeit 7
Kreuzdorn-Gewächse 17
Kreuzungszüchtung 19, 44, 99
Kultivierungsarten 49f.
Kunststoffstopfen 139
Kunstwein 12
Kupfer 79, 110
Kupfer-Fettsäuresalz-Präparate 94, 97
Kupfersulfat-Kalkbrühe 94
Kutikula 21, 26
Labruska-Rebe 19
Lage 35f.
Lagebukett 129
Lagerungsbukett 130
Lagerung von Weintrauben 102
L-Ascorbinsäure 112, 132
Laubarbeiten 71f.
Laubblatt 20, 21
Laubenpergola 55f.
Laubtrieb 18
Lederbeeren 94
Leitbündel 26
Leittrieb 61
Lenz Moser Verfahren 51
Lesegeschirr 101
Lesezeitpunkt 100
Leuconostoc oenos 128
Luftgeschmack 136
Luzerne 46
Magnesium 29, 81, 83
Magnesiumkalk 83
Magnesiummangel 86
Maigallenlaus 88

Maischegewinnung 104
Maischegärung 123
Mangan 110
Maßlösung 117
Mauke 98
Mehltau, Echter 11, 96f.
Mehltau, Falscher 11, 96f.
Meristem 18
Merlot 41
Mikroklima 36
Mikronährstoffe 29
Milchsäure 109, 128
Molybdän 29, 79
Mostentsäuerung 122
Mostgewicht 114
Mostgüte 119
Mostschwefelung 122, 130
Mostuntersuchung 114f.
Mostwaage 114f.
Mulchen 77
Müller-Thurgau 42
Muscat bleu 41
Muskateller 42
Mutation 38f.
Nachgären 137
Nachschwefelung 127
Nährstoffabsorption 30
Nährstoffaufnahme 29
Nährstoffe 29, 78f.
Nährstoffmangel 29
Naturdünger 81
Naturkorken 139
Nebenaugen 22, 29
Nebenblätter 22
Netzschwefel 95
Neuanlage, Genehmigung 35f.
Neutralisationspunkt 118
Neuzucht, interspezifisch 19, 99
Niederschlagsmenge 34
Noah 17
Nodium 19
Nodositäten 88f.
Nukleus 24, 26
Nymphen 88f.
Oechsle-Grade 115

Oechsle-Waage 114
Oidium tuckeri 96f.
Öle 113
Önin 111
Ovid 9
Palisadenzellen 21
Palladius 9
Palmette 69
Parthenocissus 7
Patentkali 83
Pediococcus cerevisiae 128
Pektin 108
Pektinasen 104
Pentosen 108
Pergola-Erziehung 53f.
Peronospora 92
Peronospora viticola 93f.
Pflahlerziehung 63f.
Pflanzenzelle 25
Pflanzgrube 46f.
Pflanzgut 39, 43
Pflanzenkrankheiten, nichtparasität 84f.
Pflanzenkrankheiten, parasität 87f.
Pflanzenschutzmittel 84f.
Pflanzung 46f.
Pflegearbeiten 71f.
Pfopfreben 11, 44f.
Propfstelle 44, 47
pH-Indikator-Teststreifen 118
Phoenix 42
Phosphatdünger 83
Phosphor 29
Phosphormangel 86
pH-Wert 81, 117f., 128
Phylloxera vastatrix s. Reblaus
Pilztoleranz 40, 41
Plasmopara viticola 92f.
Pockenmilbe 91
Polychrosis botrana 90
Portugieser 42
Probierordnung 141
Probierraum 140
Probus 9
Pfropfreben 44f., 88

Propionsäure 109
Proteine 110
Qualitätsstufen für Traubensäfte und Weine 147
Rahnprobe 132, 139
Ranke 23
Rankenanlage 22
Rankenfolge 19
Rappengeschmack 137
Rebblatt s. Laubblatt
Rebblüte 24
Rebensortenkunde s. Ampelographie
Rebkultur, histor. 8
Reblaus 11, 20, 43, 88f.
Reblausfliegen 88f.
Reblausgesetzgebung 43
Reblausrassen 44
Rebpfahl 49
Rebschädlinge 11
Rebschere 101
Rebschnitt 57f.
Rebsorten 17, 33
Rebstamm 63f.
Rebstock 17
Rebwurzeln 18
Rebenveredlung 44f.
Rebwurzel 18
Redoxindikatoren 130
Redoxpotential 130, 131
Refraktometer 116f.
Regent 25, 42
Rehe 92
Reibebrett 103
Reife der Weinbeeren 99f.
Reifefaktor 119
Reifegrad 119
Reifeprozess 99f.
Reihenabstand der Rebanlage 51
Reinzuchthefe 120
Religion 13
Reservestoffe 30
Resveratrol 113
Rhamnales 17
rH-Wert 130
Riesling 41

Rigolen 46
Rinde 26
Rinderdung 83
Roseewein 123f., 144
Rotweintraubensorten 13, 41, 42
Rückschnitt 57, 61, 98
Rückstände von Pflanzenschutzmitteln 99f.
Rute 41, 57
Saccharomyces cerevisae var. *ellipsoideus* 121, 137
Saccharose 28
Säkularisation 11
Sauerstoff-Aufnahme 125, 130
Sauerwurm 90
Säure, flüchtige 109
Säure, freie (titrierbare) 117f.
Säureabbau 31f.
Säureabbau, biologisch 128
Säureabbau, chemisch 127
Säurebestimmung 117
Säure-Zusatz 123
Schädlinge, mikrobiell 92f.
Schädlinge, tierisch 88f.
Schädlingsbekämpfungsmittel 99
Schenkel 60
Schimmelgeschmack 137
Schließzelle 26
Schnittwerkzeug 101
Schraubkappenverschlüsse 139
Schutznetz 92, 100
Schwammparenchym 21
Schwarzdrosseln 92
Schwarzholzkrankheit 97
Schwefel 110
Schwefelböckser 137
Schwefelung 122, 130
Schweflige Säure 130
Seitenwurzel 18
Selektion 7
Senkrechter Kordon 65f.
Siebröhren 26
Silizium 29
Silvaner 41
Sirach 16

Sklerenchym 26
Sommertrieb 71, 73
Sonnenscheindauer 34
Sortenbukett 129
Sortenprüfung 38
Spalierkultur 51f.
Spaltöffnung 26
Spanndraht 50
Spätburgunder 41
Speicherorgane 28
Spurenelemente 29, 79, 110
Stabilisierung, biologische 107
Stahldraht, kunststoffummantelt 50
Stallmist 65
Standortauswahl 36
Stare 92
Stärke 30
Steckling-Anzucht 17, 43
Steigraum im Gärbehälter 106, 125
Stickstoff 78, 80
Stickstoffmangel 86
Stickstoffverbindungen 110
Stielglas zur Verkostung 141
Stockerziehung 12, 49f.
Stoffwechsel 28f.
Strecker 57
Sumerer 8
Symposium 14
Systemische Wirkung 76
Tafeltraubensorten 41
Tannin/Gelatine-Schönung 133
Tauwurzeln 18
Terassenpergola 56
Thomaskali 83
Thomasmehl 83
Titriervorrichtung 118
Topfpfropfrebe 48
Torf 47, 48, 81
Tragholz 18, 57f.
Tragrebstöcke 65f.
Traminer 41
Transpiration 20, 26
Traubenentwicklung 31f.
Traubengelee 107
Traubenmarmelade 107

Traubenreife 98f.
Traubensaft 107, 144f.
Traubensaft, Aschebestandteile 110
Traubensaft, Bereitung 103
Traubensaft, Bukettstoffe 112, 129
Traubensaft, Farbstoffe 111
Traubensaft, Fruchtsäuren 109
Traubensaft, Gefrierlagerung 109
Traubensaft, Gerbstoffe 112
Traubensaft, Haltbarmachen 106
Traubensaft, Inhaltsstoffe 108f.
Traubensaft-Kur 113
Traubensaft, Mineralstoffe 110
Traubensaft, Öle 113
Traubensaft, Stickstoffverbindungen 110
Traubensaft, Wachse 112
Traubenwickler 90
Traubenzucker 30
Trockenbeeren 33
Trollinger 42
Trübungsteilchen 132f.
Tuberositäten 88
Überdüngung 80f.
Überreife 33
Uferrebe 44
U-Form-Erziehung 69
Uncinula necator 96
Universalmischdünger 65
Unterlagenholz 44
Unterstützungsvorrichtungen 49f.
Vanessa 41
Vanillinsäure 109
Vegetationsdauer 35
Vegetationspunkt 22
Vegetationszone 25
Venus 41
Verdichten des Bodens 75
Veredlung 45
Vergären, spontan 7
Vergil 9
Verkostung 140f.
Verkrustung des Bodens 77
Vermehrung, geschlechtliche 42
Vermehrung, vegetativ 42, 121

Verrieselung der Trauben 24
Verwertung von Weintrauben 102f.
Verzehr von Weintrauben 102
Vinho-verdes-Wein 49
Vinum de vite 10
Vitaceae 17
Vitamin C 132
Vitis 17
Vitis amurensis 98
Vitis berlandieri 44
Vitis labrusca 98
Vitis riparia 44, 98
Vitis rupestris 44
Vitis vinifera ssp. *caucasica* 7
Vitis vinifera ssp. *sativa* 44
Vitis vinifera ssp. *sylvestris* 7, 17
Vögel 92
Vollreife 33
Vorratsdüngung 47
Waagerechter Kordon 67f.
Wachse 113
Wachstum 28f.
Wärmetest 134
Wäscheschleuder 105
Wasserstoff/Sauerstoff-Verhältnis 130
Wasserbewegung 76
Wasserschosse 57, 72
Wasserverdunstung 31, 73
Weinabfüllung 138
Weinausbau 126f.
Weinazidität 126f.
Weinbau, historisch 7
Weinbau, Kultur 13
Weinbau, Religion 13
Weinbegriff, historisch 8
Weinbereitung 120
Weinbereitung, histor. 8
Weinblüte 23
Weinblütenbowle 23
Weinentsäuerung 135
Weinfarbstoffe 111
Weinfehler 136f.
Weinflaschen 139
Weingesetz 12, 35
Weinhefe 121

Weinklärung 132f.
Weinkrankheiten 136f.
Weinlagerung 139
Weinlehrbücher, histor. 9
Weinmängel 136
Weinrecht 12, 35
Weinsäure 31, 109
Weinschönung 132f.
Weinstein 128
Weinsteintrübung 136
Weisser Gutedel 42
Wespen 91
Wilder Wein 7, 8, 17
Windschutz 36
Winterauge 24
Winterfrost 27
Winterknospe 20, 28
Winterphase 28
Winterschnitt 57, 59
Winzergenossenschaft 12
Wirzwein 123
Wuchsstoffstrom 28
Wurzelhaube 18
Wurzelechte Reben 43
Wurzel 18f.
Wurzelhaare 18
Wurzelreblaus 43
Wurzelstamm 18
Zapfen 57, 58
Zapfenschnitt 58
Zellkern 25
Zellulose 30
Zink 29, 79
Zinkmangel 87
Zisterzienser 10
Zuckergehalts-Errechnung 115
Zweiaugen-Steckling 43
Zwitterblüte 23
Zytoplasma 25

14 Anhang
14.1. Kaufempfehlungen an den Hoppywinzer

Pflanzgut:
Beim Kauf von **Pfropfreben** auf die Sorte sowie die unbedingt vorhandene Pfropfstelle achten. Als Rebunterlage sind vornehmlich Kreuzungen von *Vitis riparia x V. rupestris* (Kober 5bb oder Kober SO_4) auszuwählen (s. Etikett). Einkauf von Rebpflanzen möglichst direkt in einer Rebschule oder einem anerkannten Gartenbaubetrieb.

Düngemittel:
Für den Hoppyweinbau sind Gemische von mehreren Einzeldüngern, auch Mischdüngemittel genannt, wichtig. Die unter der Bezeichnung „**Blaudünger**" bzw. „**Blaukorn**" von den verschiedenen Herstellern angebotene Düngermischungen enthalten die notwendigen Nährstoffe an Kalium, Natrium, Magnesium und Phosphor, Stickstoff in gebundener Form sowie teils auch die Spurenelemente Eisen, Zink, Kupfer, Mangan und Bor.
Anwendung: hauptsächlich im Frühjahr nach Angaben vom Hersteller.
Kaliumsulfat (Kalidünger) und Magnesiumsulfat (Bittersalz) werden auch als Zweidüngergemisch unter der Bezeichnung **Kalium/Magnesium-Salz** angeboten.
Anwendung: über die gesamte Vegetationsperiode zur Oberflächendüngung.
Thomasmahl ist ein Kalk und Kalium sowie hauptsächlich schwerlösliches Phosphat enthaltender Vorratsdünger.
Anwendung: hauptsächlich vor der Pflanzung in den Boden des Pflanzloches; später erfolgt nach Bedarf oberflächlich.
Hornspäne liefern gut aufnehmbare Stickstoffverbindungen neben Kalium und Phosphat (besser die grobflockige Zubereitung nehmen).
Anwendung: Einhacken nur in der ersten Jahreshälfte; später wird die Holzreife beeinträchtigt!

Pflanzenschutzmittel:
Die Vielzahl der angebotenen Pflanzenschutzmittel gliedert sich in:
- **Stärkungsmittel**: Eisenchelat in der Anwendung in flüssiger Form als Blatt-Düngung zur Chlorose-Behandlung
- **Akarizide**: Mittel gegen Blattmilben, z.B. Pocken-/Kräuselmilben
- **Insektizide**: Mittel gegen Insekten, z.B. Läuse, Raupen (nicht gegen Reblaus!)
- **Fungizide**: Mittel gegen Pilze, z.B. Echter und Falscher Mehltau

Pflanzenschutzmittel müssen für die private Anwendung im Kleinmaßstab amtlich zugelassen sein. Aus dem Ausland importierte Pflanzenschutzmittel dürfen nicht verwendet werden.

Anlagenbau:
Rebpfähle (Höhe mindestens 2,00 m)
  Holz (Fichte, Lärche, Robinie) imprägniert mit Holzöl
  Metall mindestens 2,00 m (verzinktes Stahlrohr)
Spanndraht (mit Kunststoff umwandelter Stahldraht 3,8 mm)
Spannschlösser

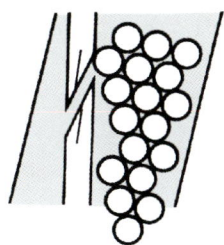

Rebschule Schmidt
Marktbreiter Str. 30
97342 Obernbreit
Tel.: 09332/34 52, Fax: 09332/39 86
E-Mail: info@rebschule-schmidt.de

www.rebschule-schmidt.de

Riesige Auswahl in Europas größtem Online-Shop für Weinreben!

In unserem Online-Shop können Sie aus nahezu 100 pilztolereanten Rebsorten aus aller Welt wählen.
Bei dieser Auswahl an hellfrüchtigen, rosèfarbenen und blauen Sorten mit Reifezeiten von Mitte August bis Ende Oktober ist garantiert für jeden Anspruch und Geschmack die richtige Traubensorte dabei.

Ihr Partner für Wein- und Tafeltraubenanbau.

Wichtige Produkte für den Hobbywinzer

Pilzbekämpfung

Cueva® Pilzfrei

- **2in1** – der Komplettschutz für Wein
- gegen falschen und echten Mehltau
- hochwirksam
- natürlicher Wirkstoff
- **Konzentrat** – ausreichend für 25 l Spritzbrühe

Weitere Produkte zur Pilzbekämpfung
Netz-Schwefelit WG[1] gegen Echten Mehltau

Düngung/Bodenverbesserung
Azet® VitalKalk+ zur Entsäuerung und Lockerung des Bodens
Neudorffs UrgesteinsMehl zur Anreicherung des Bodens mit Mineralsubstanzen und Spurenelementen
Fertofit® GartenDünger, organischer NPK-Dünger 7-3-6 für alle Gartenpflanzen
Ferramin® Eisendünger, Blattdünger bei Eisenmangel

Schädlingsbekämpfung

Spruzit® Schädlingsfrei

- zwei naturgemäße Wirkstoffe: Rapsöl und Natur-Pyrethrum
- breites Wirkungsspektrum
- hohes Wirkungsniveau
- breite Verbraucherakzeptanz durch die Kombination von Wirksamkeit und Umweltschonung
- Konzentrat zum Selbstanmischen
- attraktive Spanne

Weitere Produkte zur Bekämpfung von Schädlingen
Promanal® Neu Austriebsspritzmittel[1], Austriebsspritzungen April-Mai gegen Überwinterungsstadien von Spinnmilben und Schildläusen

Unsere Produkte erhalten Sie in Garten- und Baumärkten.
W. Neudorff GmbH KG · An der Mühle 3 · 31860 Emmerthal
Fax: 0 51 55-60 10 · E-Mail: info@neudorff.de · www.neudorff.de

14.2 Farbtafeln

Farbtafel 1: Chlorose.

Farbtafel 2: Stickstoffmangel.

Farbtafel 3: Phosphormangel.

Farbtafel 4: Kaliummangel, links und rechts unterschiedliche Ausprägungen.

Farbtafel 5: Magnesiummangel.   *Farbtafel 6: Bormangel.*

Fabtafel 7: Pockenmilbe.

Farbtafel 8: Netze zum Schutz der Trauben gegen Vögel.

Farbtafel 9: Vom Falschen Mehltau (Peronospora) befallene Weinblätter.

Farbtafel 10: Falscher Mehltau - Lederbeeren.

Farbtafel 11: Falscher Mehltau - nach Befall der Blüte.

Farbtafel 12: Echter Mehltau (Oidium) an den Blättern.

Farbtafel 13: Echter Mehltau (Oidium) an der Traube.

Farbtafel 14: Grauschimmel (Botrytis) am Blatt.

Farbtafeln 16a-c: Mauke (Pseudomonas tumefaciens) am mehrjährigen Holz (links und Mitte), Wucherungen z.B. nach kleinflächigen Verletzungen des Wurzelhalses und rechts am einjährigen Holz als weißliche Verfärbung der Zweig-Oberfläche sichtbar.

Weitere Bücher aus dem EchinoMedia Verlag

Tiere im und am Gartenteich
Praxishandbuch
A. Gutjahr
DIN A5, 120 Seiten, über 80 Farbfotos und Zeichnungen, Broschur, Fadenheftung
ISBN 978-3-937107-07-3
13,90 EUR

Bäume - Eine Reise durch Zeiten und Kulturen
Geschichte, Mythologie, Märchen, Brauchtum, Nutzen, Botanik
M. Goerigk
17 x 24 cm, ca. 312 Seiten, zahlreiche Farbfotos und Zeichnungen, Hardcover, Fadenheftung
ISBN 978-3-937107-21-9 • 29,95 EUR

„Aus der Flora Thüringens / Frühblüher um Jena"
Helga Dietrich & Wolfgang Heinrich
Format 17 x 24 cm, Hardcover, Fadenheftung
256 S. mit zahlreichen Zeichnungen und Erläuterungen zu 52 Frühblühern mit ihren charakteristischen Merkmalen, über 200 Farbfotos, rasterelektronenmikroskopische Aufnahmen von Pollen und Samen sowie Verbreitungskarten
ISBN 978-3-937107-15-8 • 19,90 Euro

Orchideen-Wanderungen in Thüringen
W. Eccarius, H. Dietrich
Vorstellung von ca. 36 heimischen Orchideenarten auf 25 Wanderrouten; 17 x 24 cm, 192 Seiten, umfangreiche Bildausstattung zu Landschaft, Biotop, Pflanzenmerkmalen, Wanderkarten, Hardcover, Fadenheftung
ISBN 978-3-937107-20-7 • 26,90 EUR

Die Orchideengattung Cypripedium
W. Eccarius
Komplexes Grundlagenwerk zu einer der beliebtesten Orchideengattungen
Aktuelle Gliederung der Gattung in Sektionen, Arten, Unterarten und Varietäten
17 x 24 cm, 384 Seiten, 670 Bilder, Arealkarten, alle natürlichen Hybriden, Hardcover, Fadenheftung
ISBN 978-3-937107-19-6 • 79,00 EUR

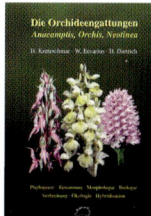

Die Orchideengattungen Anacamptis, Orchis, Neotinea
Phylogenie, Taxonomie, Morphologie, Biologie, Verbreitung, Ökologie, Hybridisation
H. Kretzschmar, W. Eccarius, H. Dietrich
Komplexes Grundlagenwerk mit aktueller Gliederung in 36 Arten und 38 Unterarten
17×24 cm, 544 Seiten, über 850 Bilder, 113 Hybriden, zahlr. Karten, Schemata und Tabellen, Hardcover, Fadenheftung
ISBN 978-3-937107-11-0 • 89,00 EUR

Die schönsten Wanderungen zwischen Rennsteig und Saale
*Landschaft-Natur-Geschichte; Wanderkarten und -beschreibungen
LK Saalfeld-Rudolstadt*
E. Krauß, H. Witticke
Thür. Wanderakademie e.V.
DIN A5, 256 S., über 330 Farbfotos, mit Höhendiagrammen und Wanderkarten, Fadenheftbroschur, 2. überarbeitete Aufl.
ISBN 978-3-937107-04-2 • 16,90 EUR

Naturwanderungen um Jena
Die Reihe befasst sich mit der Flora, Fauna, Geologie, Hydrologie, der Land- und Forstwirtschaft, Weinbau, den Sehenswürdigkeiten und der Historie in und um Jena. Populärwissenschaftliche Darstellungen zum Wandern auf gut beschriebenen Routen mit Informationen zu den Besonderheiten der Natur.

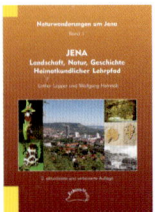

Band 1: Jena, Landschaft-Natur-Geschichte, Heimatkundlicher Lehrpfad
L. Lepper, W. Heinrich
ISBN 978-3-937107-00-4
16,90 EUR

Band 2: Naturführer Leutratal
K. Krahn
ISBN 978-3-937107-01-1
16,90 EUR

Band 3: Buntsandsteingebiet um Stadtroda
Zwischen Wachtelberg und Gletscherstein
Peter Rode, Roland Stracke, Dieter Weiß
ISBN 978-3-937107-23-3
16,90 EUR

Ein botanischer Märchengarten
Pflanzenmärchen und -porträts
R. Hohberg
17×24 cm, 80 S., zahlr. ganzseitige, farbige Illustrationen und Vignetten von K. Ramm
Pappband, Fadenheftung
ISBN: 978-3-937107-05-9 • 14,80 EUR

Als Alpenblumen noch Märchenwesen waren
Edith Schneider-Fürchau
Format 17x24 cm, Hardcover, Fadenheftung
96 S. mit 15 ganzseitigen Farbillustrationen und 28 Farbfotos
ISBN 978-3-937107-17-2
15,90 EUR

Wo liegt das Abenteuerland?
H. Dietrich
Mit Rätseln, Rezepten, Witzen und Ausmalbildern im Anhang
17×24 cm, 48 Seiten, 4farbig, zahlr. farbige Zeichnungen, Hardcover
ISBN 978-3-937107-13-4 • 9,90 EUR

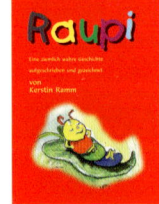

Raupi
Eine ziemlich wahre Geschichte
K. Ramm
17×24 cm, 32 Seiten, 4farbig, Hardcover
ISBN 978-3-9807629-4-6
9,90 EUR

Wunschkind und Verhütung
Alternative, natürliche und konservative Wege
Grenzen und Möglichkeiten, botanische Exkurse und praktische Hinweise
H. Dietrich, B. Hellmann
17×24 cm, Softcover, Fadenheftung, 128 Seiten, zahlr. Farbfotos und histor. Stiche
978-3-397107-22-6 • 19,90 EUR

Gesamtes Buchspektrum, Einblicke ins Buch und weitere Infos und Bestellung unter

www.echinomedia.de